『十三五』國家重點檔案保護與開發項目

南京雲錦及絲織業檔案調查與概況（下）

南京市檔案館　編

南京出版社
南京出版傳媒集團

圖書在版編目（CIP）數據

南京雲錦及絲織業檔案. 調查與概況. 下 / 南京市檔案館編. -- 南京 : 南京出版社, 2022.4
（金陵全書）
ISBN 978-7-5533-3560-5

Ⅰ. ①南… Ⅱ. ①南… Ⅲ. ①織錦緞－紡織工業－檔案－史料－南京②絲織物－紡織工業－檔案－史料－南京
Ⅳ. ①F426.81

中國版本圖書館CIP數據核字（2021）第272987號

書　　名　南京雲錦及絲織業檔案・調查與概況・下
編　　者　南京市檔案館
出版發行　南京出版傳媒集團
　　　　　南　京　出　版　社
社址：南京市太平門街53號　　郵編：210016
網址：http://www.njcbs.cn　　電子信箱：njcbs1988@163.com
聯系電話：025-83283893、83283864（營銷）　025-83112257（編務）

出 版 人　項曉寧
出 品 人　盧海鳴
策　　劃　盧海鳴　朱天樂
責任編輯　崔龍龍
裝幀設計　王　俊
責任印製　楊福彬

製　　版　上海雅昌藝術印刷有限公司
印　　刷　上海雅昌藝術印刷有限公司
開　　本　889毫米×1194毫米　1/16
印　　張　29.5
版　　次　2022年4月第1版
印　　次　2022年4月第1次印刷
書　　號　ISBN 978-7-5533-3560-5
定　　價　800.00元

南京雲錦及絲織業檔案

調查與概況（下）

叁

徵稅和收繳捐款

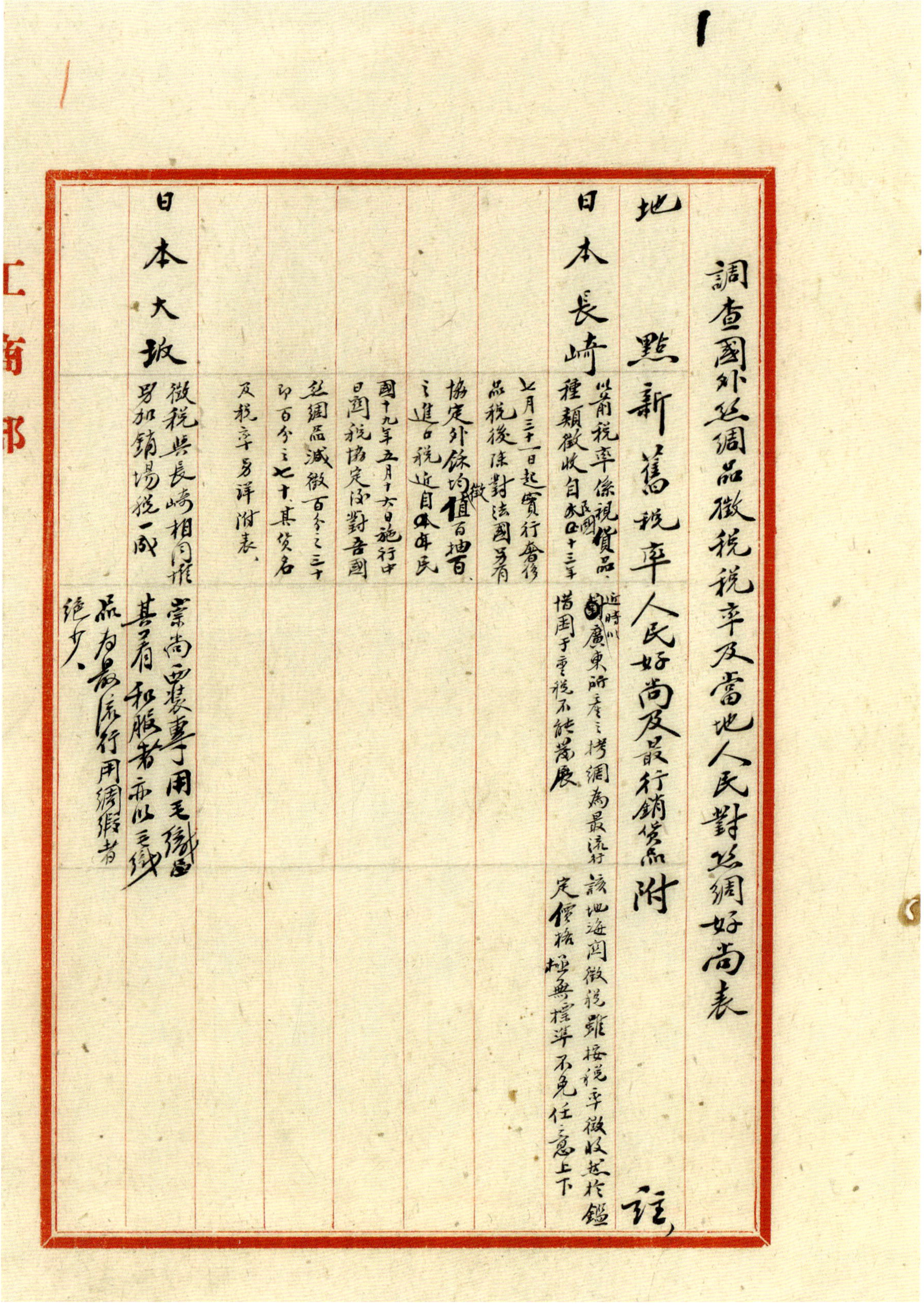

調查國外絲綢品徵稅稅率及當地人民對絲綢好尚表

地點	新舊稅率	人民好尚及最行銷貨品	附註
日本長崎	以前稅率係視貨品種類徵收，自民國十三年七月三十一日起實行奢侈品稅後，除對法國另有協定外，餘均徵值百抽百之進口稅。近自本年民國十九年五月十六日施行中日關稅協定後，對香國絲綢品減徵百分之三十，即百分之七十，其貨名及稅率另詳附表。	近時以廣東所產之拷綢為最流行，惜因于重稅，不能暢展。	該地海關徵稅雖按稅率徵收，然於鑑定價格極無標準，不免任意上下。
日本大坂	徵稅與長崎相同，惟另加銷場稅一成。	崇尚西裝，專用毛織品，其着和服者亦以毛織品為最流行，用綢緞者絕少。	

關于部分國家絲綢、絲織品稅率的統計

工商部調查國外絲綢品徵稅稅率及當地人民對絲綢好尚表（一九二八年）

朝鮮新義州	民九以前最高税率為百分之三十，最低税率為百分之十五。民九以後廢徵奢侈税為值百抽百。	鮮人對吾國絲織品素表歡迎，其輸入品從前為蘇州之宮紗、官紗、亮紗、紡綢、素羅、板綾、庫緞等，近因税重已杜絕入口。	日人把持關税，用值百抽百之税行於鮮地，吾國之絲織品已杜絕入口，而更以此機會仿造我國同樣織品及人造絲織品，以廉價競賣，為鮮人所樂用，占極大勢力。
朝鮮京城	舊税為百分之七五。民九改每百斤抽五百二十元，在此情況，每年銷數吾國綢緞尚占七八百萬元。至民十三以後改徵值百抽百，吾國貨品已近絕跡，現雖減徵百分之三十，然以估價之高，與未減無異。		
朝鮮仁川	税率與京城所報相同		現在情況國產絲綢在鮮地完全絕跡，而日人利用此機大行銷售人造絲織物，因花色鮮明，價格低廉，雖其品質不堅牢，然尚為鮮

人所采用。
希望恢復從前每百斤抽五百二十元之稅。

越南南圻

民國十五年前每百啟羅克蘭姆（合新制度量衡式斤）徵二百佛郎，十五年五月後徵八百佛郎，同年十月徵一千三百六十佛郎，十六年七月以貨價加入口稅為本再加徵百分之二至十八年七月改照當地政府所施行之普通稅徵稅，其稅則照從量等徵收，每百啟羅克蘭姆徵稅自一萬二千佛郎至二萬六千佛郎另加百分之二，其詳單另錄。

貨品以廣東綢緞及江浙電機廠鄉品銷行最多，首推浙杭綢縐如華絲葛電機八機綢、紡綢清水紡文華綢、及各種新式緞綢、次為廣東莨紗綢及山東綢、土人對於絲綢品好尚色以黑白二色為主，花紋宜小或素身者、

工商部

檀香山	以前從率值百抽五十五新税率值百抽六十五、其繡花顧綉值百征九十、其徵税法以國內出口税加入後率作為原價徵税、	在該地最暢銷者首推縐紗次為文華縐其輸入之貨品自民十八年四月至十九年三月共值美金六萬五千四百四十五元其詳單另錄人民好尚賣與西人者花色要舊賣與華僑者花色要新	外人喜用吾国絲綢係取其質料真實近因國內絲織品每攙以人造絲色澤雖較美觀然一經試用之見其劣於國產絲織品之名譽大有關碍宜加注意又國產絲綢常有變色褪色之事為西人所不喜此為不銷之最大原因極宜注意
新加坡	英屬馬來殖民地係自由商港無税、	國產絲綢以足頭貨為大宗次為絲線又次為絲手帕其絲帶及絲紗即(馬來裙)向無進口又自十七年增加本絲製品及假絲製品之輸入其各製品輸入之價值另單附列、	
菲利濱	絲織物品徵税自百分之三十五至百分之五十其詳單另列、	當地人民無分老幼均喜着顏色新鮮花樣新奇之質料且因天氣炎熱質料尚輕薄與吾國論質料以分兩計者適相反	國產絲綢在斐素佔勢力在一九二七年輸入佔第二位值一百三十四萬餘元近因日本絲綢競爭極烈在一九二八年已超過國產之上為值有二百多九萬餘之其原因在日本製品能投當地人民好尚

印度加爾各答 另詳附表，

當地人民好新鮮不喜平淡，所着服色多光彩俏目喜氣，絲質顏料尤喜輕軟，銷行品以山東白色綢及河南府綢為最，其餘因購地轉他國製品稍厚於價不投機銷售滯，銷售地點以孟買為最大市場，國產絲綢多由美行經理採入。

又當地以美製人造絲御品銷行甚廣，亦為吾國絲綢銷行上一大障碍，改進前途，現時印人採辦美貨亟宜由絲綢各廠共同派遣代表携帶製綢專家多帶貨樣實地來印考察，以期有所心得，俾資改良，庶於絲綢業前途有所挽回，

中國絲織品在越南所納稅率一覽表

品名	年限	重量	所納稅率	附註
純絲織品	民國十五年	每百啟羅克蘭姆	八百佛郎至一千三百六十佛郎	民國十五年以前純絲織品每百啟羅克蘭徵稅二百佛郎
仝	十六年	仝	前一千三百六十佛郎又加貨價費百分之二	
純絲織品				
白純係素紡綢地織品	十八年	仝	前一萬一千佛郎又加貨價費百分之二	每兩重納稅四毫三仙六文
白色純係花紡綢地織品	仝前	仝前	一萬四千佛郎又加貨價費百分之二	每兩重納稅五毫五仙
白色純係花縐面織品	仝前	仝前	仝前	仝前
白色純係素色縐面織品	仝前	仝前	一萬六千佛郎又加貨價百分之二	每兩重納稅六六毫有奇
白色花素紗羅	仝前	仝前	二萬至二萬六千佛郎	

中國絲織品在越南所納稅率一覽表（一九二八年）

1

斐列濱現行稅率

第八類　絲及絲製品

（甲）生絲及紡績絲（即熟絲）

142　生絲及廢絲、按值抽百分之二十五

143　熟絲（未經成線的）連（掛着物裝器）重量計算，每基羅洋壹元伍角

144　細絲及線絲按值抽百分之卅五

（乙）織物

145　毛頭絲物按值抽百分之四十

146　以天然絲、人造絲或冲絲為主要原料之製品，其稅率未經規定者，按值抽百分之五十

斐列濱（菲律賓）現行絲及絲製品稅率（一九二八年）

工商部

80 外科醫及牙醫用防腐布及藥棉、羅紋帆布、並棉及繩線之屬按值抽百分之十五

182 樂器及附件包括絃線、自動發音器、鋼琴椅、節奏器、調音鎚及叉、箱及屬於此類物品經特別規定其按值抽百分之廿五

330 蛋及蛋黃壞的、病的、或因別種原因均在禁止入口之列

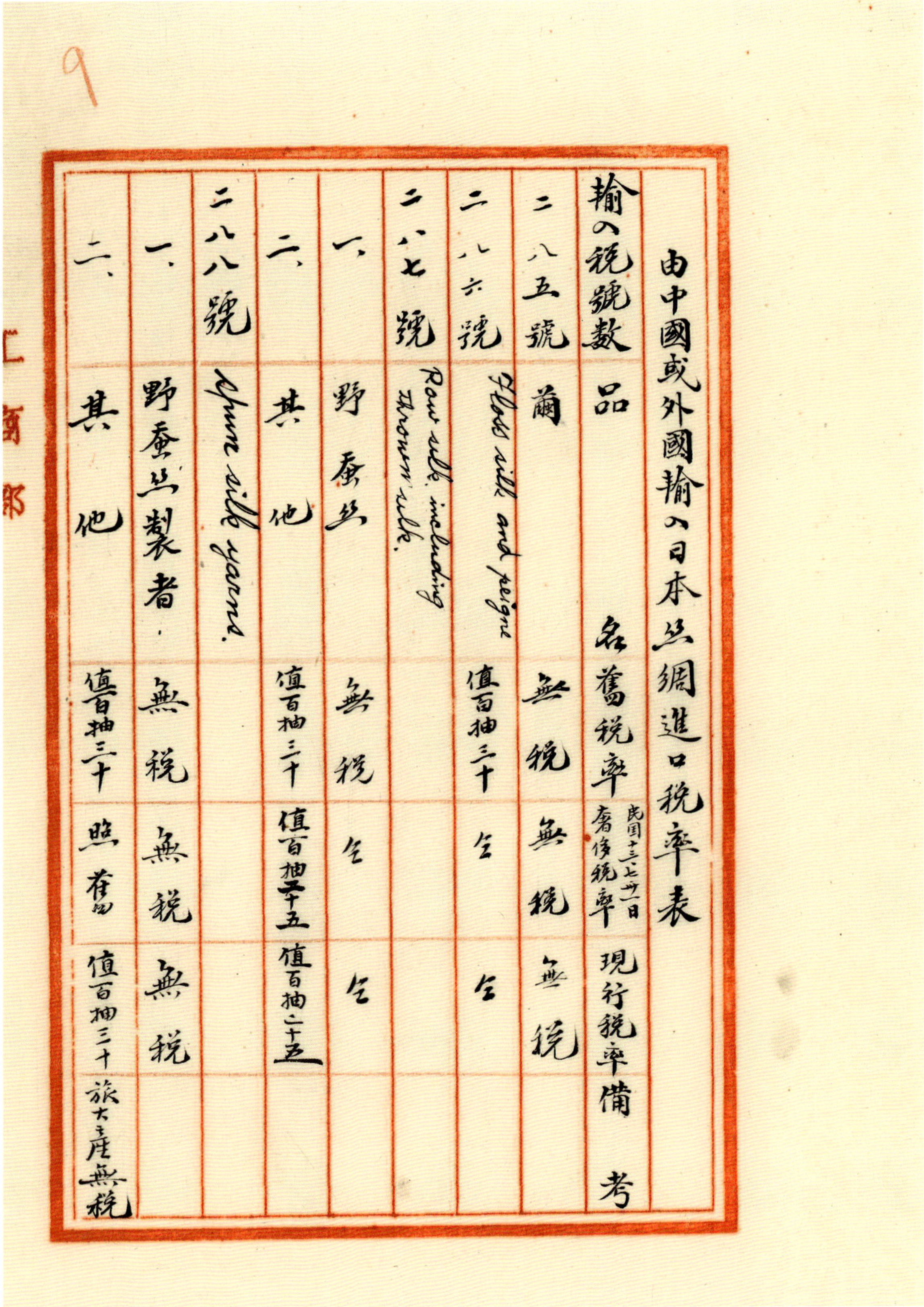

由中國或外國輸入日本丝綢進口税率表

輸入税號數	品名	舊税率	民国十三、七、卅一日 奢侈税率	現行税率	備考
二八五號	繭	無税	無税	無税	
二八六號	Floss silk and peigne	值百抽三十	仝	仝	
二八七號	Raw silk, including thrown silk.				
一、	野蚕丝	無税	仝	仝	
二、	其他	值百抽三十	值百抽二十五	值百抽二十五	
二八八號	Spun silk yarns.				
一、	野蚕丝製者	無税	無税	無税	
二、	其他	值百抽三十	照舊	值百抽三十	旅大產無税

由中國或外國輸入日本絲綢進口税率統計表（一九二八年）

二八九號	同上	仝	仝	仝	仝
三〇一號	Tissues of wool and mixed tissues of wool and cotton, of wool and silk, or of wool cotton and silk.				
一、	Velvets plushes and other pile tissues with piles. Cut or uncut.				對法國另有協定
甲	Partly of silk	每百斤一百六十元	值百抽百	值百抽百	
二、	Other				
丙	Of wool and silk, or of wool, cotton and silk.				
其一	Containing not more than 10% by weight of silk				
子	weighting not more than 100 grs. per squ metre.	每百斤一百四十元	值百抽百	值百抽百	

10

丑	Weighting not more than 200grs per sqr metre.	仝 一三六元	仝	仝
寅	Weighting not more than 500grs per sqr metre.	仝 一三三元	仝	
卯	其他	仝 百二十元	仝	
其二	含重絲量不及百分二十五者		仝	
子	每平方米不過一百瓦者	每百斤 一八八元	仝	值百抽一百
丑	〃 不過二百瓦者	仝 一八〇元	仝	仝
寅	〃 不過五百瓦者	仝 一七二元	仝	仝
卯	其他	仝 一六四元	仝	仝
三〇三號	Silk tissues and silk mixed tissues not otherwise provided for			
一、	Velvets plushes and other pile tissues with piles cut or uncut.			

工商部

甲 全丝者 每百斤五二〇元 值百抽百 值百抽百

三 其他

甲 全丝者

子 野蚕丝布 每百斤二〇〇元 值百抽百 仝上

丑 其他 仝 五二〇元 仝 同上

乙 其他

子 Containing not more than 10% by ~~weight~~ weight of silk 每百斤九〇元 值百抽百 同上

丑 Containing not more than 25% by weight of silk 仝 一八〇元 仝 同上

寅 Containing not more than 50% by weight of silk 仝 二八〇元 仝 同上

卯 其他 仝 三八〇元 仝 同上

三〇五號	Stockinet and similar knitted tissues raised or not			
一、	Wholly or partly of silk	值百抽四十五	值百抽百	同上
三〇六號	Lace tissues and netted tissues			
三、	面綢			
甲、	全絲或攙絲者	每百斤六八五元	值百抽百	值百抽百
五、	其他			
甲	全絲或攙絲者	值百抽四十五	值百抽百	上同
三一九號	防水布 塗以橡膠或插入橡膠者			
一、	全絲或攙絲者	值百抽四十	值百抽百	上同
三二〇號	橡皮布帶繩類			

工部

一、 *Exceeding 8 centimetres in width*

甲 全絲或攙絲者 每百斤一四八元 值百抽百 上同

二、其他

甲 織成者

子 攙絲者 值百抽四十 值百抽百 上同

乙 其他

子 攙絲者 值百抽四十 值百抽百 上同

三二四號 手巾（單製者）

四、全絲或攙絲者 值百抽五十 值百抽百 上同

三二七號 旅行氊（單製者）

一、全絲或摻絲者 每百斤二三二元 值百抽百 之 同

三二九號 桌布

四、全絲或摻絲者 值百抽五十 仝前 仝前

三二〇號 窗簾

二、絲製或摻絲者 仝前 仝前 仝前

三四六號 襯衣褲

一、Knitted

甲 絲製或摻絲者 仝前 仝前 仝前 仝前

二、其他

甲 仝前 仝前 仝前 仝前

三三五號　空氣枕
一、　仝前　每百斤三一五元　仝前　仝前
三三六號　牀枕及 quilts
一、　全絲或攙絲者　值百抽五十　仝前　仝前
三四三號　不指于別號之布帛製品
一、　全絲或攙絲者　仝前　仝前　仝前
三四四號　雨衣
一、　仝前　仝前　仝前　仝前
三四八號　襪類
三、　仝前　仝前　仝前　仝前

三四九號 Shawls Comforters and mufflers mufflers			
一、			
甲 全絲者	每百斤五三三元	仝前	仝前
乙 攙絲者	仝五三〇元	仝前	仝前
二、其他			
乙 全絲者	每百斤七五〇元	仝前	仝前
丙 攙絲者	仝四〇〇元	仝	仝
三五〇號 頸帶			
一、全絲或攙絲者	每百斤二、四〇〇元	仝前	仝前
三五一號 袴帶			

一、仝前 四五四元仝 仝前仝前
三五二號 衣服用帶
二、其他
甲 全絲及攙絲者 值百抽五十 仝前仝前
三五三號 袖帶襪帶類
一、全絲及攙絲者 仝前仝前仝前
三五四號 帽子及禮帽
二、其他
甲 全絲及攙絲者
丑 中國帽子 仝前仝前仝前

14

三五五號 鞋靴皮履類

三、 中國鞋

甲 金絲或捻絲者 值百抽四十 仝前 仝前

五、 拖鞋

乙之一 金絲或捻絲者 仝五十 仝前 仝前

15

印度徵收絲及絲製品稅率表

閱冊號碼	品名	數量單位	稅率 從量	稅率 從價	備考
46	生絲				
	Bokhara產	每磅	12 RS. 0 A 0 P.	百分之十五	
	中國產				
	上海白絲	每磅	4 RS. 0 A 0 P.	百分之十五	
	其他上海白絲	〃	6〃0〃0〃	仝	
	其他白絲	〃	6〃8〃0〃	仝	
	上海黃絲	〃	5〃8〃0〃	仝	
	其他黃絲	〃	6〃0〃0〃	仝	

印度徵收絲及絲製品稅率表（一九二八年）

工商部

	Mathow	每磅	4 RS. 8 A. 0 P.	百分之十五
	Panjam	〃	3〃 0〃 0〃	仝
	波斯產、	〃	8〃 0〃 0〃	仝
	暹羅產	〃	5〃 12〃 0〃	仝
119.	人造丝			百分之七五
123.	丝線			百分之十五、
124.	醫藥用丝製品			百分之十五
125.	半丝織品．			百分之二十
126.	綢緞足頭			
	日本產			

16

計包括明二重縐綢、人造絲
織品、南京緞、並有條紋
印花、編織、起花鳳梨
式等　每磅　19, R.S. 0A 0P 百分之三十、
又各式色丁、搭夫綢、琥珀
織物（條紋、印花編織等）每磅　21, R.S. 0A 0P 百分之三十、
又各式斜紋布　〃　21,〃 0,〃 0,〃　仝
又繡金品　〃　23〃 0〃 0〃　仝
又富士絹及上等棉織品　〃　9〃 12〃 0〃　仝
又裝飾品各式絹類織品

工商部

薄紗等	每磅	23 RS. 8 A. 0 P.	百分之三十
又錦繡品	〃	41〃8〃0〃	仝
又絲棉交織品色丁	〃	14〃0〃0〃	仝
又絲棉襪類織品	〃	28〃0〃0〃	仝
中國產			
河南綢	每磅	8 RS. 0 A. 0 P.	百分之三十
山東綢	〃	6〃8〃0〃	仝
絲線	〃	5〃0〃0〃	仝
白絲線	〃	9〃12〃0〃	仝
綃紗及紗類	〃	18〃8〃0	仝

綢緞及婦女裝飾品	每磅	17 R.S. 0 A 0 P.	百分之三十
富士及上等棉織品	〃	9 〃 8 〃 0 〃	百分之三十

工商部

市黨務指導委員會原呈一件准此除函復分會外合行抄發原呈令仰該(公安局社會處)局處長即便會同(財政局社會處／財政公安兩局)辦理具報以憑核轉是為至要此令

計抄發原呈一件

市長劉紀文

□豁免第二工廠絲捐及絲織品稅案

1 公函 國民政府財政部 江蘇省政府財政廳 為社會處請豁免市立第二工廠絲捐絲織品稅由 公函第四九〇號十七年十月卅一日

逕啓者案據敝市社會處處長楊劍虹呈稱竊據市立第二工廠主任錢肇昌呈稱竊查職廠所出市府綢及中山綢兩種俱係純粹絲織國貨歷年推銷歐美各國聲譽頗著不獨絲質優美紡織亦頗精良故能於國際貿易場略佔地位惟近以絲織品各項捐稅繼長增高對於職廠推銷物貨頗生障碍不得不為我鈞長陳之現查職廠所納各種稅捐計綢絲每担納銀十二元絲織品特捐每斤納銀一角出口稅每箱重一擔納規元十二兩如絲料貨品運輸滬甯每項均須照章納稅以致有同一貨品而納稅數次者在國稅方面所徵有限而在職廠方面則所增捐稅幾合成本十分之二以上苟職廠將所增捐稅轉加於貨品之上則營業勢必立受影響而不能競爭於國際貿易場中不加則又於血本有

首都市政公報　公牘

關試思職廠正在力求發展之際何能負此重責伏讀　總理三民主義建國方略實業計劃諸書俱以振興實業為救國要圖而于國內幼稚實業尤主竭力扶助以促其發展則今日在黨治下之中國自應力求發展各種實業以副　總理振興實業之旨再考歐美各國對於國內幼稚實業類皆特別保護免征捐稅而我黨治下之中國各種實業反不能享此權利者在政府之苦心無非以現時關稅尚未自主全國建設在在需款所以不得不暫忍一時之痛然此於一般工廠固應勉為擔負至職廠所出綢貨係銷售外國的係可貴實業與普通工廠畧有不同在我黨治下產業落後之中國對於此幼稚可貴的實業奈何亦科以捐稅而妨礙其發展乎此應請政府注意者一也再查職廠為市立工廠其發達與否與整個市政之得失有連帶關係在此本黨提倡官辦實業以節制私人資本之際允宜力加援助以促其發展豈可科以稅捐而不任其儘量發展乎此應請政府注意者二也尤有進者職廠本為市立工廠一絲一縷莫非國家所有所征職廠之稅本係國家之款重征之於國家無所得免征之於國家亦無所失今欲必科以捐稅與剜肉補瘡又何以異曷若豁免其捐稅俾得充分發展於國家有百利而無一害乎惟是職人微言輕無當於事伏念鈞長以提倡實業為職志敬祈俯念職廠特殊情形除關稅關係外交外理合備文呈請鈞處准予轉呈市府分別呈咨國

五三

南京特別市政府爲請豁免第二工廠絲捐及絲織品稅給國民政府財政部、江蘇省政府財政廳的公函及給市政府社會處的指令（摘自《首都市政公報》）（一九二八年十月三十一日）

民政府財政部及江蘇省政府財政廳准予豁免職廠絲捐及絲織品特捐以利廠務實爲公便等情前來據此伏查該廠所出市府綢中山綢兩種品質精良銷路頗廣卽歐美各國亦年有輸出惟以國內捐稅太重推廣困難且該廠係爲救濟平民而設與其他以營利爲目的之商廠性質根本不同允宜設法維持豁免捐稅據呈前情理合備文轉呈鑒核准予分咨財政部及江蘇省政府財政廳豁免該廠絲捐及絲織品稅以便暢銷等情查原呈各節全爲提倡市辦實業保護輸出國貨起見除指令幷分函外相應函請

大部
貴廳准予轉飭所屬查照辦理幷希

見復爲荷此致

國民政府財政部

江蘇省政府財政廳

南京特別市市長劉紀文

2指令社會處爲請分咨豁免市立第二工廠絲捐絲織品稅准分咨查照豁免案由　指令第一二一六號　十七年十月三十一日

呈一件爲請分咨豁免第二工廠絲捐及絲織品稅由

呈悉業已據情分函

國民政府財政部

江蘇省政府財政廳准予轉飭所屬查照辦理見復矣應候復到再行令遵此令

原呈見公函第四九〇號內載不錄

衛生

■參加內政部衛生專門委員會案

令衛生處籌備主任爲內政部函復衛生籌備主任充任衛生專門委員會當然委員仰卽知照案由　第一二七七號

十七年十月三十一日

爲令知事案准

國民政府內政部函開逕復者接准函開以公安局衛生課業經裁撤另設衛生處並委胡定安爲該處籌備主任可否卽以該主任充任該會當然委員請查照見復等因准此查貴府請以衛生處籌備主任胡定安充任衛生專門委員會當然委員核與定章相合自應照辦相應函復查照請煩轉知爲荷等由准此查本府前准該部來函幷送到該部衛生專門委員會條例一份以市衛生局尚未改組成立卽以衛生課長爲委員請爲查照等由當經函復以本市衛生課業經按照本府新組織法令飭裁去設衛生處幷委胡定安爲該處主任可否以該主任爲該會當然委員請予見復在案茲准函復合行檢發前送條例令仰該處長知照此令

計發國民政府內政部衛生專門委員會條例一份

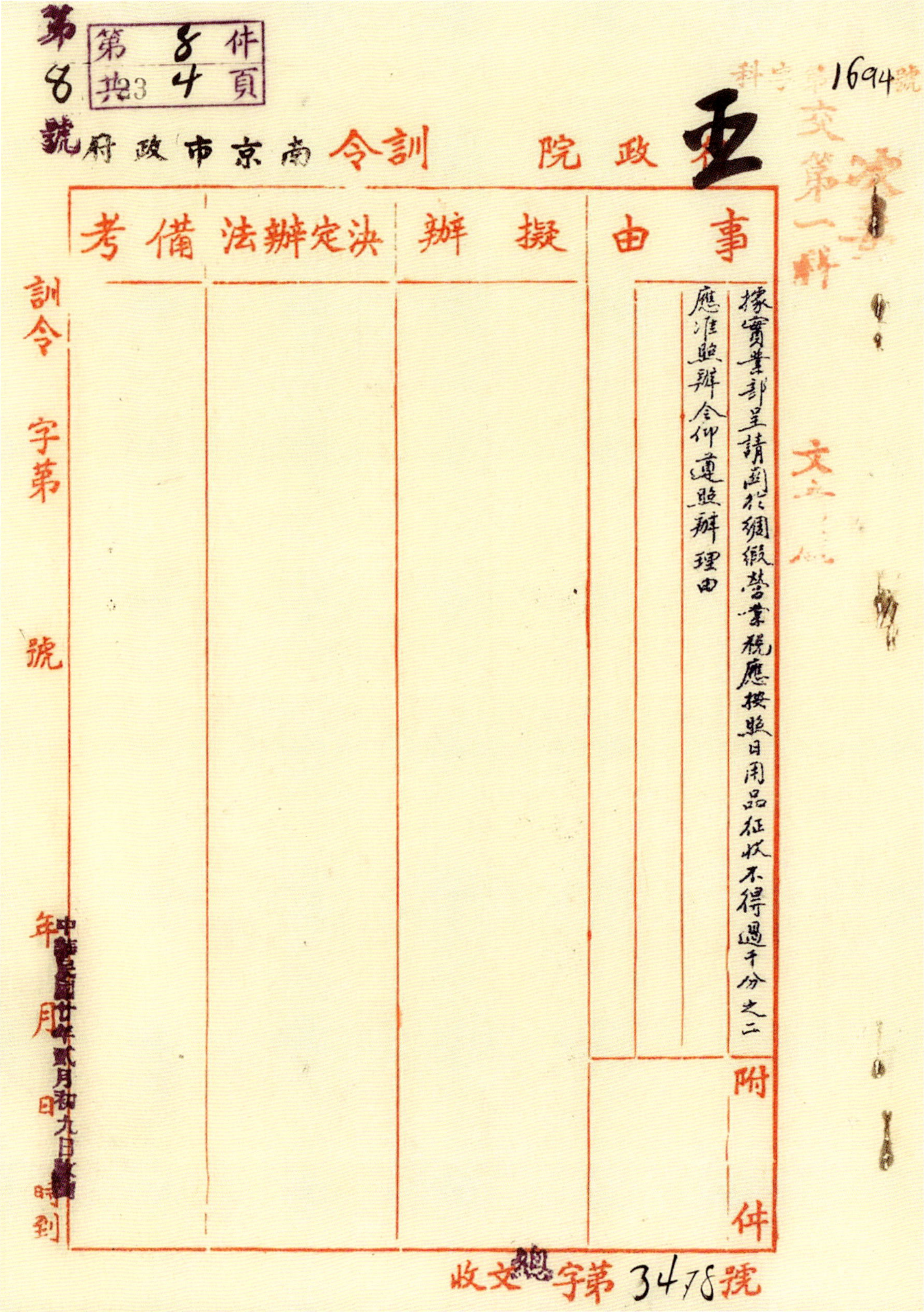
第8號

第8件 共4頁

科字第1694號

行政院訓令 南京市政府

事由：據實業部呈請對於綢緞營業税應按照日用品征收不得過千分之二

擬辦：應准照辦令仰遵照辦理由

決定辦法

備考

附件

訓令 字第 號

中華民國廿年貳月初九日收到

收文總字第3478號

交第一科

關于按日用品徵收綢緞營業税的一組文件

行政院關于據實業部呈請綢緞營業税應按照日用品徵收給南京市政府的訓令（一九三一年二月七日）

行政院訓令

字第00570號

令南京市政府

為令行事案據實業部呈稱案據上海市綢緞業同業公會呈稱據報載浙江省征收營業稅條例現已訂定查第五條內開物品販賣業之詳細稅率依附表之規定並查附表內開物品販賣業均按照營業額分別納稅如左綢緞業千分之十五等語屬會各會員雖均在滬開設莊號而販賣物品浙省綢緞居其多數且有支店設在浙地者按照該條例第七第九兩條之規定實有切身關係再四研究對於此項稅率殊嫌過高認為於營業生存有礙謹具理由為鈞部縷晰陳之查部訂征收營業稅補充辦法第八條凡以營業收入額為課稅標準者照大綱第四條辦理又該大綱第四條規定有云營業稅稅率應照課稅標準用

千分法計算征收至多不得過千分之二但関於奢侈營業及其他含有應行取締性質者不在此限浙省現訂綢緞營業稅率業已超過最高制限究其用意誤以綢緞為屬於奢侈營業是以稅率特高是本案先決問題應就綢緞是否為奢侈營業先應予以辯明查我國向稱以農桑立國歷四千年未有異詞蠶桑既為立國之本原與農耕並稱足徵自昔從未認為奢侈是以布帛菽粟四字成為流行之連屬名詞相沿迄今而大布之衣大帛之冠歷史上且傳為美談為新興國恪德之一證良以國產綢緞質地堅韌服御經久語其代價雖較棉織品為高語其效用轉較棉織品耐久是以購置一領之綢衣以其較棉織品耐用通盤籌算或轉省費揆之歷史觀念如彼徵諸事實如此必欲狃於外表指綢緞為奢侈品非篤論也再徵諸國家政策此次新頒海關進口稅則除烟酒外以對於外國絲織品收稅最重語其理由亦因吾國絲織業年來衰頹已極藉此以資維持夫既認為奢侈

品則國家當予以裁制不當予以維持既認為應予維持即可反証其非奢侈品況日於
朝鮮法於越南對於輸入華綢均認為奢侈品課以重稅我國曾與竭力交涉今乃對於
國產綢緞轉自認為應在奢侈品之列日後再有此類交涉從何措詞此尤斷斷以為未可者也綢
緞一項其在機戶織造之時按照浙省營業稅條例第四條已須先課以千分之二製造營業稅迨其
批售之時又須照條例第七條征收整賣部份之營業稅迨其由批售而至川莊發賣之時又須照附
表所定稅率納稅且特種消費稅條例第二條又明定織物稅為消費稅之一是絲織品一類就現
行稅法而論納稅計有四次之多負担已屬重疊如所定稅率再有失之過高則商店無力賠墊
計惟有相率歇業況特種消費稅條例對於課稅標準亦有奢侈品半奢侈品日用品之區分如
果浙省營業稅以綢緞列於奢侈品則將來關於織物稅時綢緞何能獨異勢必受兩重奢侈品稅
之壓迫而綢緞業更難倖全詳加考慮實屬不寒而慄近來滬錫各地絲廠以停業過多關係國民生計

政府至特許發行公債八百萬元以爲維持營業之需浙省各地絲織廠倒閉之多機户失業之衆浙省官廳地屬轄境知之最悉論其困難情形實不在絲廠之下惟以發行公債原屬創格未敢率請援例正擬籲請酌免捐税藉紓喘息不謂此次創辦營業税竟被列入奢侈範圍之内令其負担超過制限外七倍之高税譬諸以蚊負山萬難負荷用敢根據上列種種理由備文呈請鈞部鑒核賜予主持以維實業等情並據推派代表面陳詳請到部據此查各省舉辦營業税依照部定大綱及其補充辦法課税標準用千分法計算征收至多不得過千分之二茲據該會所陳浙省營業税條例將綢緞税率按照千分之十五征收税額過高與部定標準出入甚鉅似將綢緞一類認作奢侈品故加重抽收惟綢緞之在我國不特爲特殊國産有保護之必要即其用途亦屬平民日用品尚非奢侈品可比比年以來我國綢緞營業不振虧累倒閉時有所聞如果新税抽收過重各省援例規定則綢業前途將

益陷於困難地位現值各省擬訂營業新稅時間擬請鈞院通飭各省對於綢緞營業稅應援照日用品恰遵部定大綱辦理其稅率不得過千分之二以資維護除電請浙江省政府辦理外理合呈請鈞院鑒核施行等情據此除指令呈悉據稱綢緞為特殊國產有保護必要其用途亦屬平民日用品請通飭各省征收該項營業稅其稅率不得過千分之二以資維護核與

中央前次批飭救濟絲織業之旨適相符合應准照辦仰候令飭財政部及各省市政府一體遵照辦理可也此令印發及分令外合行令仰該市政府即便遵照辦理此令

中華民國二十年二月七日

院長蔣中正

監印華繼沅
校對趙聲翰

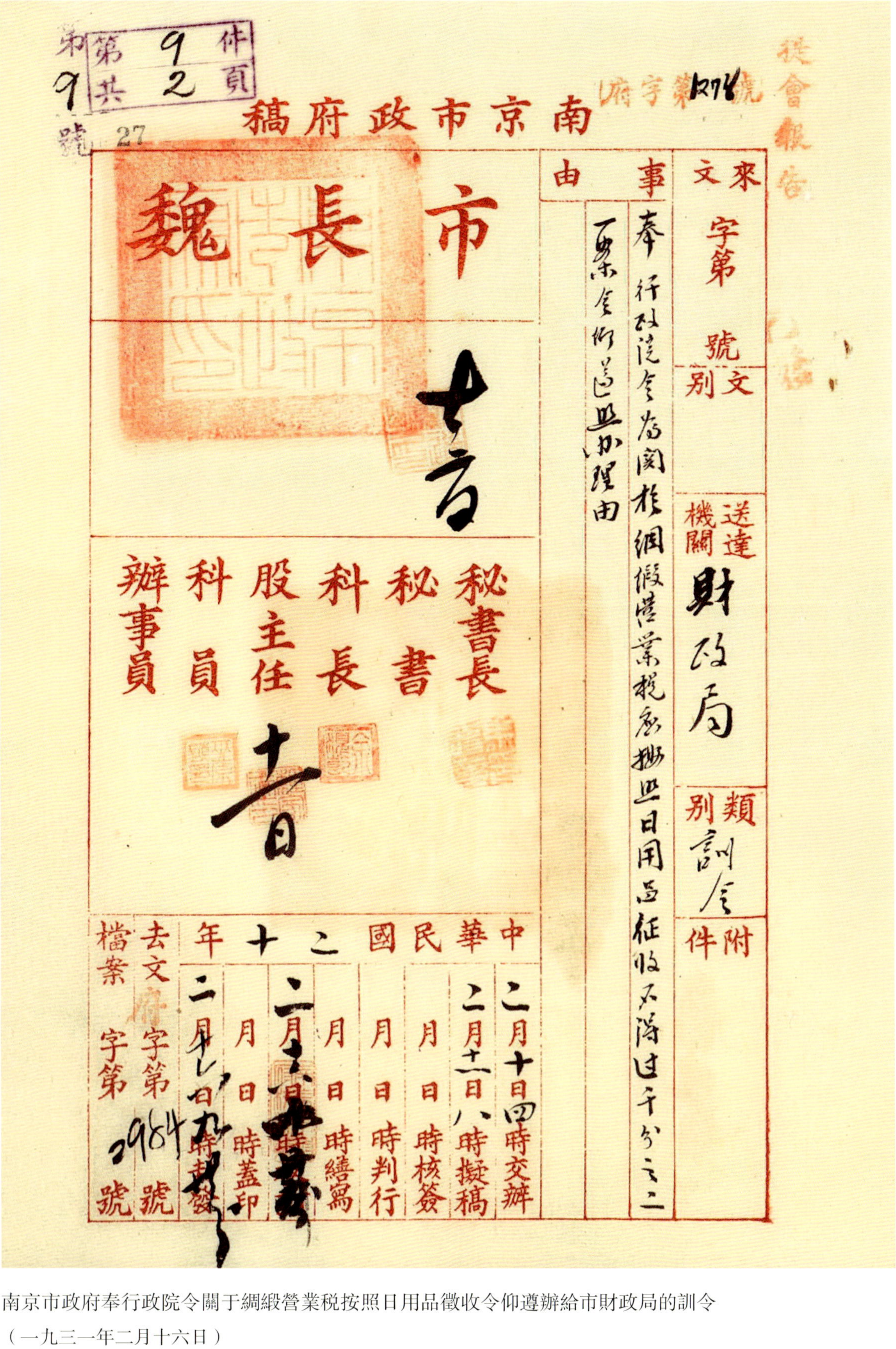
南京市政府稿

第9件 共2頁

府字第1278號

市長 魏

秘書長 秘書 科長 股主任 科員 辦事員

來文 字第 號

文別

送達機關 財政局

類別 訓令

附件

事由 奉行政院令爲關於綢緞營業稅應按照日用品征收不得過千分之二案令仰遵照辦理由

中華民國二十年

二月十日四時交辦

二月十一日八時擬稿

月 日 時核簽

月 日 時判行

月 日 時繕寫

二月十六日 時蓋印

二月十七日九時封發

去文 府字第2984號

檔案 字第 號

南京市政府奉行政院令關于綢緞營業税按照日用品徵收令仰遵辦給市財政局的訓令

（一九三一年二月十六日）

訓令第2984號

令財政局局長齊 叙

為令遵事，案奉

行政院第五七〇號訓令内開，案據實業部呈稱，

云云，合行令仰該市政府即便遵照辦理，此令，等因，奉

此，合行令仰該局長即便遵照辦理，此令。

中華民國二十年二月　日

繕寫

校對

監印

（四）在考人專門資格審查委員會經費附設于考選委員會時由中央負担附設于指定區域附近之敎育廳時由地方負担

（五）特種考試經費由考試委員會或委託中央機關舉行者國庫負担委託地方機關舉行者地方負担

（六）候選人員考試經費由舉行候選人員考試之所在地政府負担

□（二一六）解釋征收營業稅大綱及補充辦法案

▲訓令財政局爲准財政部咨爲解釋征收營業稅大綱及補充辦法令仰遵照辦理由　訓令府字第三九九九號　二十年三月二十七日

爲令遵事案准

財政部賦字第一八五二四號咨開案查全國實行裁厘由各省舉辦營業稅以資抵補一案業經本部呈准

行政院將征收營業稅大綱及補充辦法通令各省市遵照在卷惟營業稅大綱第一條有已向中央納稅所得之公司及已由中央征收特種捐稅者除外之規定補充辦法第一條有凡銀行暨特種公司及已征牌照稅之菸酒業除外之規定又營業稅所用營業證究應貼用印花稅票若干亦爲前此條例所未備均應亟予明白解釋俾營業稅之征稅納稅兩方並有遵循茲將解釋辦法各項列下（一）凡廠或公司已納統稅或特種消費稅者各省不得再向其廠或公司征收營業稅但推銷販賣之商行店舖應仍征營業稅（二）凡專營鹽業已由中央征收鹽稅者各省不得再向其征收營業稅但販賣雜品之商店兼營零鹽者應仍征營業稅（三）凡專營菸酒業已由中央征收菸酒牌照費者各省不得再向其征收營業稅但販賣物品之商店兼售菸酒者應仍征營業稅（四）凡營業證應貼用印花稅票其資本在五百元以上者每證一律貼用五角其資本在五百元以下者每證貼用一角（五）凡交易所由中央征收交易所稅各省不得征營業稅以上各項辦法除分咨外相應咨請查照並予轉飭財政局遵照辦理等由准此合行令仰該局長即便遵照辦理此令

市長魏道明

□（二一七）令知國產絲綢稅率應各處一律案

▲訓令財政局爲奉行政院令爲國產絲綢爲日用品所有稅率應各處一律令仰遵照由　訓令府字第四〇四〇號　二十年三月二十八日

爲令行事案奉

行政院第一二七七號訓令內開案准國府文官處第二零二三號函開第十四次國民政府會議關於中央政治會議函爲第二百六十五次會議決議國產絲綢爲日用品所有稅率應各處一律請轉飭遵照辦理一案經決議交行政院遵辦等因相應錄

南京市政府奉行政院令爲國產絲綢稅率應各處一律給市財政局的訓令（摘自《首都市政公報》）（一九三一年三月二十八日）

案幷抄同原件函送查照辦理等因准此除分令外合行令仰該市政府卽便遵照等因計抄發中央政治會議原函一件奉此合行抄發原件令仰該局長卽便遵照此令

計抄發中央政治會議原函一件

市長魏道明

■(二一八)咨送二十年度經臨費第一第二兩級概算書案

▲咨國民政府主計處爲咨送本府及所屬各局處暨其附屬各機關二十年度經臨費第一第二兩級概算書請煩查照彙編由　咨府急字第四〇五三號　二十年三月三十一日

爲咨送事案查敝府所屬各局處暨其附屬機關十九年度經臨兩費歲入歲出第一第二兩級預算書業經編造咨送財政部彙編在案嗣經先後奉

行政院第二四一號及七〇七號訓令轉奉

國民政府訓令內開京內外各機關二十年度預算應遵照頒發十九年度試辦預算章程及補充辦法依限編造第一二級概算書送由主計處審查以重計政等因奉此遵經通令所屬各機關一體遵照辦理去後茲據敝府所屬財政局依限將二十年度經臨各費歲入歲出第二級概算書彙編齊全連同第一級概算書一併呈送請予核轉等情到府計歲入經常門三百三十七萬八千一百十四元臨時門一千八百三十八萬二千三百三十四元經臨合計歲入二千一百七十六萬〇四百四十八元歲出經常門二百九十八萬二千五百三十一元臨時門一千八百七十七萬五千二百七十元經臨合計歲出二千一百七十五萬七千八百零一元復核所列各數目均屬相符除指令并將原送第一第二兩級概算書各抽存一份備查外相應檢同原件備文咨送

貴處請煩查照彙編實紉公誼此咨

國民政府主計處

計咨送二十年度第一級歲入經常臨時門概算書乙份

二十年度第一級歲出經常臨時門概算書八七份

二十年度第二級歲入經常臨時門概算書各二份

二十年度第二級歲出經常臨時門概算書各二份

市長魏道明

工務

■(二一九)放寬新街口至乾河沿及碑亭巷至逸仙橋兩段中山路案

▲指令工務局爲據呈擬放寬新街口至乾河沿及碑亭巷至

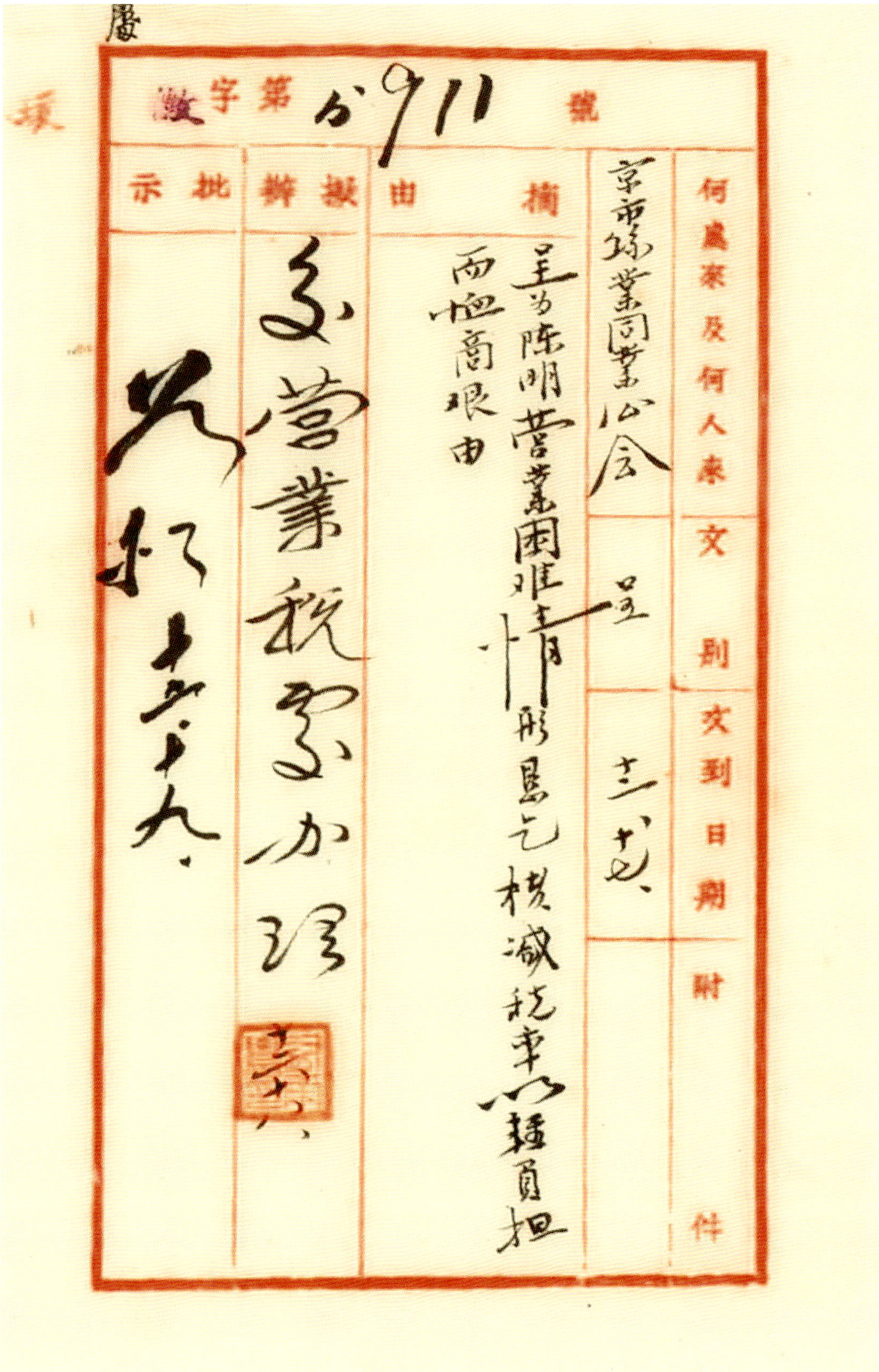
收文 第 字 分911 號

何處來及何人來	京市絲業同業公會
文別	呈
文到日期	十二、十七
附件	
摘由	呈為陳明營業困難情形懇乞核減稅率以輕負担而恤商艱由
擬辦	交營業稅處办理
批示	如擬 十二、十八

關于收繳、核減營業税的一組往來文件

南京市絲業同業公會關于營業困難請核減税率一事給市財政局的呈文及市財政局的批文

（一九三一年十二月十七日至二十六日）

言

呈為呈明營業困難情形懇乞核減稅率以輕負担而恤商艱事竊

屬會奉

鈞局第九號公函内開為本市營業稅定自冬季起開始征收勢在

必行請轉知各同業務儘本月三十一日以前據實填送填報表以憑審核

而重法令等因並奉

鈞局營業稅征收處函同前由奉此遵即召集同業迭經會議咸
謂本業在前清時代僅有繭行兩家尚可營業自民國開放繭行以來陸
續增設三十餘家之多所有土產原料運輸出境以致無貨經營灼然可
見由此營業日形衰落景况蕭條達於極點經營本業已成畫餅之現
象兼之頻年本市增添人造絲一項尤覺困難同業遭受如斯影響生活

更屬難支正思補救之方何堪再遭重負勢非呈明真相懇求當
局體念商艱免征營業稅以輕負担當經決議通過由 屬會 據請轉呈
等語查營業稅事關通案勢在必行我業自未便獨異請求豁免然
營業困難情形又非他業可比早在
鈞鑒之中一再籌思公私並顧方法惟有據實呈明仰求

鈞局鑒核俯賜令飭營業稅征收處將絲業營業稅率核減

征收以重功令而恤商艱伏乞

批示祇遵謹呈

南京市財政局

南京市絲業同業公會謹呈

中華民國二十年十二月十七日

營字第132號

何處來及何人來	財局轉來 京市絲業公會
文別	呈
文到日期	十二、六
附件	
摘由	呈為陳明營業困難情形懇乞核減稅率以輕負担而恤商艱由
擬辦	營業稅為裁厘後抵補地方稅之一種稅率已經厘定減輕無多業經財政部修正轉呈國民政府在案碍難變更 十二、廿一
批示	如擬

公字第136號

南京市財政局稿

來文	營字第5911 132號
文别	呈
送達機關	絲業公會
類别	批
附件	原呈存
事由	為陳明營業困難情形懇乞核減稅率以輕負擔而恤商艱

局長	齊 十二.廿六
科長	
處長	
股主任	
股員	
辦事員	

中華民國二十年

交辦	月　日　時
擬稿	十二月廿五日　時
核簽	月　日　時
判行	月　日　時
繕寫	月廿六日　時
校對	月廿六日　時
蓋印	月　日　時
封發	十二月廿六日　時
去文	字第17號
檔案	字第　號

批

原具呈人南京市絲業公會

呈件由錄

查營業稅爲裁釐後抵補地方稅之一種，亦即挹注地方財政的唯一良稅，所定稅率，以千分法計算，較之釐金以百分法計算，已減輕甚多，業經呈奉核准，礙難變更，仰仍遵照辦理，以符法令，此批。

中華民國贰十年十二月　日

監印金貴鵬

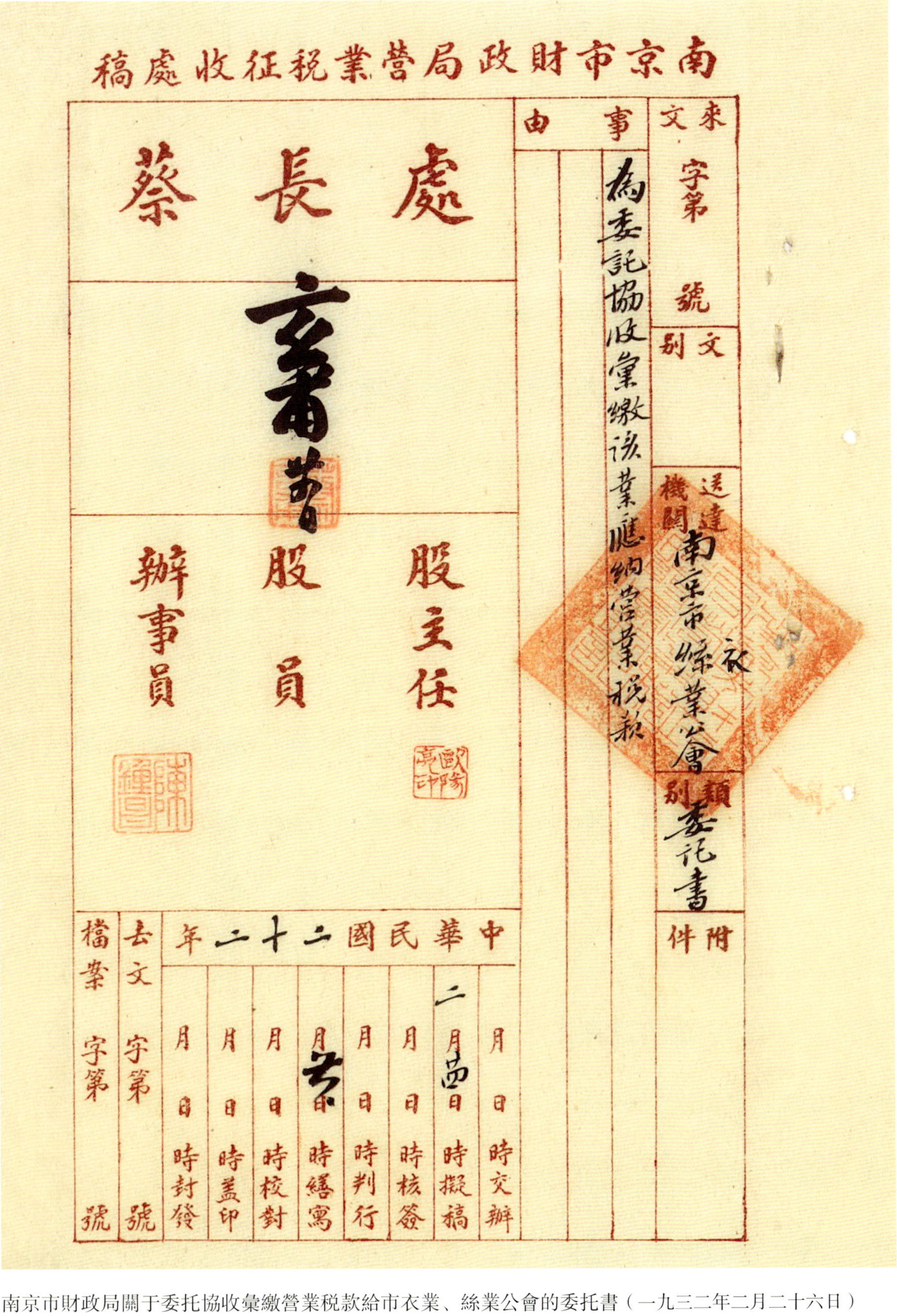
南京市財政局營業税收征處稿

來文：字第　號
文別：
送達機關：南京市絲業、衣業公會
類別：委託書
附件：
事由：為委託協收彙繳該業應納營業税款

處長 蔡
股主任
股員
辦事員

中華民國二十一年
二月廿四日擬稿
月日時交辦
月日時核簽
月日時判行
月廿六日時繕寫
月日時校對
月日時蓋印
月日時封發
去文 字第　號
檔案 字第　號

南京市財政局關于委托協收彙繳營業税款給市衣業、絲業公會的委托書（一九三二年二月二十六日）

委託書

逕啟者茲委託

貴公會按照本處核定該業各商號應納税額負協收彙繳之責除將各該商牌號及每季應納税款數目另行開列清單外合行委託即希

查照辦理為荷此致

南京市綵業公會

周梓園先生

保證書（式紙）交會計處保存六共

南京市衣業公會

王衡仲先生

程佁餘先生

汪叔盈先生

中華民國二十三年一月　　日

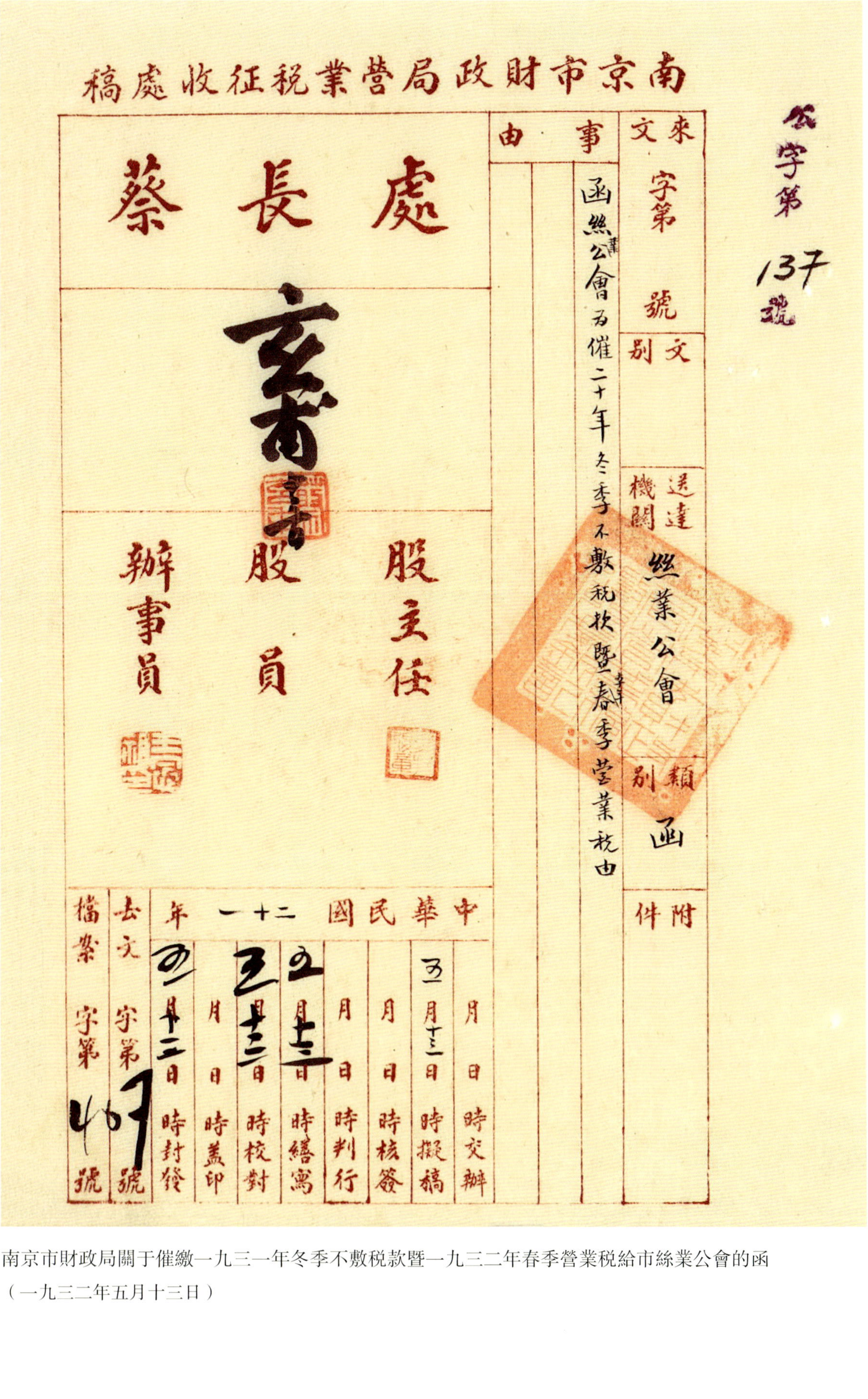
南京市財政局營業税征收處稿

來文	字第　號
文別	
送達機關	絲業公會
類別	函
附件	

事由：函絲業公會爲催二十年冬季不敷税款暨二十一年春季營業税由

處長 蔡

股主任

股員

辦事員

中華民國二十一年

月 日 時交辦	五月十三日 時擬稿	月 日 時核簽	月 日 時判行	五月十三日 時繕寫	五月十三日 時校對	月 日 時蓋印	五月十二日 時封發

去文 407 字第 號

檔案 字第 號

公字第 137 號

南京市財政局關于催繳一九三一年冬季不敷税款暨一九三二年春季營業税給市絲業公會的函

（一九三二年五月十三日）

全衔函第　號

逕啓者、案查

貴同業应繳營業税額、早经核定、並據

貴公會請求委託協收彙繳在案、茲查

貴会先後解繳二十年冬季税銀〔款〕五十二元三角三分、尚欠數銀

八元一角三分、現逾期已久、務希尅日彙同春季税款、及滯納罰金

催收送處、以憑轉解、是爲至要、此致

絲業公會

中華民國廿一年五月十三日

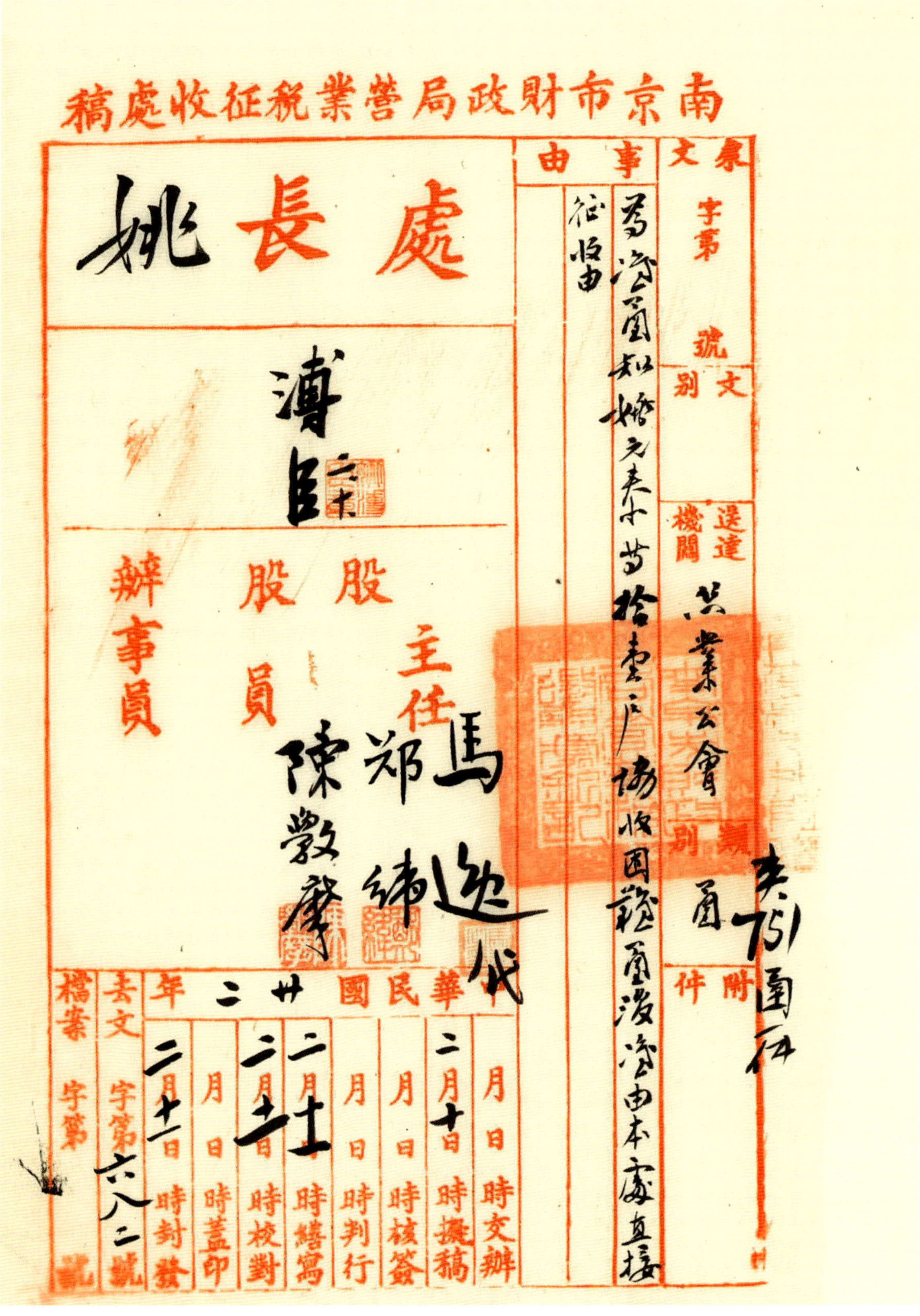
南京市財政局營業稅征收處稿

文 號	字第 號
文 別	
送達機關	
附 件	
事 由	

處長	
主任	
股員	
股員	
辦事員	

中華民國廿二年　月　日　時交辦
月　日　時擬稿
月　日　時核簽
月　日　時判行
月　日　時繕寫
月　日　時校對
月　日　時蓋印
月　日　時封發
去文 字第　號
檔案 字第　號

南京市財政局營業稅徵收處關于姚元泰等十一户營業稅協收困難由本處直接徵收給市綢業公會的函
（一九三三年二月十一日）

公團第　號

逕復者案准

大函以姚元泰、胡泰記、方榮泰、何豐玉、公源太、王裕泰、周義豐、慎大、裕興祥、楊源太、黄恆大、~~許~~等檢查戶應納營業稅協收團費一函請查照等由並附抄單調查記名一節准此既准團知該檢查戶協收團費應由本處直接征收除此外各戶仍由

貴公會依據成案上次協收彙解以符稅收外相應函復即希

查照為荷此致

南京市絲業公會

姚[illegible]

中華民國廿二年二月　日

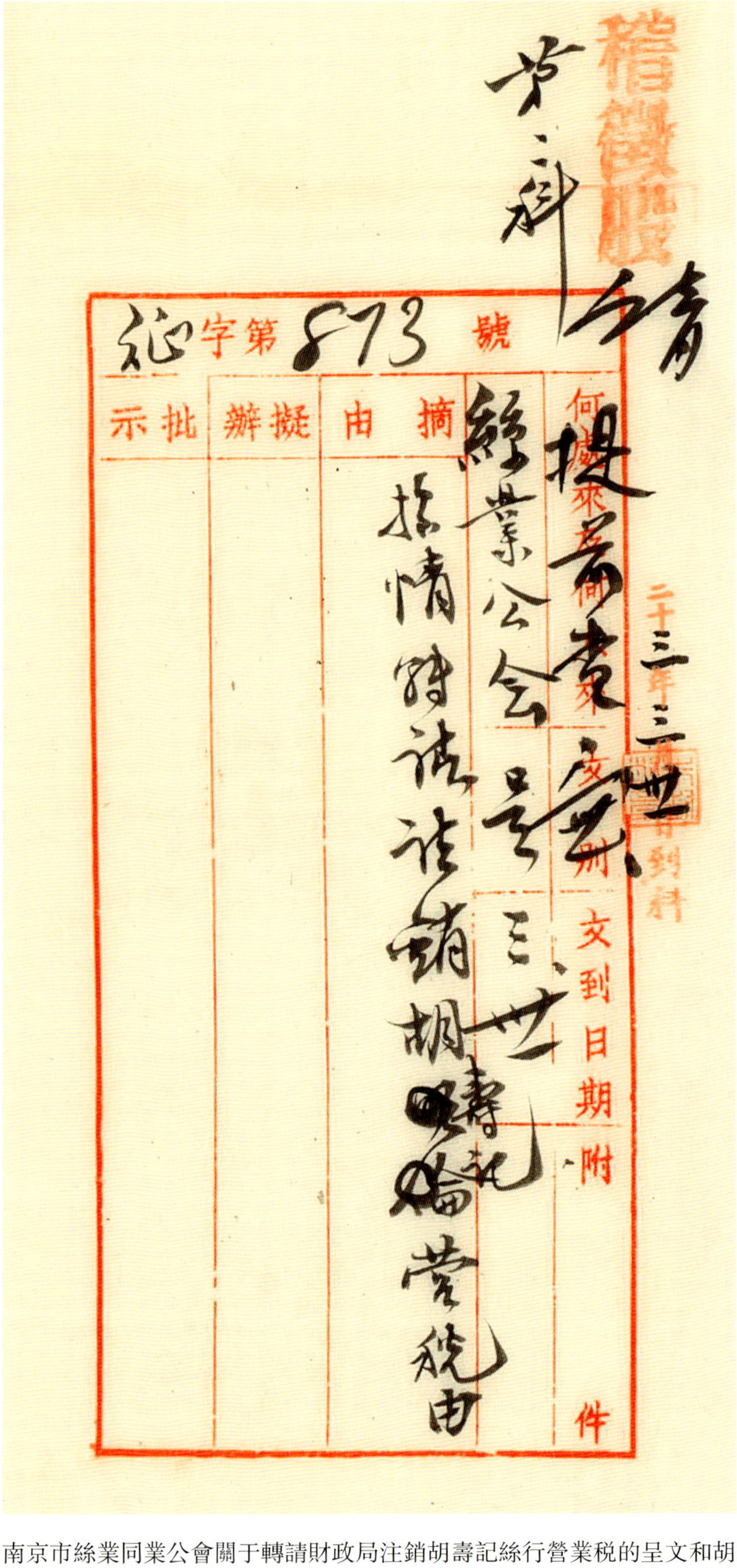
䛇字第873號
摘由 絲業公會呈 據情轉請注銷胡壽記綸營稅由
擬辦
批示
何處來文
文到日期 三、廿
附件

南京市絲業同業公會關于轉請財政局注銷胡壽記絲行營業税的呈文和胡壽記絲行營業税調查表（一九三四年三月三十一日至四月二十八日）

丟

呈爲據情呈請事竊據敝會會員胡明倫函稱敝號係胡壽
記絲行向設城北唱經樓門牌十二號地方交易有年平日對於營業
税按季照繳未敢稍有延誤奈去歲生意不旺開支不敷是以决
將絲業收歇改歸棉花業工作所欠二十一年秋冬兩季應完絲業
税款業於本年叁月叁日赴局繳清領有金庫收據在案昨財局

催收員仍然到號迭次催繳敝號已在閉歇之列未審是何理由爰

請公會轉請市財政局援照營業閉歇例准予註銷等情據此

理合據情呈請伏希

鈞局鑒核迅將該號援照營業閉歇例准予註銷并飭知該員

勿再催繳以恤商艱而維税務實為公便謹呈

南京市財政局

南京市綵業同業公會主席周梓園

中華民國二十三年三月三十一日

4750

南京市財政局第二科稽征牌照營業稅調查表

事由	奉派調查唱經樓十二號胡壽記竹行二十二年究否停業由
調查情形	查該行以生意蕭條難以維持，於二十二年十一月即行收歇，稅款繳至二十一年冬季。理合具文呈請鑒核。
主管員核辦批示	經查相符，准自開歇月起註銷，此批。 如擬 五.一

中華民國二十三年四月二十八日 調查人蔣維勳

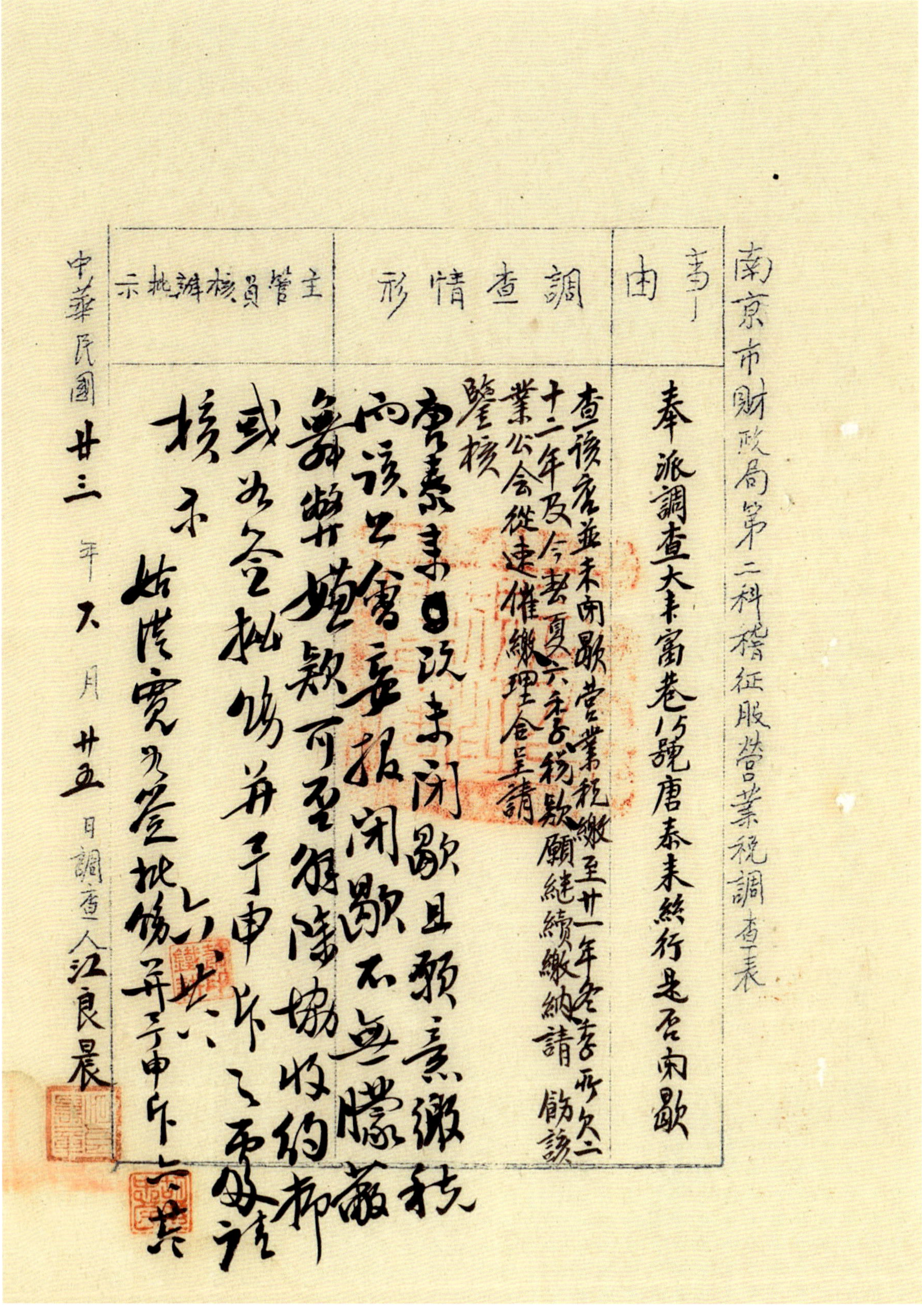

南京市財政局第二科稽征服營業稅調查表

事由	奉派調查大米富巷15號唐泰来絲行是否閉歇
調查情形	查該店並未閉歇，營業稅繳至廿一年冬季，所欠二十二年及今春夏六季稅款，願繼續繳納，請飭該業公会從速催繳，理合呈請鑒核
主管員核辦批示	唐泰来自改未閉歇且頗意繳稅，而該公會妄報閉歇，不無朦蔽舞弊嫌疑，款可至從隆協收約柳，或亦合批飭并予申斥之處，可否？請核示 六．廿六 姑從寬免從批飭并予申斥 六．廿六

中華民國廿三年六月廿五日調查人江良晨

南京市財政局關于唐泰來、曹炳泰、曹聚隆、益泰鑫記、義泰等五家絲行營業稅調查表

（一九三四年六月二十五日至八月二十一日）

南京市財政局第二科稽征股調查營業稅報告表

事由：奉派調查庫司坊10號曹炳泰綠行是否停業由

調查情形：查該號并無門面，家有妻室，今人實因生活維艱，於去歲元月間出外急謀，既乏帳籍，復無貨物清冊，估計兩皆不可，復向鄰居問詢，所稱亦如上情，合將遵令調查情形報乞鑒核

主管員核批指示：據經查該曹炳泰已於廿三年一月間該公會所匯呈現在歇行並根據請批示準戳 六、五

中華民國二十三年六月四日 調查人王克和

南京市財政局第二科稽征股營業稅調查表

事由	奉派調查鴉鵝巷五十四號曹聚隆行是否停歇由
調查情形	查該號因營業不佳，於本年二月十三日閉歇，稅款繳至二十二年秋季、冬季及二十三年春季三分之一，欠稅擬請向該業公會追繳，理合具文呈請鑒核
主管簽擬批示	擬請俟自開歇月起註銷，並函公會收欠。蔭 五、廿 查照分別辦理。六、一

中華民國二十三年五月三十日　調查人蔣維勲

迅即查詢併案飭公會 八、廿三

南京市財政局第二科稽征股營業税調查表

事由	奉派調查釣魚台益泰鑫記絲行營業狀况由
調查情形	查該店并無切實証據，徒以營業不振藉詞請減，殊難准其所請，當飭仍照原額三千元填報，不從，擬請令知該業公會轉知該店提出充分証明，或飭仍照原額征收，是否有當，敬請鈞奪
主管員核辦批示	該店既無相當証明，所營仍係照原額填報，似可姑予照所擬併案飭該公會 如擬 八、廿二

中華民國二十三年八月二十一日 調查人 王克和

南京市財政局營業稅營業者塡報表 52

營業字號	益泰鑫記絲行
營業所在地及門牌電話號數	釣魚台一七四號
營業種類	絲業
營業人姓名及籍貫住址	查敦五江蘇仝上
營業資本額	弍佰元
全年營業收入計估額	弍仟元
股份有限公司各種公積金數額	
物品販賣業之整賣部份全年收入估計數	
全年保費額估計數	
開張日期	年 月 日
附記	系便佬言

3000

中華民國二十三年四月 日塡報者

（署名並加蓋店章處）

益泰鑫記絲經行

填報注意

一　本表由營業者自行據實填載並須加蓋店章繳呈本局如有疑義本局得派員復查

一　營業種類如一商店而兼有數種者依其主要之營業填載之

一　屬於製造業之營業者應在營業種類項下填明之其營販賣業者亦如之

一　營業資本額如係股份有限公司應將各種公積金另項填入

一　全年營業收入估計數應將全年所營各業不分整賣零售一併填入

一　物品販賣業整賣部份之營業收入係指同行批發而言門市零售不得牽混填入

一　凡本市設有支店者另行填表送核

一　遇有營保險業者應將全年保費額估計數填入

一　營業者如有以多報少或隱匿不報無證營業暨納稅延滯者均應照章處罰

一　表內應填各項數額均以國幣計算如有他種貨幣或銀兩務須於填載時折合國幣填入

一　營製造業者製造物品離其製造場所售賣者應照物品販賣業填報不適用製造業課稅之規定

南京市財政局第二科稽征股營業稅調查表

事由	奉派調查高崗里義泰絲行營業狀況由
調查情形	查該店原報全年營業總收入伍仟元，今因營業蕭條，請減二千元，查無帳冊證明，殊難置信，當飭仍照原數填報，堅不遵行，再三開導，亦屬無效，擬請函知該業公會照舊征收，當否，合請鑒核
主管員核辦批示	該店既無賬冊，所報其營業收入額自難照減，擬仍飭該業公會轉知核實填報，以憑核辦。八、廿

中華民國二十三年八月十九日 調查人王克和

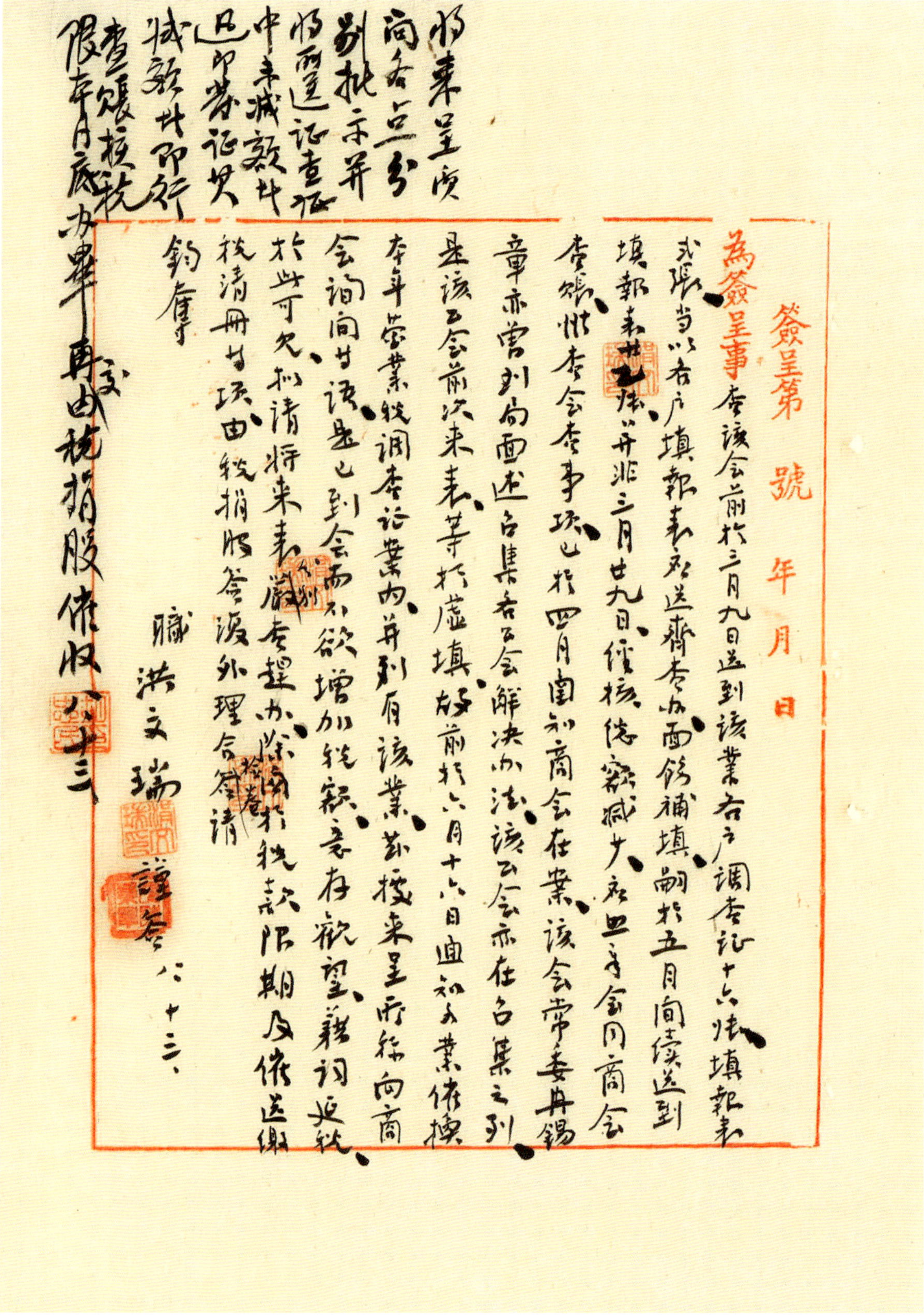
簽呈第　號　年　月　日

為簽呈事：查該會前於三月九日送到該業各戶調查表十六張，依填報表式張，當以各戶填報表式送齊，方收函飭補填，嗣於五月間陸續送到填報表廿七張，以卅張三月廿九日，經核，修改職大於四千金同商會查號，惟查會查事項已於四月間知商會在案，該會常委丹錫章亦曾到局面述召集各會解決辦法，該公會亦在召集之列。是該公會前次來表，等於虛填，故前於六月十六日通知各業依據本年營業稅調查該業內，並列有該業，茲據來呈所稱向商會詢問其該表已到會，而不欲增加稅額，意存觀望，藉詞延欠，於此可見，擬請將來表嚴查，提出辦法，除關於稅款限期及依送繳稅清冊甘填由稅捐股簽復外，理合簽請

鈞鑒

職　洪文瑞　謹簽　八，十三

南京市財政局關于市絲業同業公會欠繳營業稅款請嚴查的簽呈及將欠稅和清册趕速繳局等給該公會的批文

（一九三四年八月十三日至二十二日）

簽呈第　號　廿三年八月十四日

為簽呈事　奉

交絲業公會呈一件，飭查案簽復等因，

查廿一年十二月廿三日六〇六號之公函，係姚前處長任內，以

時屆年終，催繳各公會欠稅，所列該公會欠數為肆百叁拾

四元，係根據本局賬冊，核與來呈所稱，二十年、二

十一年納稅清冊，早經造報遞局等語，殊屬不合。

再查該公會協收各户稅款，自廿年冬季起至廿三年夏季

止，除該公會所稱瘦户十一家，由局直接派收外，尚欠連

為九十六元五角，業經通知該公會將欠款連同廿年廿一年清

冊速造繳局，以便核銷。奉飭前因，理合簽請

鑒核。

職　馬遊　謹簽

機　併案批示，并飭繳清欠稅　八、廿五

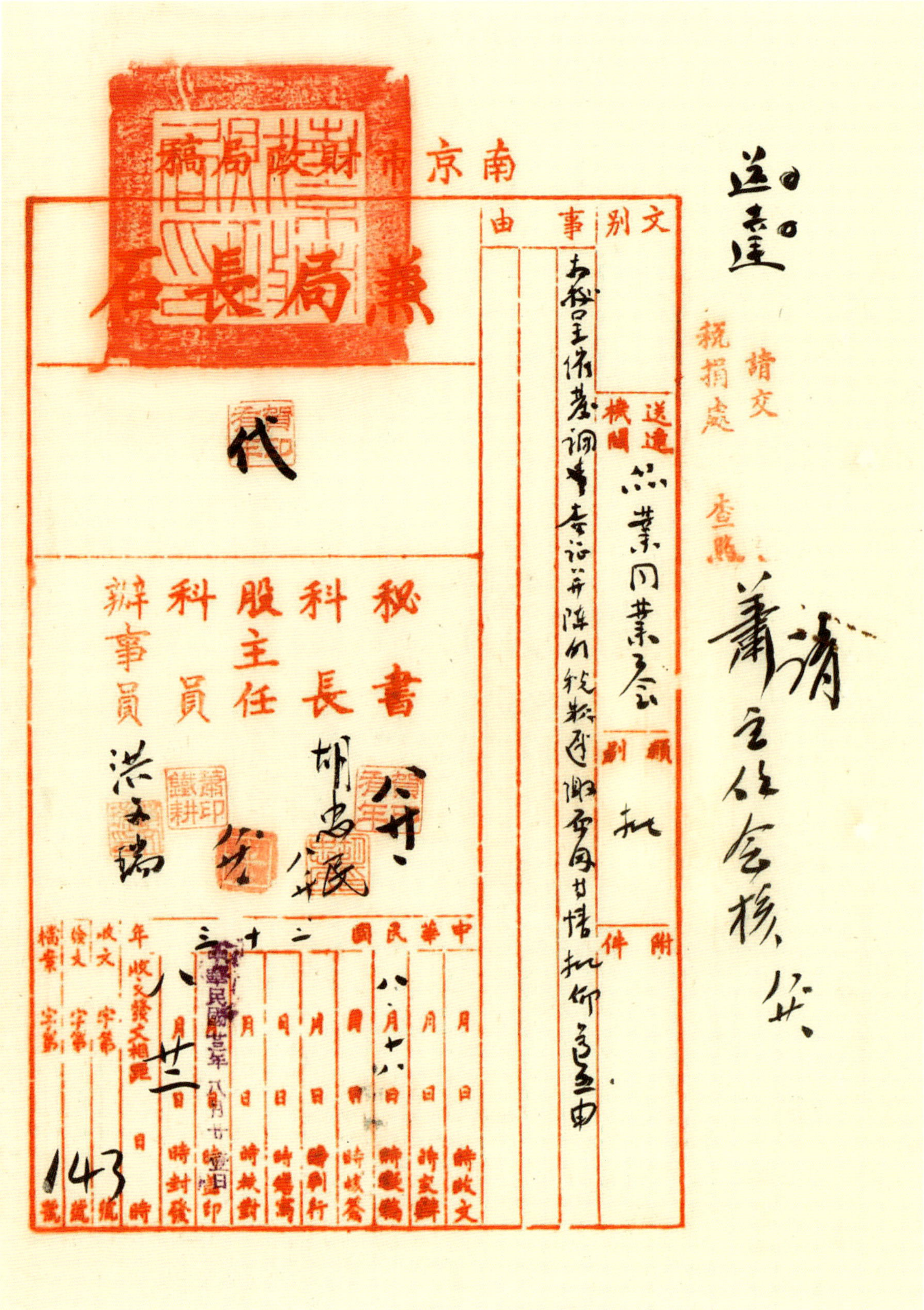

南京市財政局稿

兼局長 石

代

秘書 科長 股主任 科員 辦事員

胡忠民 洪乔瑞

文別

事由

送達機關 絲業同業公會

類別 批

附件

中華民國二十三年八月十六日時擬稿

中華民國廿三年八月廿一日蓋印

八月廿二日時封發

143

送呈 請文 税捐處 查照、

蕭清 主任 会核、發

批

批丝业同业公会

呈一件，为催发调查证并陈明缴税款原因由。

呈悉。查该公会前于本年三月九日呈送到填报表式张调查

证拾六张，五月间陆续送到填报表廿一张，内有请减者四户，

新开业二户，其余系各户营业收入额廿弍年竟与廿三年原证所列数目若合

符节，殊不实在，应即分别严查，经商会在汉本府通知派

员会查，业据该业公会召集之列，该业填报表自应查

填，故复于六月十六日通知填报，来稿所称向商会询问书

证，是以到会而意存推诿，乃竟诿称本年税证未发，税

户啧有烦言，要知该业各户任於廿七年春季发给调查证自廿八年冬季起征收後，近来换正本换清换证，本年送征收办始换送来廿年旧证请换新证，其说现在已经满，於廿四年见，未遵晴实属，现因本所依缴税款，遂以调查证遵发为实（辖处之），殊属不合！兹廿年廿七年纳税清册迄今未换送到，前营业税征收处以本所依缴税款，该工会竟指是图为收到清册与事实不符，所有查协收税款截至本年夏季止，除两科坐户十七家，甲住本所直接收税不计外，计为欠七百九十六元五角，仰将欠税连同清册赶速缴存，（再行核发）查户调查证併候另行核办，此批。

中華民國廿三年八月　日

監印石家驥

校對吳南

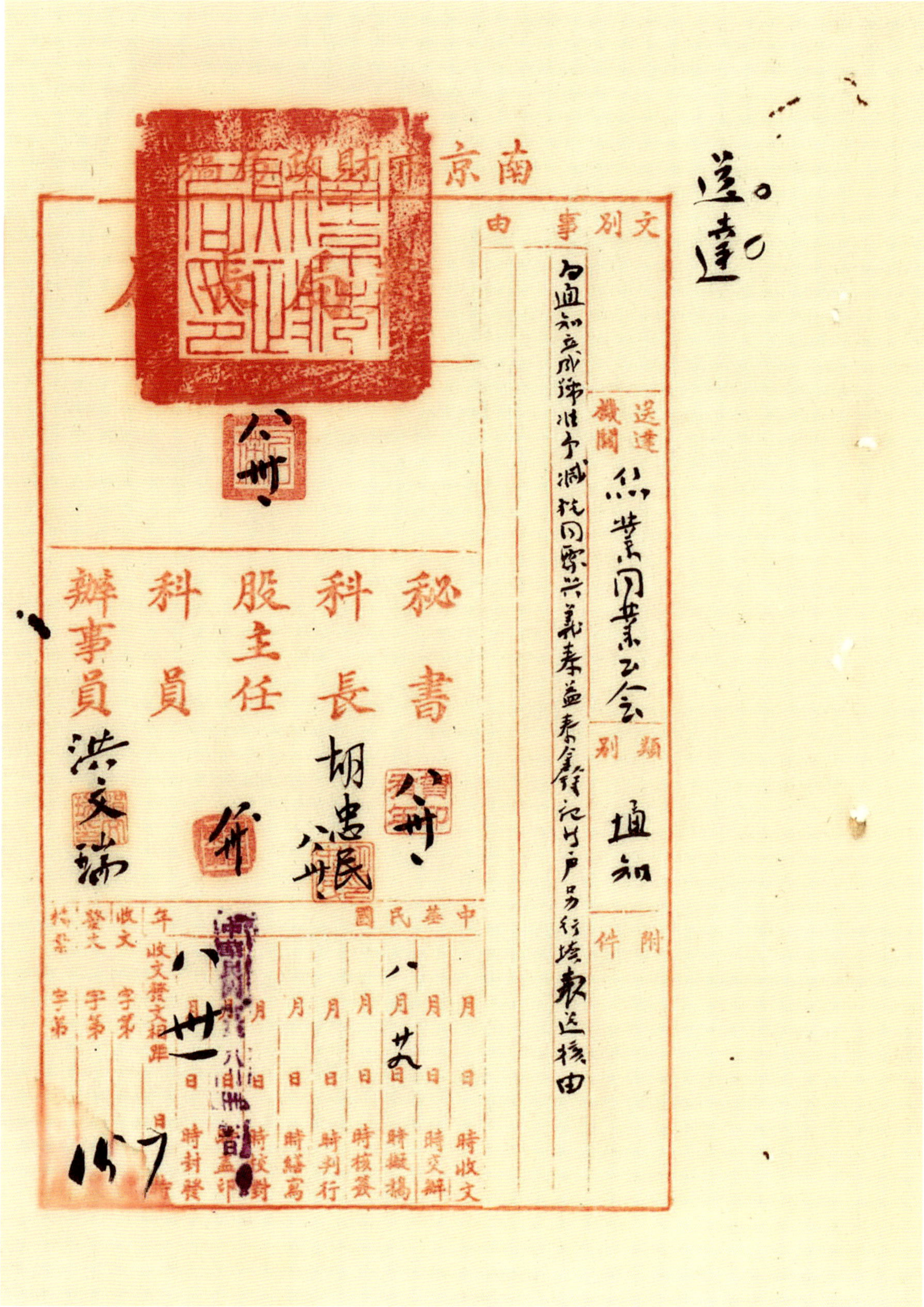
南京市財政局

文別事由：令通知立成號准予減税同聚興義泰益泰鑫記等户另行填表送核由

送達機關：絲業同業公会

類別：通知

附件：

秘書
科長 胡忠民
股主任
科員
辦事員 洪文瑞

中華民國 年 月 日 時收文
月 日 時交辦
月 日 時擬稿
月 日 時核簽
月 日 時判行
月 日 時繕寫
月 日 時校對
月 日 時蓋印
月 日 時封發

收文 字第
發文 字第
档案 字第

送達

南京市財政局關于核減立成、益泰鑫記、同聚興、義泰等户税額給市絲業同業公會的通知
（一九三四年八月三十一日）

通知

查前據該業呈請核減立成益泰金銓記同聚興義泰等四户税款，經查立成號減少資本房窯，應予改按一萬元課稅，益泰金銓記按照原收入款叁千元填表送核，該同聚興義泰等户經查所請減稅并無帳冊証明，自難照減，仰速轉飭核實填報，以憑查核。特此通知。

右通知煤業同業公会

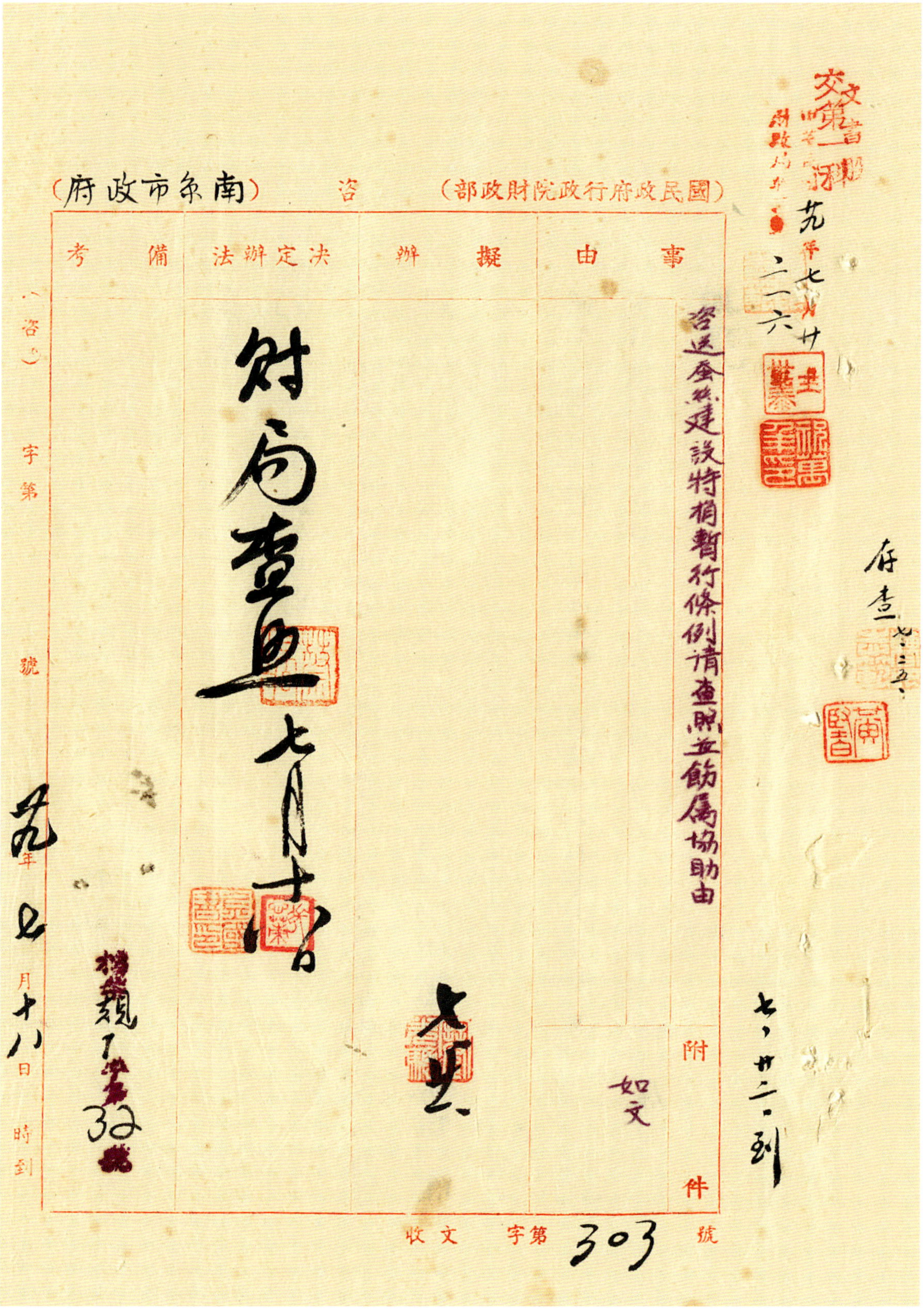
（國民政府行政院財政部） 咨 （南京市政府）

事由：咨送蠶絲建設特捐暫行條例請查照并飭屬協助由

附件：如文

擬辦

決定辦法：財局查照 七月卄日

備考

（咨）字第 號

廿九年七月十八日 時到

收文 字第 303 號

關于僞政府時期辦理蠶絲建設特捐的一組文件

僞財政部爲送蠶絲建設特捐暫行條例請查照并飭屬協助給僞南京市政府的咨文（一九四〇年七月十七日）

（附）蠶絲建設特捐暫行條例

國民政府行政院財政部 咨

税四字第 1. 號

案奉

行政院第二六三號訓令内開

「案奉國民政府府文一訓字第六〇號訓令内開『查蠶絲建設特捐暫行條例現經制定明令公布並定自民國二十九年七月一日起施行應即通飭知照除分令外合行檢發該暫行條例令仰知照並轉飭所屬一體知照』等因附發暫行條例一份奉此合行抄發前項條例令仰該部遵照並即查照條例第九條由該部分别咨行各省政府及有關各部轉飭所屬協助辦理」

等因，並奉發前項暫行條例一份，奉此，當經分令關務稅務兩署組織籌備委員會，擬訂各項章則，當於七月一日在上海稅務署內設處開辦，並委許江兼該處處長，各在案，除呈覆並分咨外，相應抄送蠶絲建設特捐暫行條例一份咨請

貴政府查照，並希轉飭所屬，協助辦理，至紉公誼！

此咨

南京市政府

中華民國二十九年七月十七日

監印鄭敦仁
校對濮瑞承

（注意）折訂請以此線爲準

蠶絲建設特捐暫行條例

第一條 凡國内工廠製造之蠶絲應依照本條例之規定完納建設特捐

第二條 蠶絲建設特捐之征收由税務署所轄經收統税機關依照統税征收辦法辦理之

第三條 蠶絲建設特捐經收機關應將征得之款項另立專賬解交國庫

第四條 蠶絲建設特捐之征收應以下列税率為標準

同宫絲 每包值百征七.五

白絲（絲經廠絲在内） 每包值百征三.〇〇

灰絲（絲經廠絲在内） 每百市斤征國幣七元五角

黄絲（絲經廠絲在内） 每百市斤征國幣十元五角

废丝（蒲衣乱丝棉在内）　每包值百元五

丝棉　每包值百元五

丝汁丝绵　每百斤征国币十元

但同种蚕丝之税率得因其品质之优劣分为若干等级

其详细办法另定之

第五条　凡运销国内工厂制造之蚕丝均应依照本条例第四条之规定缴纳建设特捐由经收机关发给凭证随运送者以漏税论

前项凭证之填发由经收机关派员驻厂或驻栈办理之

第六条　凡运销国内制造之蚕丝因正当理由未得有完纳建设特捐凭证者得就其制品审定其所含蚕丝之等级依照

本條例第四條之規定補征蠶絲建設特捐由經收機關補發
憑征隨運送者以漏稅論

第七條　凡已完納建設特捐之蠶絲或其直接製成品於運銷外
埠時概不另征其他稅捐

第八條　凡自外國輸入之蠶絲及人造絲除由海關征收進口稅外應免
征建設特捐

第九條　關於蠶絲之檢查及防止漏稅各事項財政部得咨行各
省政府及有關各部轉飭所屬協助辦理

第十條　本條例施行細則另定之

（注意）折訂請以此線為準

第十一條　本條例施行日期以命令定之

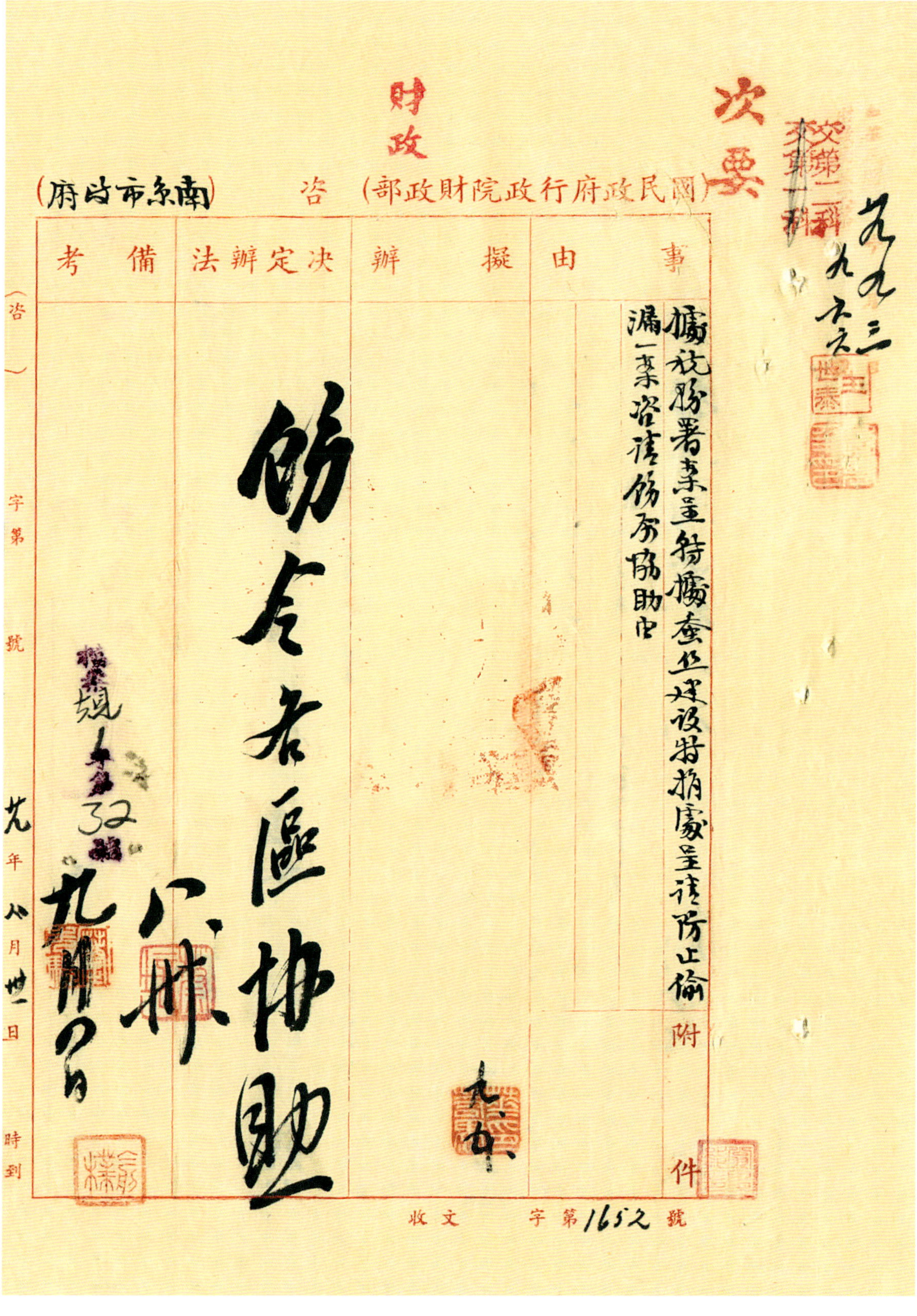

僞財政部關于防止蠶絲建設特捐偷漏一案請飭屬協助給僞南京市政府的咨文（一九四〇年八月三十一日）

國民政府行政院財政部　咨　稅四字第 2 號

「據稅務署案呈，以據蠶絲建設特捐處呈稱：

『案查本處奉令辦理蠶絲建設特捐，已於八月一日實行開徵，業經通告周知並呈報在案。茲以此項特捐事屬創辦，手續至為繁重，各該絲業行商難免不有取巧漏捐、偷運情事，若不嚴加取締，殊於捐收前途影響至鉅。除由職處派員分赴各地查緝外，理合呈請鈞長鑒核，俯賜轉呈大部，咨行各省政府及有關各部，並請外

案部並會函保安局轉行上海三浦憲兵司令
部轉飭所屬一体協助辦理以利進行而裕捐
源實為公便等語擬請准予照辦已
等情到部查所請各節係為杜防偷漏增裕稅收起
見自應照辦除分咨外相應咨請
貴政府查照即希轉飭所屬一体協助並盼
見復為荷此咨
南京市政府

中華民國二十九年八月三十一日

監印鄭敦仁
校對蔡廷[illegible]

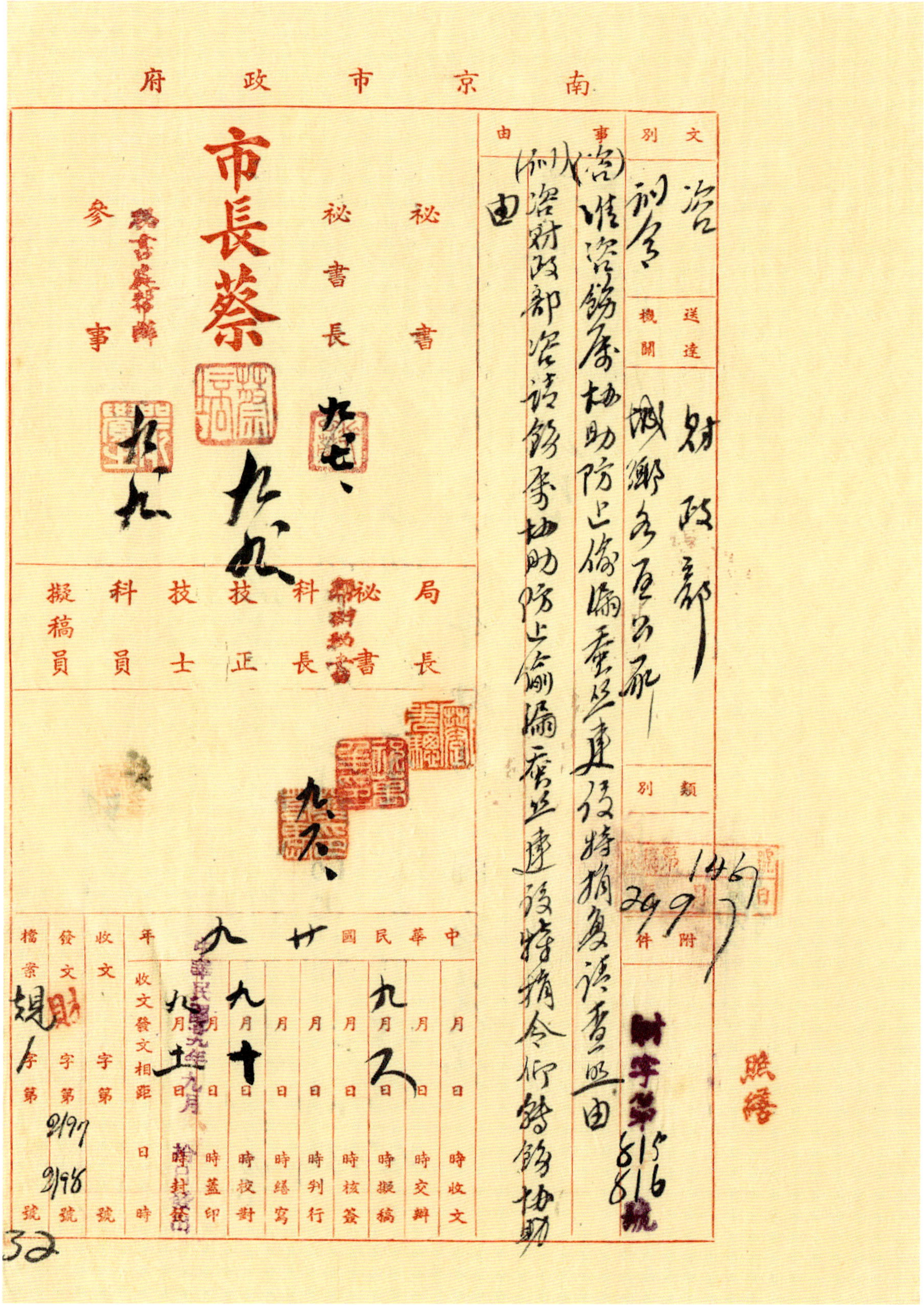

僞南京市政府關于飭屬協助防止偷漏蠶絲建設特捐一案給僞財政部的咨復及給僞城鄉各區公所的訓令
（一九四〇年九月十一日）

府咨　字第　號

案准

貴部稅四字第二號咨略開以據稅務署案

呈稱據查近建設特捐處呈請防止偷漏捐

一案咨請飭屬協助並聲見復等由准此除令

飭所屬各區公所一体協助外相應咨復請

查照為荷此咨

財政部

府訓令　字第　號

令城鄉各區公所

案准

財政部稅四字第二〇二號咨開：

「據稅務署簽呈五一一九……並希見復為荷」

等由，准此，除函復並分咨外，合行令仰該區遵照轉飭

所屬一體遵照為要。此令。

中華民國

月

日

監印

校對

監印程峻峰

校對蔡寶誠

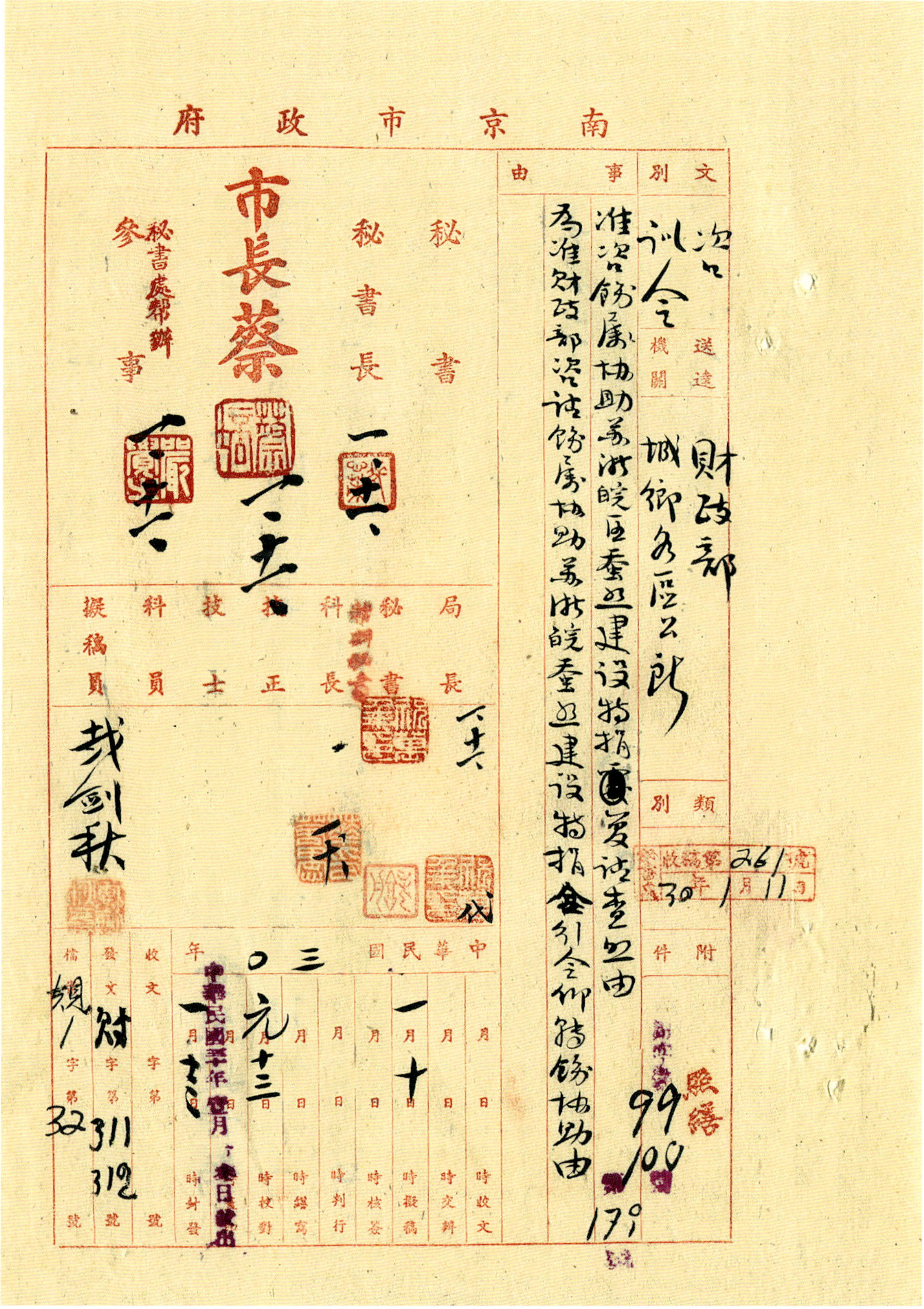

偽南京市政府爲准咨請飭屬協助蘇浙皖區蠶絲建設特捐一案給偽財政部的咨復及給城鄉各區公所的訓令（一九四一年一月十三日）

府咨　字第　号

案准

贵部税一字第二号咨开，以将原有蚕丝建设特捐划改为苏浙皖区蚕丝建设特捐，咨请饬属一体协助等由，准此。除令饬各区公所一体协助外，相应

复请

查照为荷。此咨

财政部

府训令　字第　号　蔡。

令城鄉各區公所

案准

財政部稅一字第二號咨開：「案查蠶絲建設特捐

一案業經函至級之宜」等由准此，除函復並分令外，合

行令仰該區轉飭所屬一體遵照，切實辦理爲要。

此令

中華民國二十年　　月　　日

校對

監印

監印穆峻峰

校對蔡寶誠

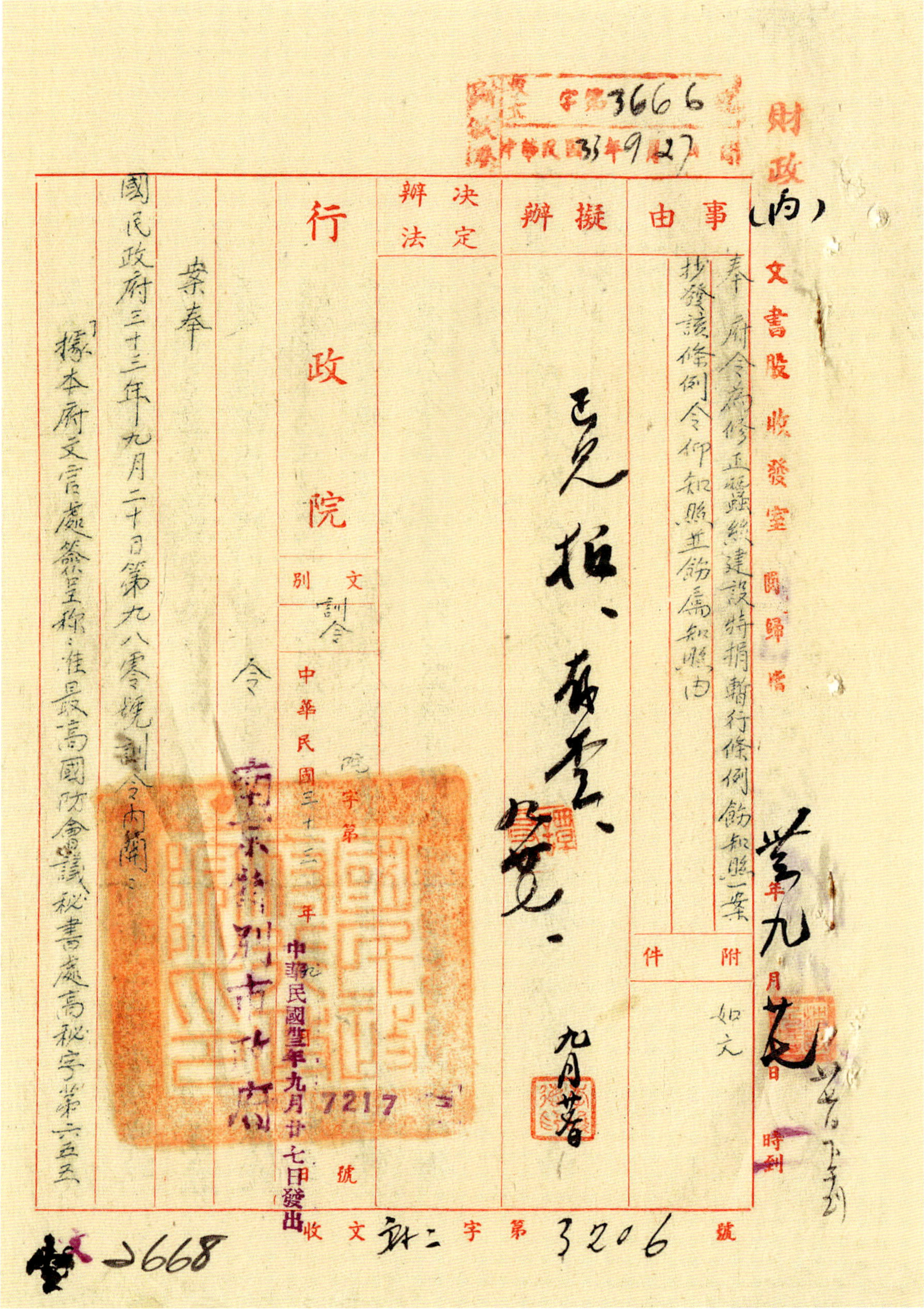
財政（內）
文書股收發室 年九月廿七日 時到
事由：奉府令為修正蠶絲建設特捐暫行條例飭知照一案 抄發該條例令仰知照並飭屬知照由
附件：如文
行政院 訓令 院字第 號
中華民國三十三年 月 日
令 南京特別市政府
國民政府三十三年九月二十日第九八零號訓令內開：
「據本府文官處簽呈稱：准最高國防會議秘書處高秘字第六五五
中華民國卅三年九月廿七日發出
收文 新二字第3206號

偽行政院爲抄發修正蠶絲建設特捐暫行條例令飭屬知照給偽南京特別市政府的訓令（一九四四年九月二十七日）

（附）修正蠶絲建設特捐暫行條例

號函開案奉　主席交下最高國防會議三十三年九月十四日第五五次會議討論事項第一案　主席交議據行政院呈為本院第二二三次會議通過財政部呈送修正蠶絲建設特捐暫行條例一案，呈請鑒核，等情，請公決案決議通過，送國民政府公布並交立法院備查，等因，遵經紀錄在卷，相應錄案抄同行政院原呈及附件函達，至希查照轉陳明令公布並飭行政立法兩院知照，等由，理合簽請鑒核，等情，據此，自應照辦，除明令公布並分行外，合行抄發該條例，令仰該院知照，並轉飭所屬一體知照，此令。

等因；奉此，除分令外，合行抄發該條例，令仰該府知照，並轉飭所屬知照。

此令。

計抄發修正蠶絲建設特捐暫行條例一份

院長　汪兆銘

修正蠶絲建設特捐暫行條例 三十三年九月二十日公布

第一條 凡國產蠶絲及其副產品應依本條例之規定完納建設特捐

第二條 蠶絲建設特捐由財政部蠶絲建設特捐處所屬機關徵收及稽核之

第三條 蠶絲建設特捐之征收應以左列捐率為標準

白廠絲類 值百征十二

輯里絲類 值百征十二

白土絲類 值百征十二

同宮絲類 值百征七·五

灰絲類 值百征五

黃絲類 值百征五

絹絲類 值百征五

繭纖維類 值百征五

棉絲類 值百征五

縻絲類 值百征五

但同種蠶絲之捐率得檢驗其品質所屬為何類按照前項規定標準征捐

關於征捐估價之評定應行修訂事項由蠶絲建設特捐處呈請財政部核定之

第四條 凡運銷國產蠶絲及其副產品應依照本條例第三條之規定繳納建設特捐由經征機關發給憑証隨運違者以漏捐論

第五條 凡運銷國產蠶絲及其副產品之直接製成品其所含蠶絲除因正當理由未附有完納建設特捐憑証者應申請審定其品質依照本條例第三條之規定補繳蠶絲建設特捐由經征機關補發憑証隨運違者以漏捐論

第六條 凡已完納建設特捐之蠶絲及其副產品或直接製成品在捐照有效期間不論運銷任何特捐區域除關稅外概不重征

第七條 凡自國外輸入之蠶絲及其副產品或其直接製成品除由海關征收進口稅外應免征建設特捐

第八條 關於蠶絲之檢查及防止漏捐各事項財政部得咨行各部及各省政府特別市政府轉飭所屬協助之

第九條 本條例施行細則另定之

第十條 本條例施行日期以命令定之

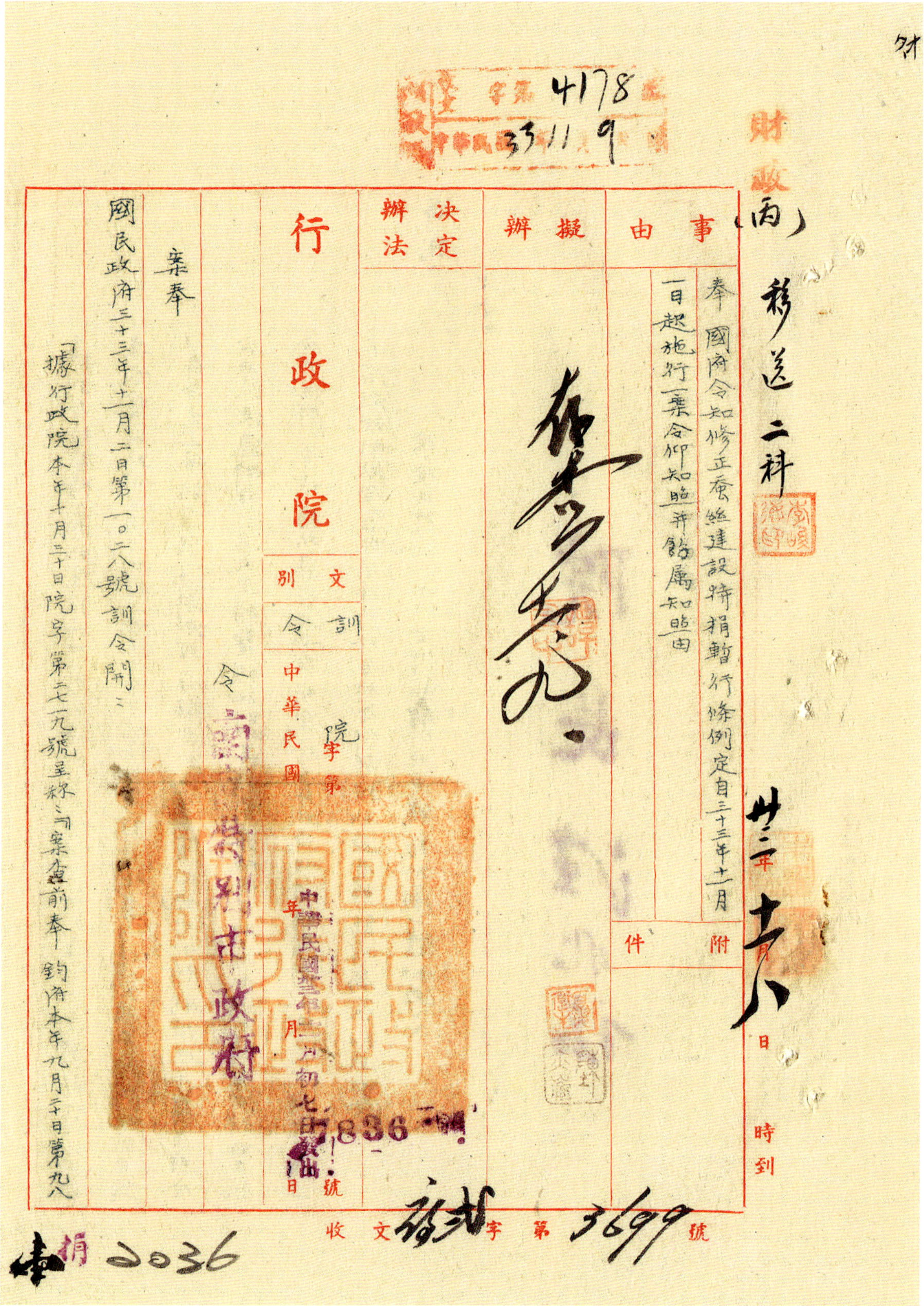
財政（丙）

事由：奉國府令知修正蠶絲建設特捐暫行條例定自三十三年十一月一日起施行一案令仰知照并飭屬知照由

附件

擬辦

決定辦法

行政院訓令 院字第 號

令南京特別市政府

案奉

國民政府三十三年十一月二日第一〇二八號訓令開：

「據行政院本年十月二十日院字第二七一九號呈稱：『案查前奉鈞府本年九月二十日第九八

中華民國三十三年十一月初七日

收文 字第3699號

僞行政院關于修正蠶絲建設特捐暫行條例自一九四四年十一月一日起施行給僞南京特別市政府的訓令

（一九四四年十一月七日）

○號訓令抄發修正蚕絲建設特捐暫行條例一案業經分飭所屬各機關轉飭一体知照在
案茲據財政部十月二十四日呈稱：「案奉鈞令所有該條例第十條載明本條例施行日期
以命令定之等語自應遵照辦理茲擬定於本年十一月一日施行仰祈鈞院迅予轉呈明令
公布以便遵辦理合具文呈請鑒核施行」等情前來核尚可行理合備文轉呈仰祈鑒核
公佈施行」等情據此應准照办除明令「修正蚕絲建設特捐暫行條例着定自三十三年十一
月一日起施行此令」公布并分行外合行令仰該院知照并轉飭所屬一体知照此令」
等因；奉此，自應遵辦，除分行外，合行令仰該府知照并轉飭所屬一體知照。此
此令。

院長 汪兆銘

33.10.1.印(1000)

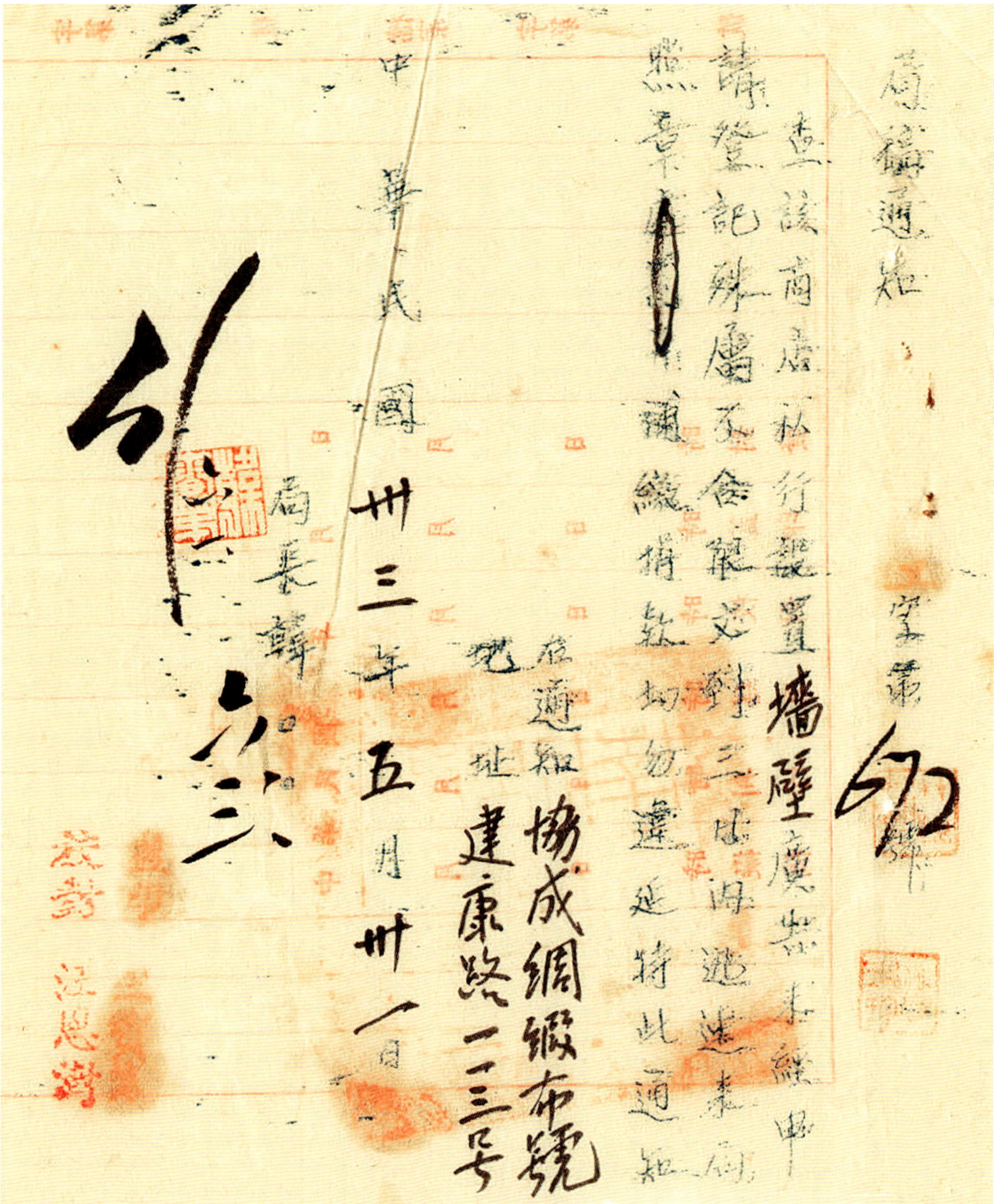
工務局通知　字第　號
查該商店私行設置牆壁廣告未經呈報本局請登記殊屬不合合亟通知限文到三日內迅速來局照章補繳捐款勿違延特此通知
右通知 協成綢緞布號
地址 建康路一一三号
局長 韓
中華民國卅三年五月卅一日

僞南京特别市工務局爲商店私設墻壁廣告補繳捐款給協成綢緞布號、恒興綢緞布號、大生綢緞莊的通知
（一九四四年五月三十一日至六月五日）

局稿通知　　工字第674號

查該商店私行設置墻壁廣告未經申請登記殊屬不合限文到三日內迅速來局照章[illegible]補繳捐款均勿違延特此通知

右通知
恆興綢緞布號
地址　建康路一六四號

中華民國卅三年五月卅一日

局長韓

六三

商儲通知　字第680號

查該商店私行設置墻壁廣告業經申
請登記殊屬不合限文到三日內迅速來會
照章[illegible]補繳捐款切勿違延特此通知

右通知大生綢緞莊
地址黃鶴崗二十号

商長韓

中華民國卅三年六月五日

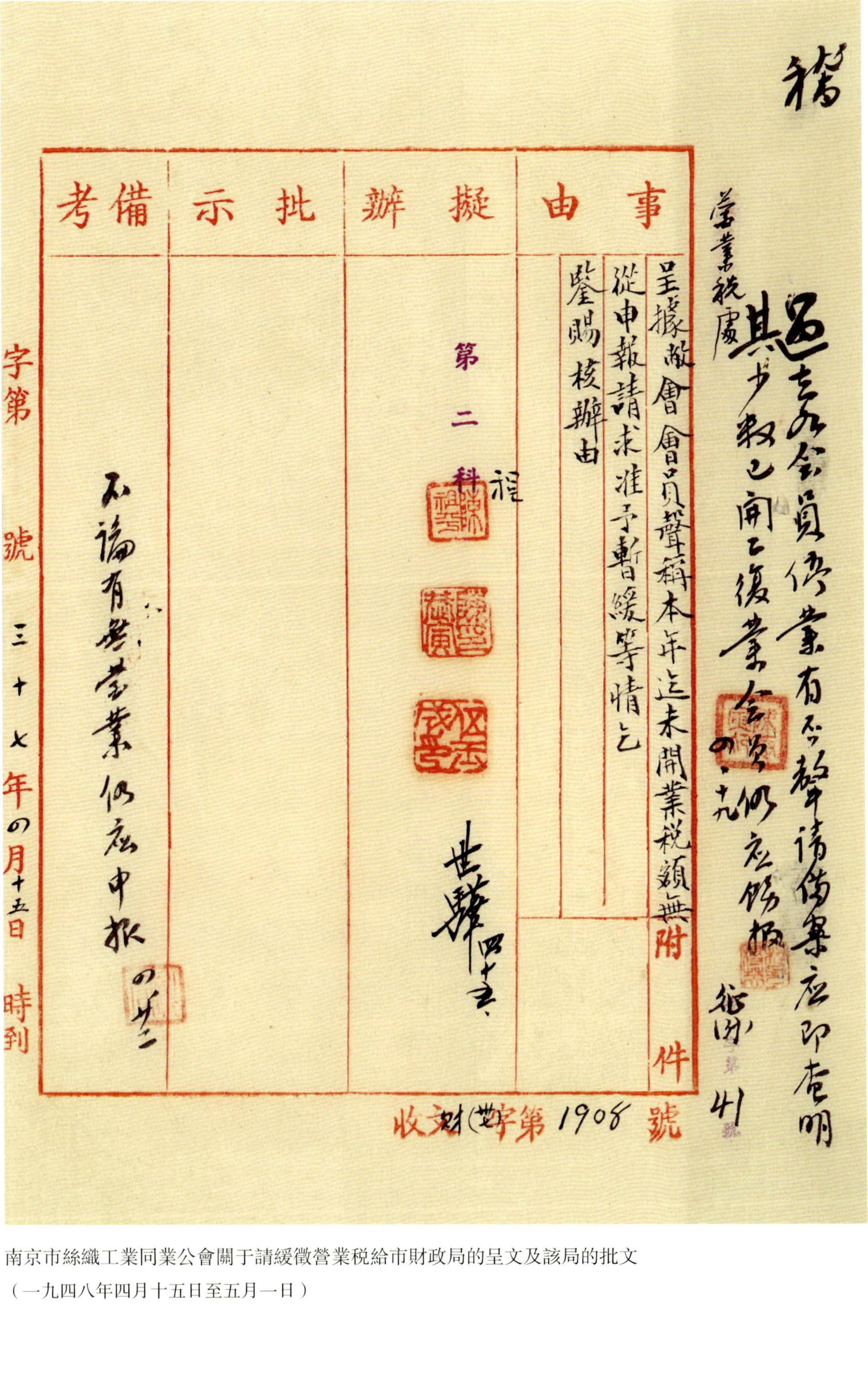
稽

營業稅處

過去各會員停業有否聲請備案應即查明具報 如已開工復業者仍應照[illegible] 四、廿九

事由	擬辦	批示	備考
呈據敝會會員聲稱本年迄未開業稅額無從申報請求准予暫緩等情乞鑒賜核辦由	第二科 程 世驊 四十五		不論有無營業仍應申報 四廿二

附件

收文財（艺）字第1908號

字第　號　三十七年四月十五日　時到

南京市絲織工業同業公會關于請緩徵營業稅給市財政局的呈文及該局的批文

（一九四八年四月十五日至五月一日）

案查接奉
貴局財營字（卅七）第三七號通知飭同業各商號自動將
卅七年一月份營業稅統限四月十五日前照實申報等由
即經轉飭各會員知照茲據各會員來會聲稱僉以
絲織工業即舊時緞業落伍已非一日近則更甚本年
入春以來生意全無金融奇緊料貨缺乏緞業停工
雖蒙市府垂念緞業為具有悠久歷史之地方手工業
令飭市行一再貸放低利押款加意維護竭力挽救奈杯
水車薪無濟於事延今四月多數仍是不能開工此種
事實可供調查商民負有納稅義務奉飭申報曷敢

稍違第查是項稅額似以營業有無為申報標準今會

員等既係雖未營業從何申報應請據情轉陳稅局

俯察實情體念商艱准予緩期申報一俟營業活動

仍當遵辦以維稅収等情據此查核所陳自屬實

在理合具文轉呈仰祈

鑒核 恩准暫予緩報以示體恤而維工業謹呈

南京市財政局

南京市絲織工業同業公會理事長徐玉書

中華民國三十七年四月　日

南京市財政局稿

送達機關	南京市〇〇業同業公會理事長孫玉書
文別	批
附件	
承辦科處室	營業稅征收處
事由	據請緩征營業稅，該業會員仍應依法申報再憑核由
局長	〇英
秘書 / 科長 / 專員 / 主任 / 組長 / 科員 / 辦事員	朱寅
年月日時收文	
收文字第　號	
發文字第　號	財營字（）四九號
歸檔字第　號	

具呈人南京市絲織業同業公會理事長徐玉書

卅年四月呈一件，爲該會各戶聲稱本年迄未開業，稅款無從[illegible]

申報，請求准予暫緩籌備情形一案，據情核辦由

呈悉。查該業各會員，是否全部停業，事先未據聲請有案，

所請暫緩申報，礙難照准。仰仍不論有無營業，飭該會各會員依

法按月填報，再憑核辦，爲要。

此批。

局長陳

肆 開辦和商洽貸款

，療養院，俱樂部等外，不得爲下列各項以外之使用：
（一）住宅，
（二）雜貨鋪，照相館（宅地位置應先由工務局核定），
（三）其他一切爲住宅必須之建築及設備。

第八條　凡旗杆，無線電杆，紀念碑，烟突，瞭望台等，其頂之高度不能超過地平線十五公尺，如超過時，須經工務局核定，方准建築。

第九條　屋宇四週，應設適當之溝管或水溝，以洩雨水，並接通至路中總溝。

第十條　每一住宅，應設化糞地一所，其構造圖樣，裝置地點，應由工務局核定。

第十一條　每一住宅之污水，不得混入雨水溝管，應另行排洩之，此項下水道總管，由市工務局代辦，每具衛生設備，應繳工務局接管費洋叁拾元，於接管前繳納之。

第十二條　本規則未規定事項，准用南京市工務局取締建築規則。

第十三條　本規則自公布日施行。

補助改良京緞機戶貸本辦法

二十二年十一月二十二日頒行

一、凡本市現業機戶，具有精深之技能有志改良，而缺乏資本者，均可覓具妥實鋪保，請求貸款。

二、請求貸款人，應塡具貸款申請書，經區長調查確實，簽字蓋章，送交本府貸款審查委員會調查機戶之資格，技能，并審查其出品，合格後，由社會局對保發款，審查會之組織，及審查標準另定之。

三、由機戶組織改良京緞會，受貸款審委會之指導監督，凡貸款者均須入會，改良京緞會之任務如左：
研究改良出品，
取締粗製濫造，

南京市政府公報　法規　一九

補助改良京緞機户貸本辦法（摘自《南京市政府公報》）（一九三三年十一月二十二日）

促進產銷合作，均一貨價盈虧。

四、每機貸款至多不得超過一百元，每戶貸款視其現有之改良京緞機數之多寡而定，三機以下，貸款百元，六機以下，貸款二百元，七機以上，貸款三百元為限。

五、利息定為月息一份，本利一併分八個月還清。

附表

貸款原額	歸還期數	還本數	兩個月壹分利息	每期應還本利
壹百元	第二個月期底	二十五元	貳元	二十七元
	第四個月期底	二十五元	一元五角	廿六元五角
	第六個月期底	二十五元	一元	二十六元
	第八個月期底	二十五元	五角	廿五元五角
一百元	八個月還清	一百元	五元	一百零五元

六、其他貸款手續，酌量仿照貧民貸款章則定之。

附中央通行法規

取締不良小報暫行辦法

廿二年十月十二日　第四屆中央執行委員會第九十二次常務會議通過

（一）全國黨政機關，在出版法未經修正以前，所有小報呈請登記案件，一律緩辦。

一、主席報告，略謂近幾年來，每屆冬令，各地災民，卽紛紛來京，本局辦理遣送，屢蒙各路局各輪局及軍警機關協助，甚爲感謝。今年入冬以來，各處災民又紛紛過境，本局爲謀一妥善遣送法，或設法使各災民不必繞道京市，以維首都治安起見，所以請各位來共同磋商。

二、招商三北兩公司代表及小輪工會代表相繼報告歷年運送災民情形，及夜晚不能運送緣由。

三、本局下關辦事處主任報告歷年遣送過境災民手續，及困難情形，並謂遣送災民，愈速愈好，今日會議最好能商一分工合作辦法，以資便利，庶地方治安，得以維持。

四、津浦鐵路管理委員會代表及京滬路局代表相繼報告鐵路方面運送災民，必須先由市府商妥鐵道部，電知路局，撥車運送，並說明起點及終點，而各災民身上尤須佩帶符號，以資識別。

討論事項：

一、決議　遵照行政院通令，各地來京災民，非由各該地政府事前電商京市政府同意，各路局各輪局不得運載來京。

二、決議　各路局各輪局如遇有災民非裝運經過南京不可時，應事前由起點所在地之路局或輪船負責人，電知京市政府。

三、決議　水路運送過境災民，由各輪局負責運送，惟每次人數不得超過三百人，小輪不在此限。

四、決議　關於鐵路方面遣送災民簡捷辦法，由警察廳社會局會函幷派員向鐵道部商洽，以維首都治安。

五、決議　遇有多數災民，由浦口偸渡至下關時，由水上公安隊負責制止。

六、決議　遣送災民，由下關船舶檢查所，浦口車站檢查所，及第七八兩警局協助社會局下關辦事處負責辦理。

七、決議　遣送災民，如需用小輪拖運時，限於上午起椗。

□救濟雲錦業案

▲指令社會局：爲救濟雲錦失業一案辦理情形，已批示由。　指令第一〇三七三號　廿二年十二月廿日

呈一件：爲奉交諸延芳等呈請救濟雲錦失業等情，擬准彙案借貸，繳同原件，呈請鑒核批示由。

呈及繳件均悉。已據情批示矣。此令。繳件存。

南京市政府關于據呈請救濟雲錦業擬彙案借貸等辦理情形已批示給市社會局的指令

（摘自《南京市政府公報》）（一九三三年十二月二十日）

市長石瑛

附原呈

案奉

鈞府交下諸延芳等呈一件，請救濟雲錦失業等情，奉批交社會局會同改良緞絨機戶貸款審查委員會查核辦理等因，奉此。查京市雲錦業，專織摹本裝花等緞，「九一八以前」，所有出品，多數運銷東三省一帶，每機營業額，約在百元以上，近來銷場阻塞，營業衰落，爲推銷國產貨品及救濟京市工業起見，似應補助改進。奉交前因，遵經會商改良緞絨貸款審查委員會，對於該商等所請救濟一節，擬予彙案辦理。理合繳同原件，備文呈覆，仰祈鑒核批示，實爲公便。謹呈

市長石

計呈繳原交件一件。

社會局局長王宗植　廿二年十二月

▣核定工商同業公會依法改選或改組實行辦法案

▲訓令社會局：爲南京市工商同業公會依法改選或改組實施辦法，業經實業部備查，令仰知照由。

訓令第一〇四七八號　廿二年十二月廿三日

案查前據該局呈送南京市工商同業公會依法改選或改組實施辦法，請轉咨備查等情，當經咨轉并指令在案。茲准部復，准予備查，合行令仰知照。此令。

市長石瑛

▣取締各米行私收四厘規費案

▲指令社會局財政局：爲會同查明米行私收之四厘規費，大多更換名目，繼續收取，除布告并隨時密查取締外，祈鑒核等

呈一件：為香鋪營小學開辦在卽，請撥發臨時費，以便購置校具，祈核示由。

呈表均悉。案經飭交購料審核委員會復估，玆據復稱：

「遵查原表所估各項器具價格，經本會詳加審核，大致尚屬覈實，惟公文箱及書橱二項，原估價格，稍嫌昂貴，現新藝木器公司所報公文箱每個七元五角，文書橱每個十二元，均較低廉，奉批前因，理合簽復，敬祈

鑒核。」

等情前來。應准如簽辦理，仰卽遵照，幷就實需數目，編造支付預算，呈候飭撥。表存。

此令。

市長石 瑛

附原呈

查香鋪營小學校舍建築工程，行將告竣，本局擬於本年度下學期卽行開學，惟該校創辦之始，所有校具亟應預為置備，以資應用。經卽派員將該校所需各物，分別招商詳細估價，計需洋一千五百十元零三角七分，擬在本局所屬機關臨時費項下動支。是否有當？理合列表備文呈請

鑒核示遵。

再該校校具，多半依照二十年度各義校購置價估定者，已於清單內加以說明，合併陳明。

謹呈

市長石

附呈香鋪營小學校具估價表。

社會局局長王崇植 廿二年十一月

□舉辦改良緞絨貸款案

南京市政府公報 公牘 六一

關于舉辦改良緞絨貸款案的一組文件

南京市政府關于改良緞絨貸款審查委員會呈請飭撥現款令遵照辦理及該會組織規則准予備案等給市財政局、社會局、改良緞絨貸款審查委員會的訓令、指令（摘自《南京市政府公報》）

（一九三三年十二月二十六日）

▲訓令財政局社會局：為改良緞絨貸款審查委員會呈請飭撥現款五千元，令仰遵照撥發，並照章派員逕往財政局領取，具報辦理，具報查攷由。

訓令府急字第一〇五五一號　廿二年十二月廿六日

案據本府改良緞絨貸款審查委員會委員楊宙康等呈報舉行第一二兩次會議經過情形，并擬具該會組織規則，懇請備案，暨飭撥現款五千元，交由社會局具領，便照章舉行貸款等情。除指令照准，并將規則公布，暨令社會局遵照財政局遵辦外，合行令仰遵照，即撥現款五千元，作暫記款交由社會局具領應用，並具報查攷派員逕往領取。此令。

市長石瑛

▲指定改良緞絨貸款審委會：為組織規則，應予備案，並已飭政財局撥五千元交由社會局領用，仰知照由。

指定府急字第一〇五五二號　廿二年十二月廿六日

呈一件：為呈報舉行第一二兩次會議經過情形，並擬具組織規則，懇請備案，暨飭撥現款五千元。交由社會局具領，以便舉行貸款，祈鑒核由。

呈暨規則均悉。准予備案。除照案公布，并依照該會組織規則第三條下半段之規定，令派本府科員晏忠承為該會幹事，暨令財政局照撥現款五千元，一面令飭社會局派員逕往領取備用外，仰即知照！此令。規則存。

市長石瑛

▲南京市政府令　廿二年十二月廿六日

（原呈見訓令府急字第一〇五五一號）

茲制定南京市政府改良緞絨貸款審查委員會組織規則，公布之。此令。

市長石瑛

▲南京市政府令　廿二年十二月廿六日

令科員晏忠承

茲派該員爲本府改良緞絨貸款審查委員會幹事。此令。

市長石　瑛

財　政

□核定中央路計算攤費辦法案

▲訓令財政局工務局：爲中央路計算攤費，准照鄒德鎔等簽復辦理，令仰知照遵照辦理由。

訓令第九九二號　廿二年十二月八日

案據本府審核股主任科員鄒德鎔等簽呈稱：

「竊查築路攤費審查委員會簽請派員會查中央路兩旁房屋情形，以便計算攤費一案，奉　批派職德鎔前往會查，職混文等各奉局會分別派往會查，遵經會同前往實地查勘，查得該路房屋在四十公尺以外，大部份均已拆除，現在未拆者僅有下列三戶：（1）孫耕有，中央黨部南首，在40公尺與16公尺之間，草房三間。（2）張德華，馬家街北首，在40公尺與16公尺之間，瓦房一角。（3）王友良，和平門外，在40公尺與16公尺之間，瓦房三間，草房三間，（約有三分之二在40公尺以內）。依照上列查勘情形，及財政局致築路攤費委員會原函所列困難各點，該路攤費，似可一律從四十公尺邊線計算，惟在該路路面未建築至四十公尺以前，該三戶房屋之基地，如在未需用時，似可准其暫緩拆讓，以示體卹。是否有當，理合將查勘該路情形，會同簽復，敬祈鑒核，發交攤費委員會提會復議，公決施行，實爲公便。」

等情，經飭據築路攤費審查委員會呈復稱，「當經提交第三十二次常會復議，經決議『如簽辦理』」等語，紀錄在卷，

南京市政府公報　公牘　六三

呈委員會整理之。

十、各公會原有章程，如未依法修正或與實際情形不合者，應於改選或改組時，擬訂修正草案，呈報市黨部社會局審核後，於召開會員大會時通過呈准施行。

十一、本辦法自市黨部社會局會商決定施行。

南京市政府改良緞絨貸款審查委員會組織規則

二十二年十二月廿六日公布

第一條　本會根據南京市政府改良緞絨貸款辦法第二條之規定組織之。

第二條　本會設委員七人至九人，由　市長指派之。

第三條　本會處理日常事務，設常務委員三人，由委員中互推之，設幹事一人，由　市長就市政府職員中指派之。

第四條　本會常會每兩星期舉行一次，必要時得開臨時會，常會臨時會均由常委召集之。

第五條　常會臨時會均以過半數委員出席爲足法定人數，以出席人過半數以上之同意通過議案。

第六條　本會審查貸款之標準，規定如左：

一、貸款人須具有下列各項資格：

（甲）　確係自備材料改良自有之緞絨者，

（乙）　至少具有一機織造改良緞絨者，

（丙）　品行端正無不良嗜好者，

（丁）　願意加入改良緞絨會，遵守會中一切規律者。

二、出品須材料純正，織造精良，審查時由本會派員赴各機廠視察，並得剪樣帶回本會審查。

第七條　本規則自呈准　市政府公布之日施行。

南京市政府改良緞絨貸款審查委員會組織規則（摘自《南京市政府公報》）

（一九三三年十二月二十六日）

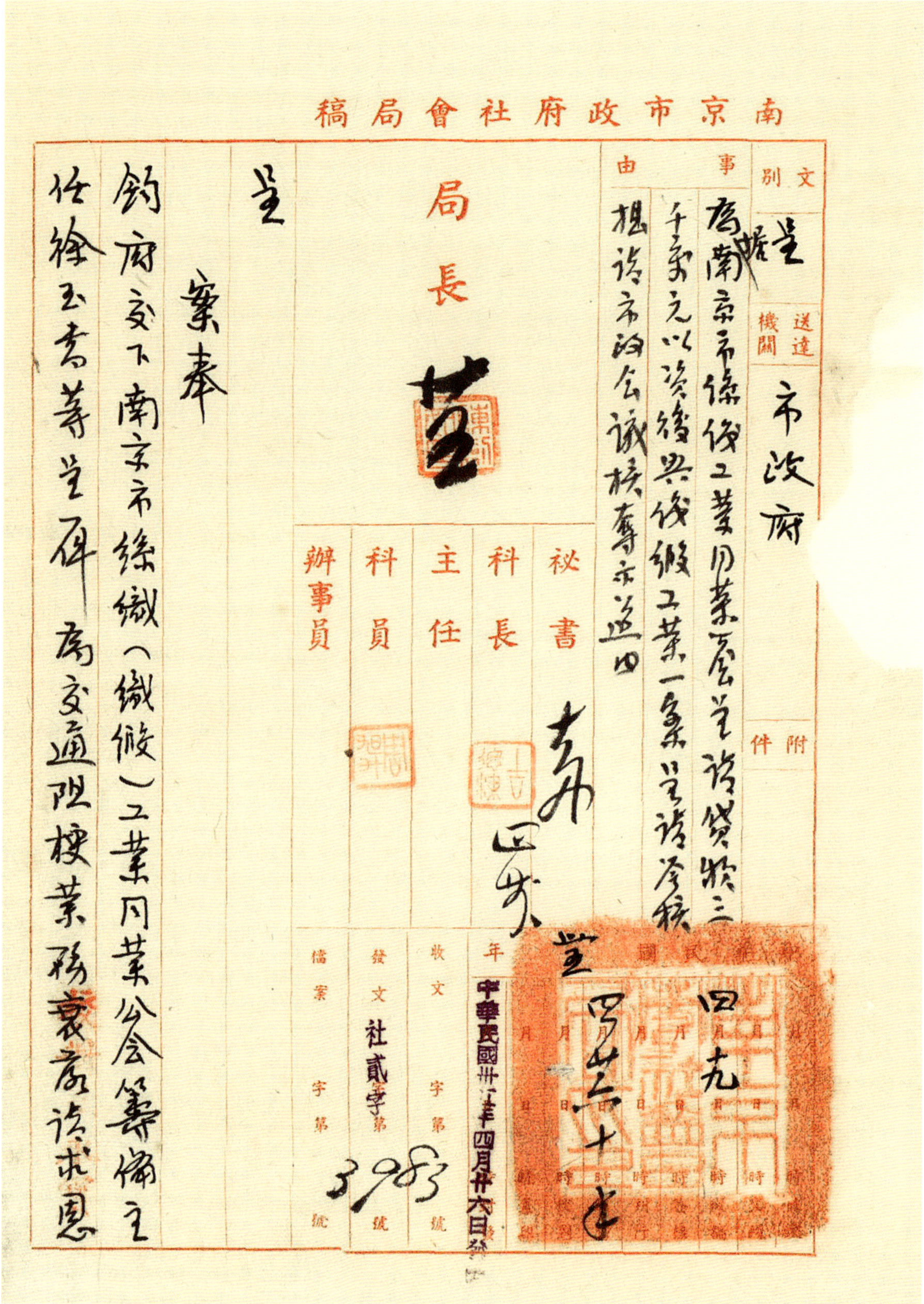

南京市政府社會局稿

文別：呈

送達機關：市政府

事由：爲南京市絲織工業同業公會呈請貸款三千萬元以資復興絲織工業一案呈請鑒核提請市政會議核奪示遵由

局長

秘書　科長　主任　科員　辦事員

收文　字第　號

發文　社貳字第3983號

年　中華民國卅五年四月廿六日發

呈

案奉

鈞府交下南京市絲織（織絨）工業同業公會籌備主任徐玉書等呈稱：爲交通阻梗業務衰落請求恩

關于南京市絲織工業、織絨業同業公會請求貸款案與政府的一組往來文件

南京市社會局關于市絲織工業同業公會請求貸款以資復興案提請市政會議核奪給市政府的呈文

（一九四六年四月二十六日）

（附）南京市絲織工業同業工會呈文

准贷款三千万元，以便复业而维团体济工人生活。兹奉
批「交社会局核议」等因，查该丝织工业同业公会
呈为维护同业业务调济工友生活请予贷款三千万
元一案，经核所陈各点尚属实情，似应予以扶持，以资
振兴，拟请转饬市民银行酌予贷款壹千万元，是否有当，
理合签请
钧府鉴赐提请市政会议核夺示遵。
谨呈
市长 马
社会局局长 陈□

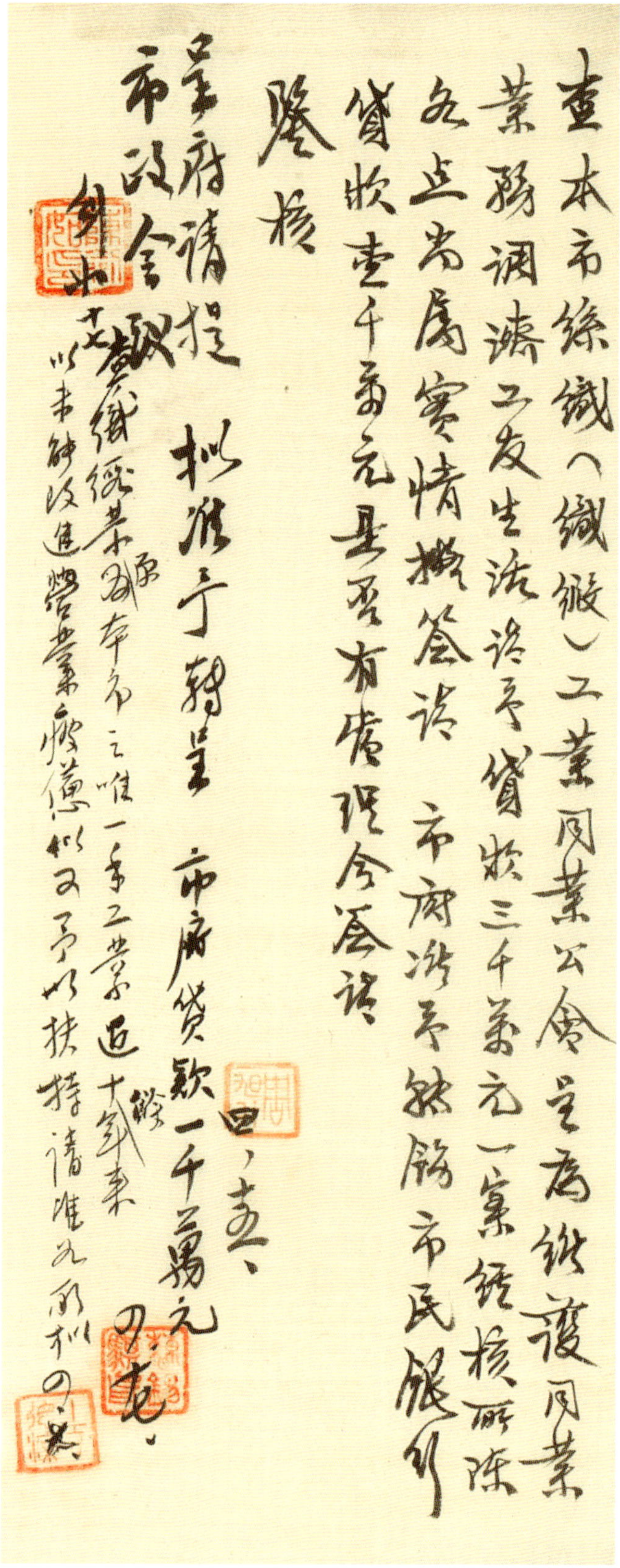
查本市絲織（織緞）工業同業公會呈爲絲織同業
業務凋敝工友生活請予貸款三千萬元一案經核所陳
各點尚屬實情擬簽請 市府將予照飭市民銀行
貸款壹千萬元是否有當理合簽請
鑒核
呈府請提 擬准予轉呈 市府貸款一千萬元 四、五、
市政會議
以來飭改進經營業務似應加以扶持請准照所擬

南京市政府社會局
收文社字第8028號
33年4月9日 時到

事由	擬辦	批示	備考
為交通梗阻業務衰落請求恩准貸款以俾復興而維國產俾濟工人生活由	擬交社會局核議 四、八	如擬	請周旭洲核簽 四、八

附件

二科 四十、農工商股 四、八 檢秘3984號

收文 字第4750號

字第 號 年 月 日 時到

為交通梗阻業務衰落請求恩准貸款以便復興而維國産俾濟工人生活事竊
南京所産之玄色貢緞對於全國久負盛名自南方鞋帽衣著多用舶來物品銷量
則日見稀微在抗戰前專賴華北西南各省遠如關外等處銷數雖未如前此之多
尚可維持業務及至抗戰軍興日寇長期佔踞交通阻塞業務日衰降至現在多
數改業僅存六十餘家在衰落中掙扎維持使千餘人之工友勉維生計設一旦使之失
業於社會即感不安迨幸抗戰勝利次第回復舊觀我業為維護國産調劑工人
起見自應及時奮起無如在長期抗戰之過程中営業衰落資本虧蝕殆盡咸將
一蹶不振茲為維護國産調劑工友冀復舊觀起見擬向
鈞府借貸法幣叁千萬元分發同業各戶一以謀業務之擴充一以冀臨時之週轉至
於應行担負之利率及須担保之物品悉遵定章奉行用以維持業務除分呈 市社

會局外為此據情叩乞
鈞長鑒賜核准伏候　批示祇遵謹呈
南京市政府市長馬

南京市絲織工業同業公會籌備主任徐玉書
籌備員賈澤之
王少齋
周子純
李仲懷
王澤之
董金龍

會址長樂路15号

中華民國三十五年四月八日

南京特別市絲織業同業公會

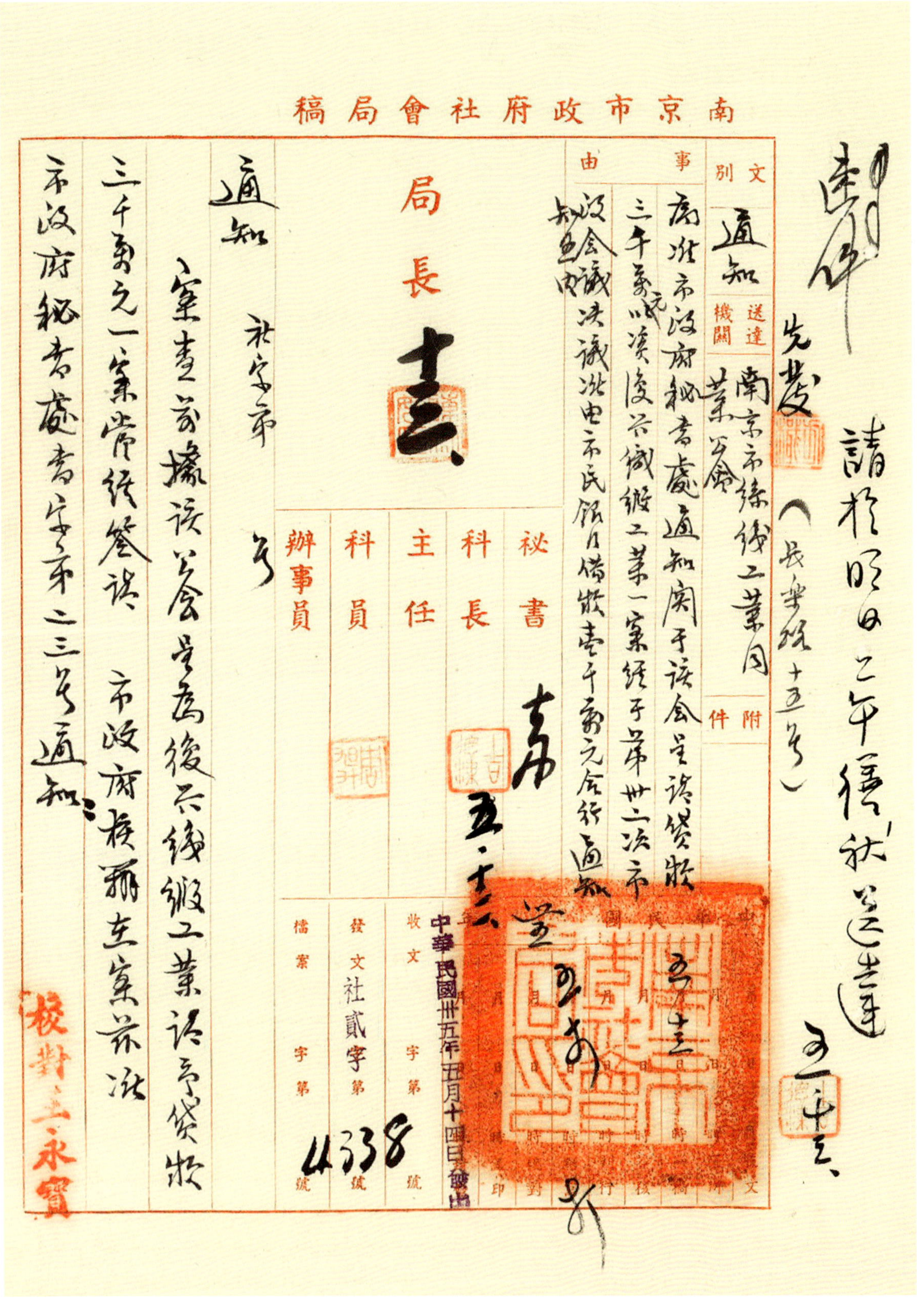
南京市政府社會局稿

文別	通知
送達機關	南京市絲織工業同業公會
附件	（長乘總十五號）
事由	為准市政府秘書處通知關于該會呈請貸款三千萬元以資復興絲織工業一案經予第卅二次市政會議決議准由市民銀行借款壹千萬元令行通知由

局長　秘書　科長　主任　科員　辦事員

收文　字第　號
發文　社貳字第 4338 號
檔案　字第　號
中華民國卅五年五月十四日發出

通知　社字第　號

案查前據該公會呈為復興絲織工業請予貸款三千萬元一案曾經簽請市政府核辦在案茲准市政府秘書處字第二三　號通知

校對　永寶

南京市社會局關于經市政府會議決議准由南京市民銀行提供一千萬元貸款給市絲織工業同業公會的通知
（一九四六年五月十四日）

南京市政府第三十二次市政會議決議案

「以南京絲織同業公會請貸款三千萬元以資維持織機工業請公決案決議：依照抵押貸款辦法，由市民銀行借款一千萬元之內，於押款期限利息由市民銀行酌予放寬減低」右開決議案送請查照辦理爲荷」

等由准此，合行通知該公會即便遵照，並逕向市民銀行辦理貸款手續爲要

右通知南京市絲織工業同業公會准此

二科

南京市政府社会局收文社字第9758号
35年5月7日

南京市政府第廿二次市政会议决议案通知书 字第廿二号

案由	以南京[illegible]会请借款三千万元以资该[illegible]工作案
决议	应[illegible]抵押贷款办法准由市民银行借款一千万元以房屋押贷期限利息由市民银行酌予放宽减低
附件	[illegible]

右开决议案送请
查照办理为荷此致

社会局

周旭外 启

五月七日

南京市政府 字第 号
次市政会议决议案通知书回单

案由	
决议	
办理情形	

右开决议案业经办理相应复请
查照转陈为荷此致

秘书处

启

月 日

此联送承办单位　　此联由承办单位退还秘书处

社會局原呈　　討一

案奉

鈞府交下南京市絲織（織緞）工業同業公會籌備主任徐玉書等呈一件為交通阻梗業務衰落請求恩准貸款三千萬元以便復興而維國產俾濟工人生活由奉　批「交社會局核議」等因查該絲織工業同業公會呈為維護同業業務調濟工友生活請、予貸款三千萬元一案經核所陳各點尚屬實情似當予以扶持以資振興擬請轉飭市民銀行酌予貸款壹千萬元是否有當理合呈請

鈞府鑒賜核請市政會議核奪示遵

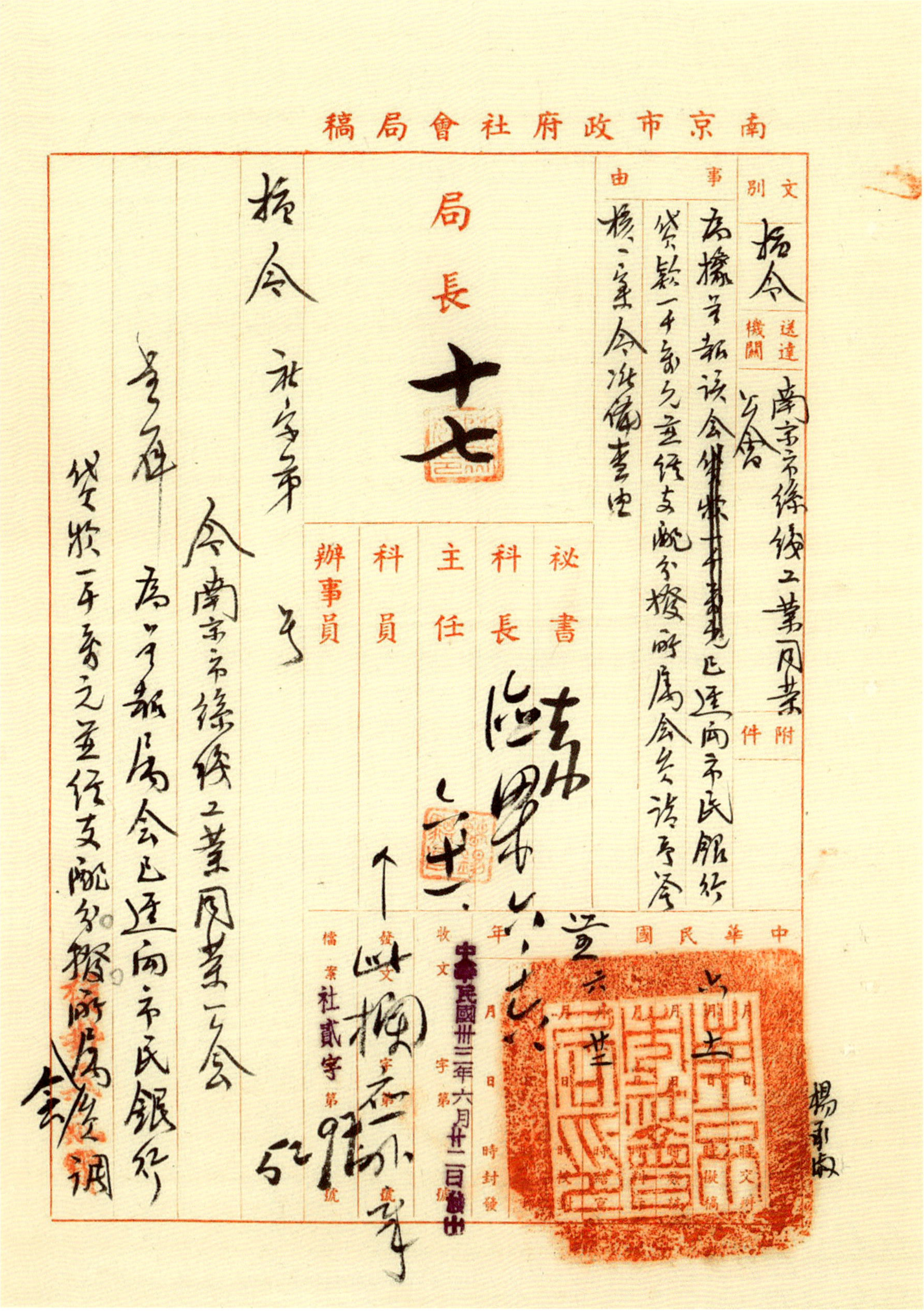

南京市社會局關于市絲織工業同業公會呈報已逕向南京市民銀行貸款并經支配分撥所屬會員等准予備查給該公會的指令（一九四六年六月二十二日）

（附）市絲織工業同業公會呈文

據工資請予登記備查由

呈悉。准予備查。

此令。

二科 農工商股

收文 字第 號

事由	呈為呈報屬會奉准押借款一千萬元已逕向市民銀行押借并將押款分給各會員調濟工資請鑒核備查由
附件	
擬辦	擬准備查 六、廿六
批示	閱 如擬 六、廿六
備考	

字第 號 年 月 日 時到

竊案奉

鈞局社字第四三三八號通知准秘書處書字第二三號通知南京市政府第三十二次市政會議以南京絲織同業公會請貸款三千萬元以資復興織緞工業請公决案决議依照抵押貸款辦法准由市民銀行借款一千萬元關於押款期限利息由市民銀行酌予放寬減低等由准此合行通知該公會遵照并逕向市民銀行辦理貸款手續為要等

因奉此仰見

市長曁

鈞長提倡悠久歷史緞業愛護老弱殘餘工人之德意感戴莫名遵即逕向市民銀行接洽承該行馬經理面囑將屬會奉准押借款一

千萬元應分别併合作一次辦理等語復又轉知各會員將所押之緞併

合送交市民銀行指定倉庫取得棧單彙齊向行辦理抵押手續

茲已於六月三日押得借款一千萬元月息七分棧租保險等費一分八釐

值此青黄不接之時工資缺乏行將停工得蒙

恩准借款有如大旱立見雲霓敝業全體工商沐荷

仁施不勝欣幸除將押款由屬會按數支配分給各會員以資調

濟工資外緣奉前因合將遵辦情形具文呈請

鑒核備查謹呈

南京市政府社會局局長陳

南京市絲織工業同業公會理事長徐玉書

中華民國三十五年六月七日

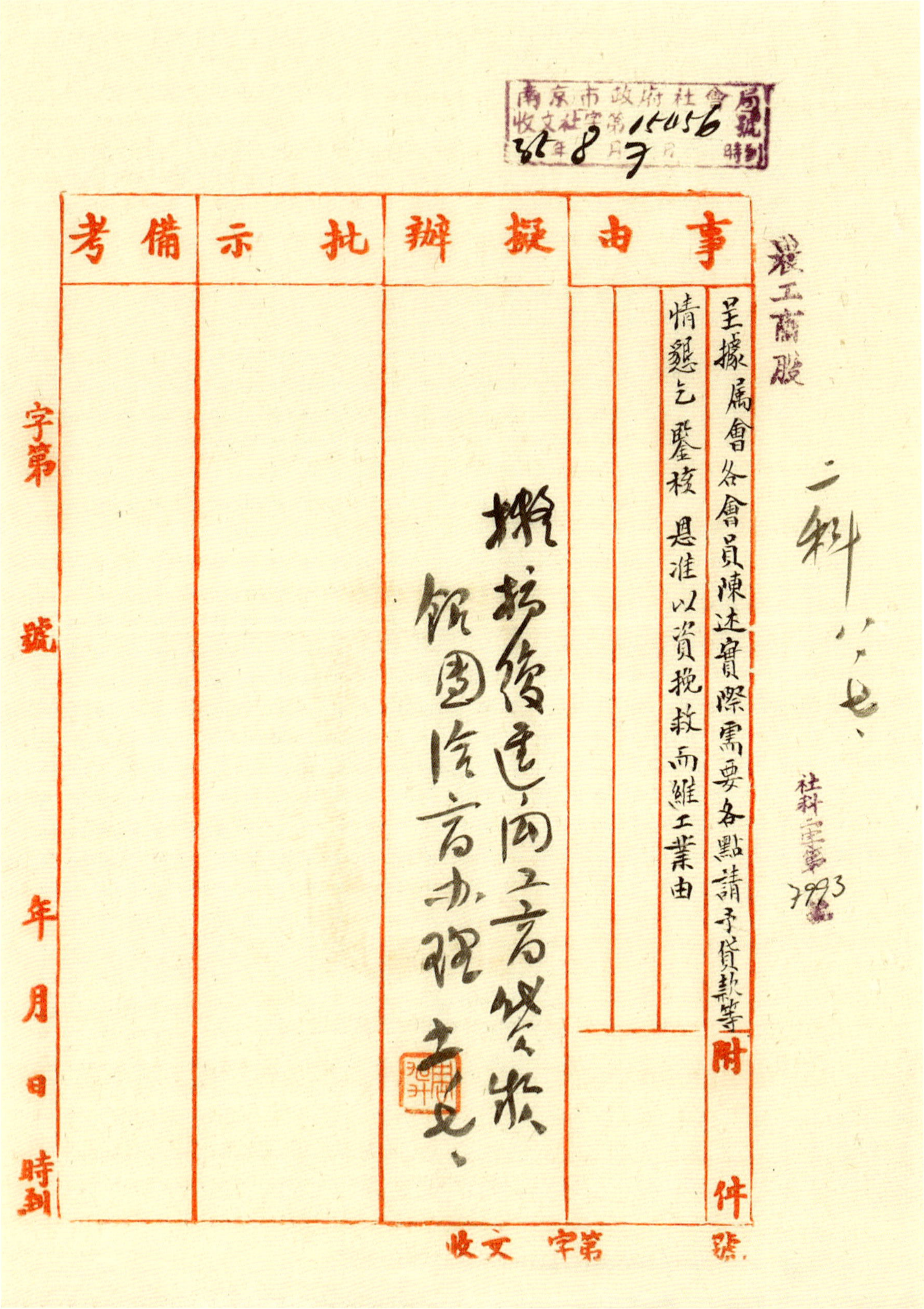
南京市政府社會局收文社字第15056號
35年8月7日時到

事由：呈據屬會各會員陳述實際需要各點請予貸款等情懇乞鑒核 恩准以資挽救而維工業由

附件

擬辦：擬轉飭逕向工商貸款銀團洽商辦理 七、

批示

備考

農工商股

二科 八、七、

社科二字第3993號

收文 字第 號

字第 號 年 月 日 時到

南京市絲織工業同業公會關于陳述各會員實際需要請予貸款給市社會局的呈文（一九四六年八月七日）

竊據屬會各會員來會聲稱閱報載有挽救工商經濟危機
准予貸款辦法仰見
政府愛卹工商無微不至并蒙
鈞長於前次市商會成立大會訓詞時面譽南京緞子很有光榮歷史
足徵
垂意維護提倡國貨尤為心感惟是絲織緞在抗戰期間受敵僞統制
及交通阻滯影響營業逐漸蕭條今值勝利正增加生產營業發展之時
但危機四伏在在堪虞欲弭危機非設法挽救無以為着手之方欲圖挽救
非大宗貸款無以救燃眉之急前蒙
鈞長召集負責人訓話面諭弱小業可以陳述本身利害關係可見甲會

不能為乙會代謀爰本斯旨謹將實際需要各點陳述於下（一）就絲織緞歷史上而言在昔吳大帝時謂之吳綾明太祖定鼎南京時呼為京緞清代設立織造局時稱為貢緞亦曰庫緞是具有悠久歷史之國貨若不亟為挽救恐消滅於無形此應請貸款者一也（二）就絲織緞資本上而言從前極盛時代萬家機杼同業中資本雄厚者頗不乏人抗戰期內多向發達商業投進現營此工業者資本有限一遇交通阻滯緞子停流即感週轉不靈甚至輟業停工關乎工人生計實非淺鮮此應請貸款者二也（三）從絲織緞原料工作上而言經絲購自浙江硤石緯絲購自鄰鄉鄰縣染料購自川湘中經搖工染工絡工摔工織工一緞織成需時兩月其中除墊原料資本外仍須兼墊工資且織成之緞如能脫售或可繼續工作否則停工坐食暫告失業此應請貸款

者三也（四）就絲織緞銷路上而言彩緞行銷蒙藏京緞行銷東九省次則華北
再次則揚子江流域及全中國各埠近有錦緞行銷歐美今值勝利正是國貨
發展之日一旦交通恢復各地顧客盈門屆時且恐無貨以應錦緞能銷歐美
并可差抵外滙此應請代貸款者四也基此四因工商交困應請轉呈恩准貸
款以挽危機等情前來復經屬會理事會詳加討論以各會員所陳各節
均係實際需要但通盤計劃擬請
恩准貸款式萬萬元期限放寬為六個月不特危機目前可以解除并可發
展國貨生產且可擴充國際貿易亦可維持工人生活一舉而三善備焉理
合據情具文轉呈仰祈
鑒核 俯賜 恩准以資挽救而維工業不勝迫切待 命之至謹呈

南京市政府社會局局長陳

南京市絲織工業同業公會理事長徐玉書

中華民國三十五年八月日

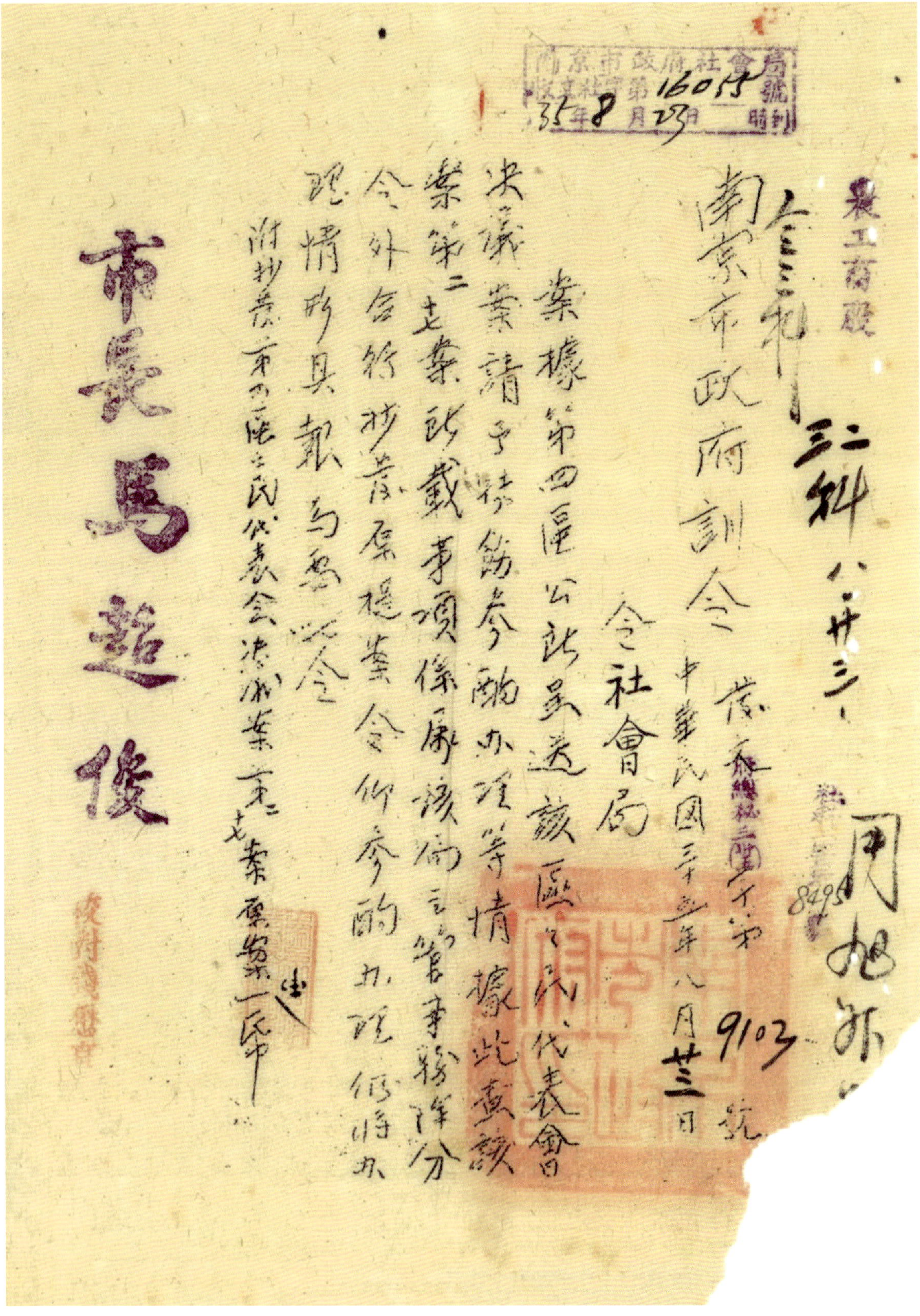
南京市政府訓令
府總秘三(四)字第9103號
中華民國三十五年八月廿三日
令社會局
案據第四區公所呈送該區區民代表會決議案請予核飭參酌辦理等情，據此，查該案第二、十七案所載事項係屬該局主管事務，除分令外，合行抄發原提案，令仰參酌辦理，仍將辦理情形具報為要。此令。
附抄發第四區區民代表會決議案第二、十七案原案一紙
市長 馬超俊

南京市政府關于抄發第四區區民代表會議決議案商參酌辦理給市社會局的訓令

（一九四六年八月二十三日）

（附）第四區居民代表會議決議第二、十七案抄件

社

（二）本區原有緞機手工業日益凋敝應如何設法振興以裕人民生計案

議決　建議市政府及市臨參会設法統籌救濟

（乙）為本区失業貧民無法謀生擬請市政当局於本區設立小本貸放所以資救濟案

議決請市政当局指撥专款交由区公所办理并着由本区公所擬定妥善办法呈請当局核准施行

榮生印刷紙號承印

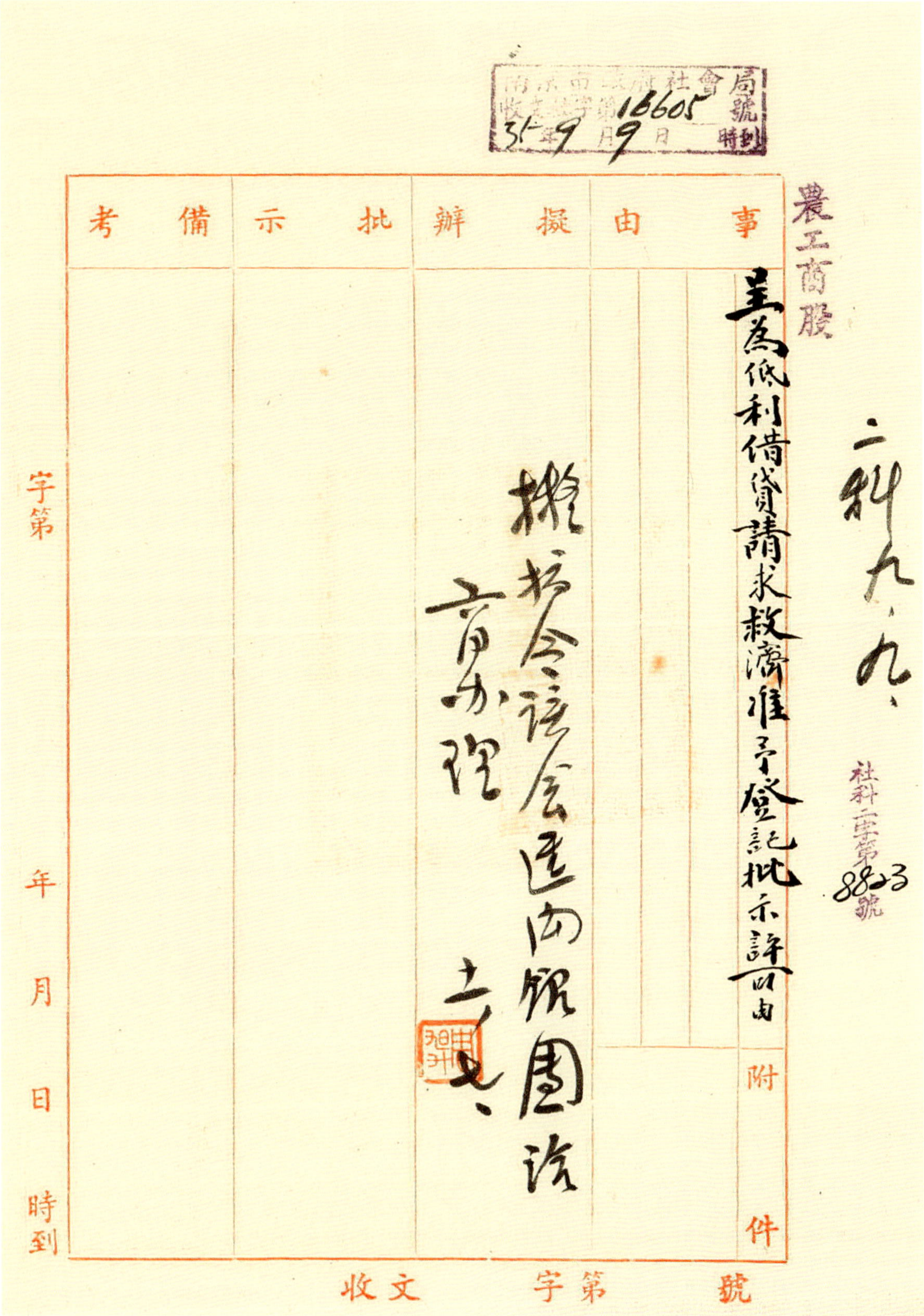
南京市政府社會局收文字第16605號
35年9月9日時到
農工商股
事由：呈為低利借貸請求救濟准予登記批示許可由
二科 九、九、
社科二字第8823號
擬辦：擬簽令該會逕向銀團洽商辦理
立夫
附件
批示
備考
收文　字第　號
年　月　日　時到

南京市織絨工業同業公會關于請求借貸以資救濟給市政府、市社會局的呈文（一九四六年九月九日）

竊查敝業承辦漳建兩絨係本京著名土產向銷華北東三省以及邊江一帶已有百年之歷史江南人民男女賴此以餬生計者約有十餘萬之多近因交通困難生意滯銷以致有資本家日復一日家業失敗真有一落千丈之勢向有數百家操此本業以謀生活近則調查不過數十家而已此中失敗現象多數會員久資本缺乏大有岌岌可危苟延殘喘之勢伏思

政府俯察現時危機舉辦工商五十億貸款專為救濟小貧本家擴張事業以挽頹風是以各業呈請借貸者有之敝業困難較之其他各業為尤甚除已呈請

市商會代為彙轉外理合具呈

鈞局准予登記，俯如所請，暫
惠借三千萬元，以資救濟，庶幾機數增加，擴張事業，恢復舊
有狀態，以活散業無數人民，皆出自
鴻施之所賜也。謹呈
南京市社會局局長陳
南京市織絨工業同業公會理事長呂國禎
常務理事季有林
李長清

中華民國三十五年九月九日

南京市政府社會局收文社字第16647號
35年9月10日 時到

社會局 農工商股

二科 九、十六

社科二字第8857號

樂天 九、九

發社645號

事由	擬辦	批示	備考
呈為低利借貸請求救濟准予登記批示許可由	此案與16605號併辦 十七		

附件

年 月 日 時到 字第

收文 字第12257號

竊查敝業承辦漳建兩絨係本京著名土產向銷華北東三
省以及邊江一帶已有百年之歷史江南人民男女賴此以糊生計
者約有十餘萬之多近因交通困難生意滯銷以致有資本
家日復一日家業失敗真有一落千丈之勢向有數百家操此
本業以謀生活近則調查不過數十家而已此中失敗現象多數
會員資本缺乏大有岌岌可危尚延殘喘之勢伏思
政府俯察現時危機舉辦工商五十億貸款專為救濟小資本家
擴張事業以挽頹風是以各業呈請借貸者有之敝業困
難較之其他各業為尤甚除已呈請
市商會代為稟轉外理合再呈

鈞府准予登記，俯如所請，暫

惠借三千萬元，以資救濟，廣幾機數，增加擴張事業，恢復

舊有狀態，以活敝業無數人民，皆出自

鴻施之所賜也。謹呈

南京市政府市長馬

南京市織綫工業同業公會理事長呂國禎

常務理事季有林

李長清

中華民國三十五年九月九日

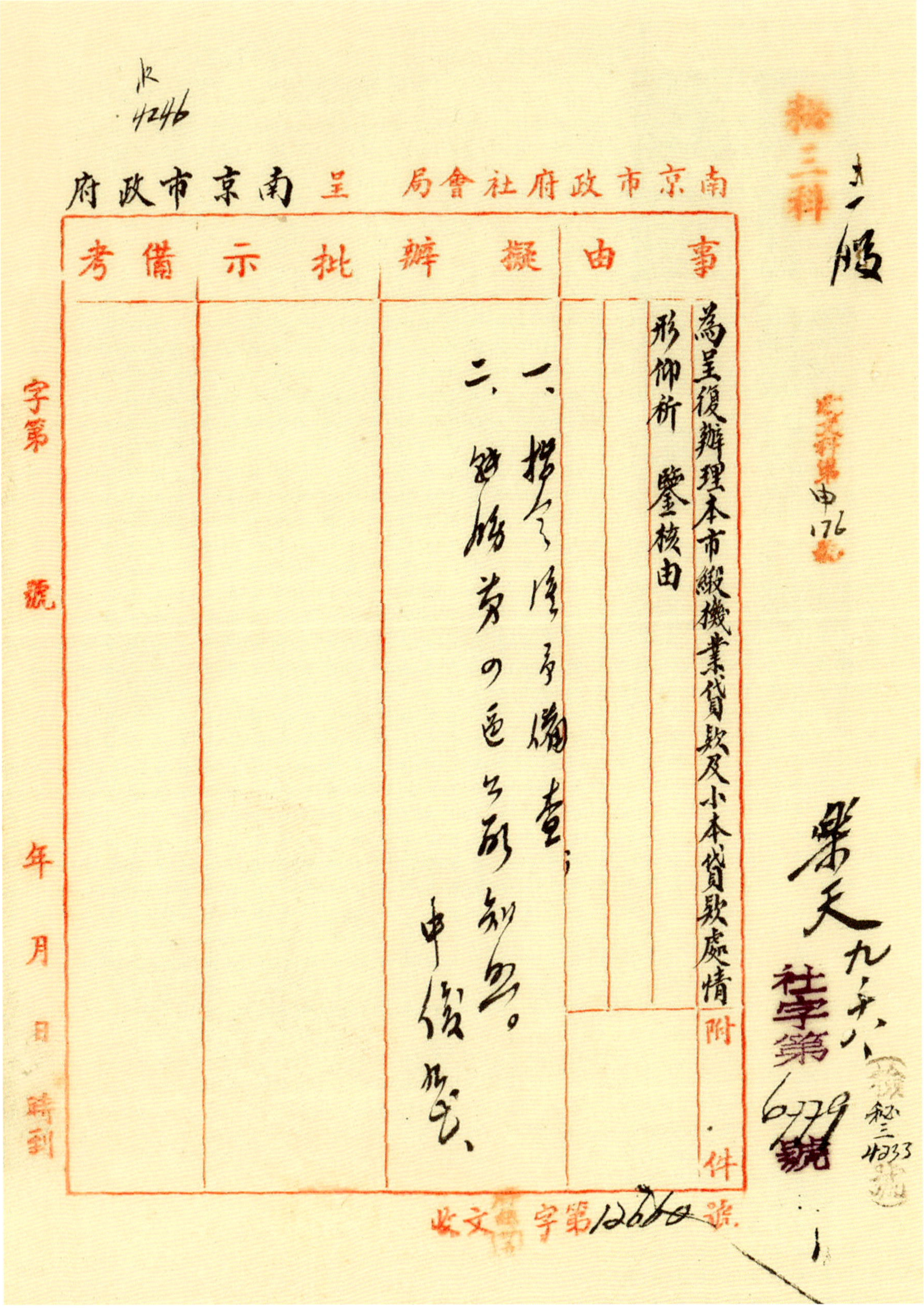
南京市社會局 呈 南京市政府

事由：為呈復辦理本市緞機業貸款及小本貸款處情形仰祈鑒核由

附件

擬辦：

批示：

備考：

收文 字第 號

南京市社會局關于辦理緞機業貸款及小本貸款處情形給市政府的復呈及市政府准予備查的指令、訓令

（一九四六年九月十八日至三十日）

案奉

鈞府府總秘三（卅五）字第九一零三號令開：

「案據第四區公所呈送該區區民代表會決議案請予轉飭參酌辦理等情據此查該案第二十七案所載事項係屬該局主管事務除分令外合行抄發原提案令仰參酌辦理仍將辦理情形具報爲要此令」

等因附抄發第四區區民代表會決議案第二十七案原案由一紙奉此遵查所列第二案關於傚機手工業日益凋敝應如何設法振興以裕人民生計一案查該業前具

呈由本局轉呈

鈞府核准貸款一千萬元已經該業同業公會達向市民銀行辦理貸款手續並將所貸款項一千萬元分別轉撥所屬會員各在案至第十七案小本貸款撥由區公所辦理一案查本局小本貸款處設於中華路四六三號距離該區較近似無需另設機構奉令前因理合將辦理情形具文呈復仰祈

鑒核

謹呈

市長馬

社會局局長陳劍如

中華民國三十五年九月十八日

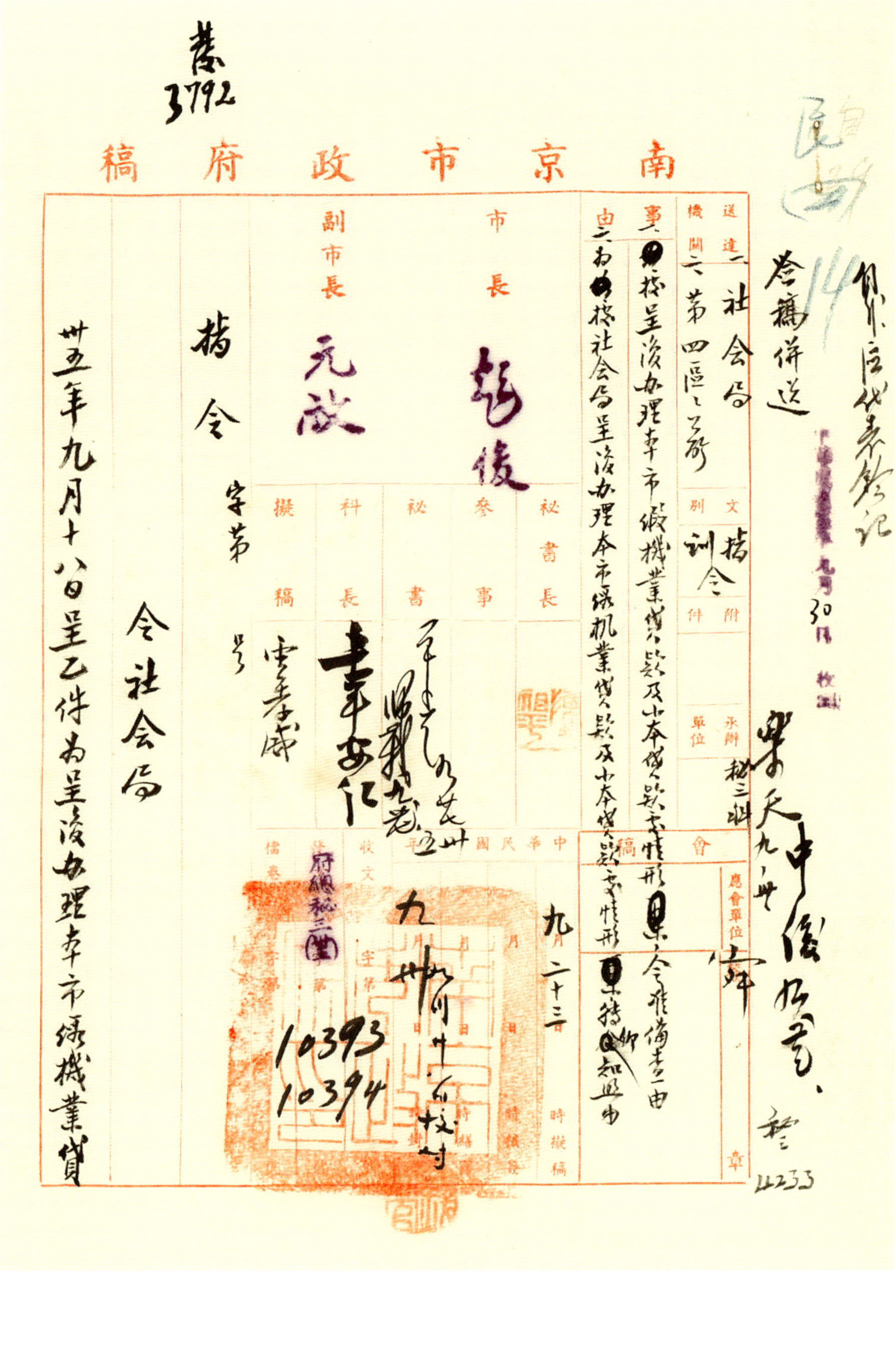
3792

南京市政府稿

送達機關	社会局
事由	據呈送辦理本市緞機業貸款及小本貸款情形，令准備查由
文別	指令
附件	
承辦單位	秘三科

市長
副市長
秘書長
參事
秘書
科長
擬稿

指令 字第 號

令社会局

廿五年九月十八日呈乙件為呈送辦理本市緞機業貸……

中華民國 年 月 日
九 二十三
九 卅

府總秘三

10393
10394

11233

欵及小本貸欵之情形，彙案核由

呈悉。准予備查。

此令。

市長馬〇〇

訓令　字第　號

令第四區區公所[illegible]

案據社會局呈稱：「原文照敘」等情。據此，除指復

外，合行令仰知照。

此令。

市長馬〇〇

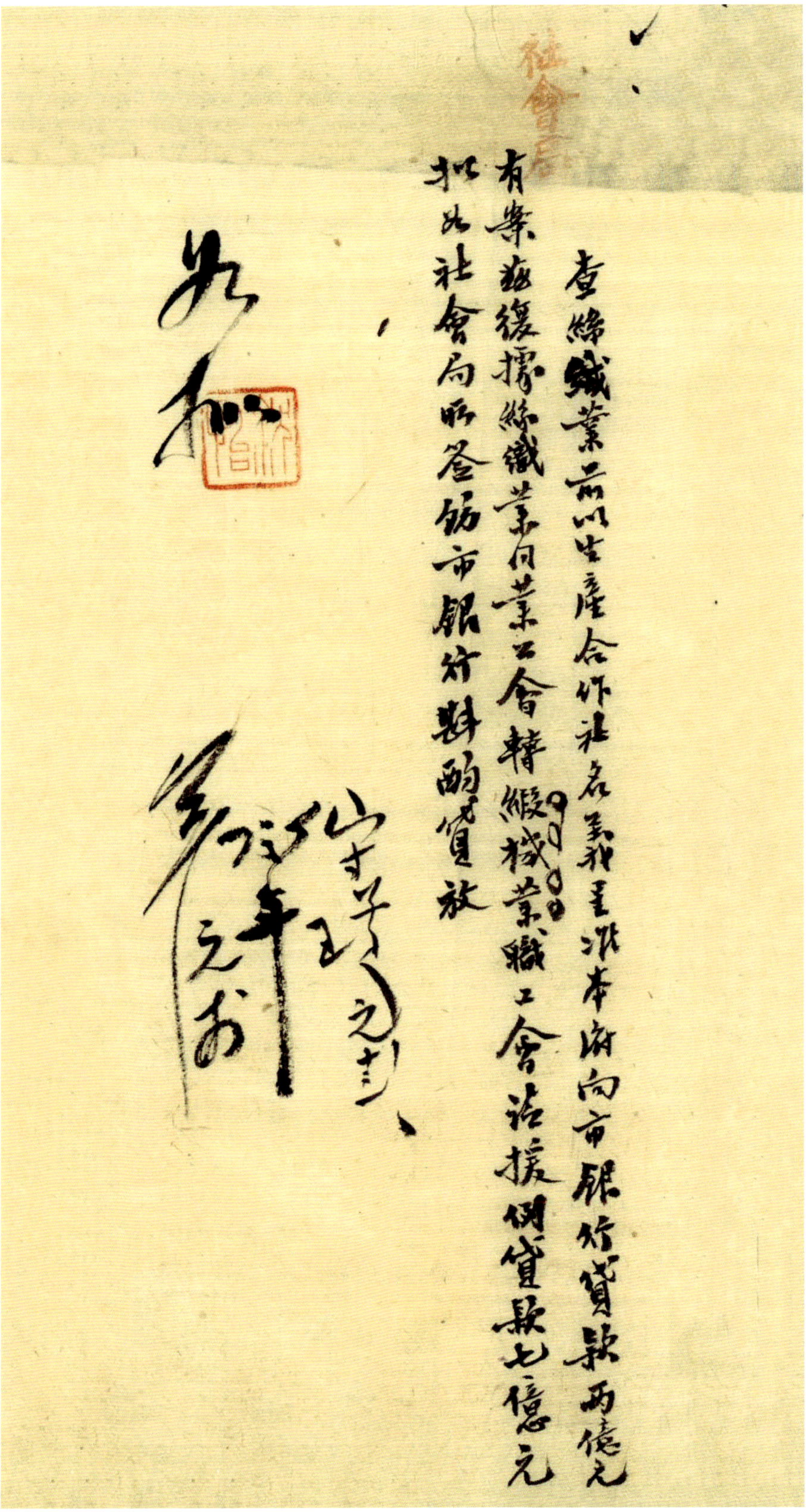
查絲織業前以生產合作社名義呈准本府向市銀行貸款兩億元
有案茲復據絲織業同業公會轉緞織業職工會請援例貸款七億元
擬先社會局所簽飭市銀行斟酌貸放

關于南京市社會局、市絲織工業同業公會等申請低利貸款案的一組往來文件

南京市社會局關于據市絲織工業同業公會申請低利貸款七億元請飭市民銀行斟酌貸助給市政府的呈文

（一九四八年一月七日）

（附）南京市絲織工業同業公會呈文

签呈

三十　年　月　日　收文　字第　號　覆核　核　初核　承辦

之七

查丝织业原为本市著名手工业，当其极盛时代，业于斯、用者极多，赖以为生者亦众，惟因未能改进，遂致渐形衰落。本局前曾奉交下市参议会函送第一届第二次大会决议案，嘱设法振兴，业经奉钧府（卅六）府总秘三字第二一六二号训令饬予以扶植各在卷。查迩数月以来，经该丝织工业同业公会负责人等来局洽商，决定先由该业筹组生产合作社，再谋逐步振兴。嗣后该公会以该业不适用合作社方式从事生产，致未能立即予以协助，兹复据该公会呈请转函市民银行贷款七亿元，以济燃眉等情，前来。经核所陈各节尚属实情，似可援照丝织工业贷款二亿元之先例，酌予贷助，拟请饬由市民银行查核该业需要情形，斟酌贷助，以资救济。是否可行，理合签请

鉴核。

谨呈

市长沈

南京市社会局局长　谨签

市尊　谨签

四科

事由	擬辦	批示	備考
呈據屬會各會員以生意太壞料工無法應付環請轉呈准向市民銀行借給低利貸款以資救濟等情茲特據情轉呈仰祈鑒核令遵由			

附件

收文　字第　號

字第　號　年　月　日　時到

30

竊據南京市緞機業職工會函陳據各會員聲稱
會員等向以機織為生活近查各緞號每因資料短少
時多停織無工可做影響生計至深且鉅設竟長此停
頓則數千百男女織工均有束手待斃之勢情迫事急
應請據情迅予函轉絲織工業公會轉飭各會員設法
維持以免凍餒等情前來相應函請查照核辦等由
准經召開會議各會員以機張停織實緣生意太壞金
融週轉不靈料工無法應付勢非轉呈
市社會局准向市民銀行貸借大宗低利鉅款不足以
救燃眉各等語復經提交理監事會詳加研討僉以

查核所陳各節實屬綢業工商交困輟業停工時所難免值此隆冬歲迫資金凍結之時若不請求貸款救濟從何增加國貨生產維持工人生活擬請

恩准一面咨請市民銀行借給低利貸款七億萬元期限并予放寬仍請一面令飭屬會前往洽辦貸借手續以挽目前危機而維工人生計理合據情具文轉呈仰祈

鑒核令遵不勝迫切待命之至謹呈

南京市社會局局長謝

南京市絲織工業同業公會　理事長徐玉書

中華民國三十七年一月六日

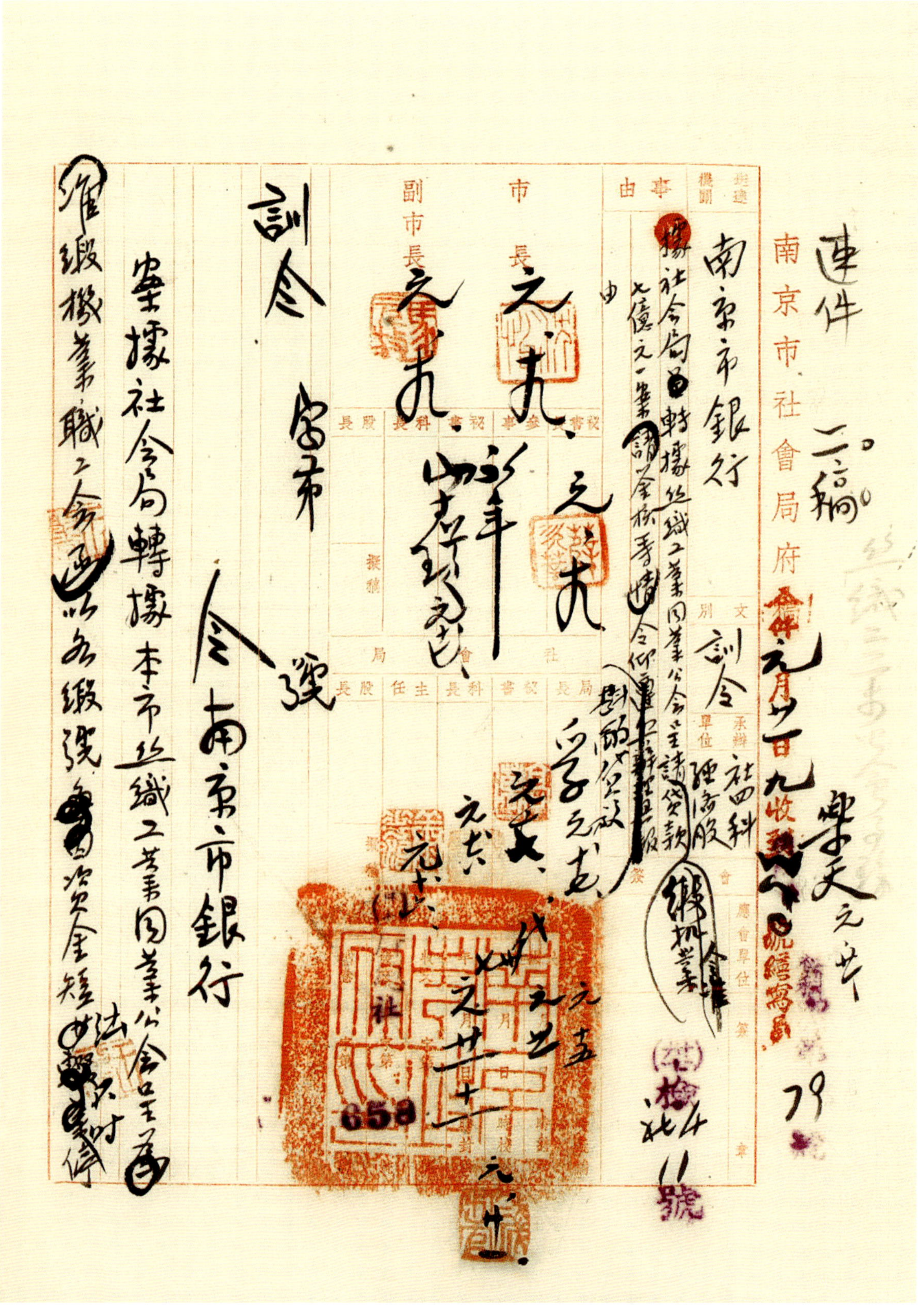

南京市社會局關于市絲織工業同業公會申請緞機業貸款七億元令斟酌貸放給南京市銀行的訓令、給市絲織工業同業公會的指令（一九四八年一月二十日至二十一日）

影响工人生计，转饬各会员设法维持等由，请转
拟函咨市政府转饬银行贷款七亿元，以资维持，并请饬
银行核放贷款，援救丝织工业等情前来，除函复外，合行令仰该会
转饬该公会知照。
需要情形，贷放并将办理情形具报为要。
此令
附抄发丝绸工业同业公会呈一件
市长 沈〇

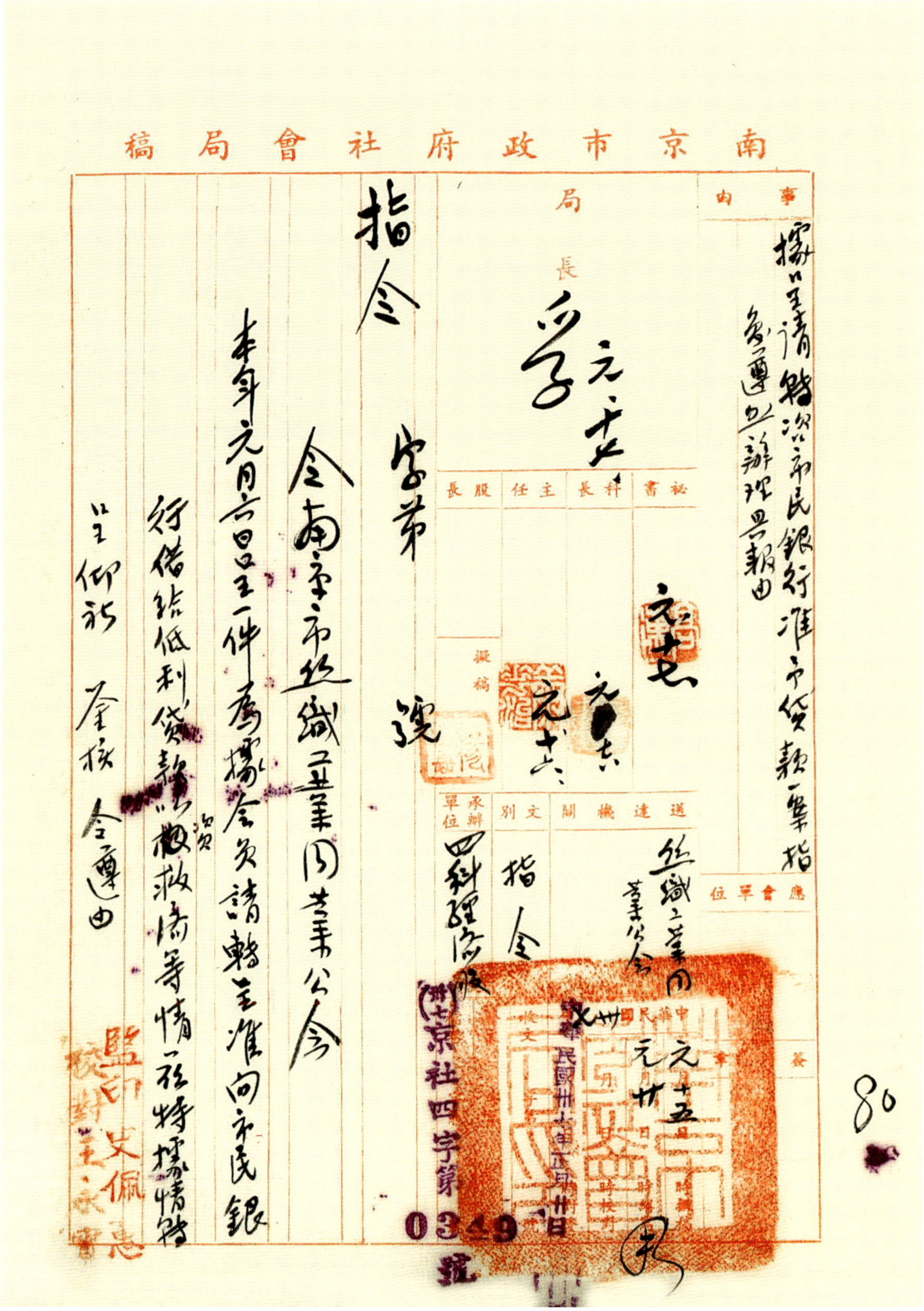
南京市政府社會局稿

事由	據呈請轉咨市民銀行准予貸款一案指令遵照辦理具報由
應會單位	
送達機關	絲織工業同業公會
文別	指令
承辦單位	四科經理股
秘書	元.十七
科長	元.十六
主任	元.十六
股長	
擬稿	
簽	
中華民國卅七年元月廿 日	元.廿 元.廿五
局長	元.廿

指令 字第 號

令南京市絲織工業同業公會

本年元月六日呈一件為據會員請轉呈准向市民銀行借給低利貸款以資救濟等情,茲特據情轉咨

呈仰祈 查核 令遵由

京社四字第0349號

監印 文佩

校對 王·永

呈悉。已由市府令饬市银行斟酌贷放，仰即迳洽办理具报为要。此令。

市长 谢○○

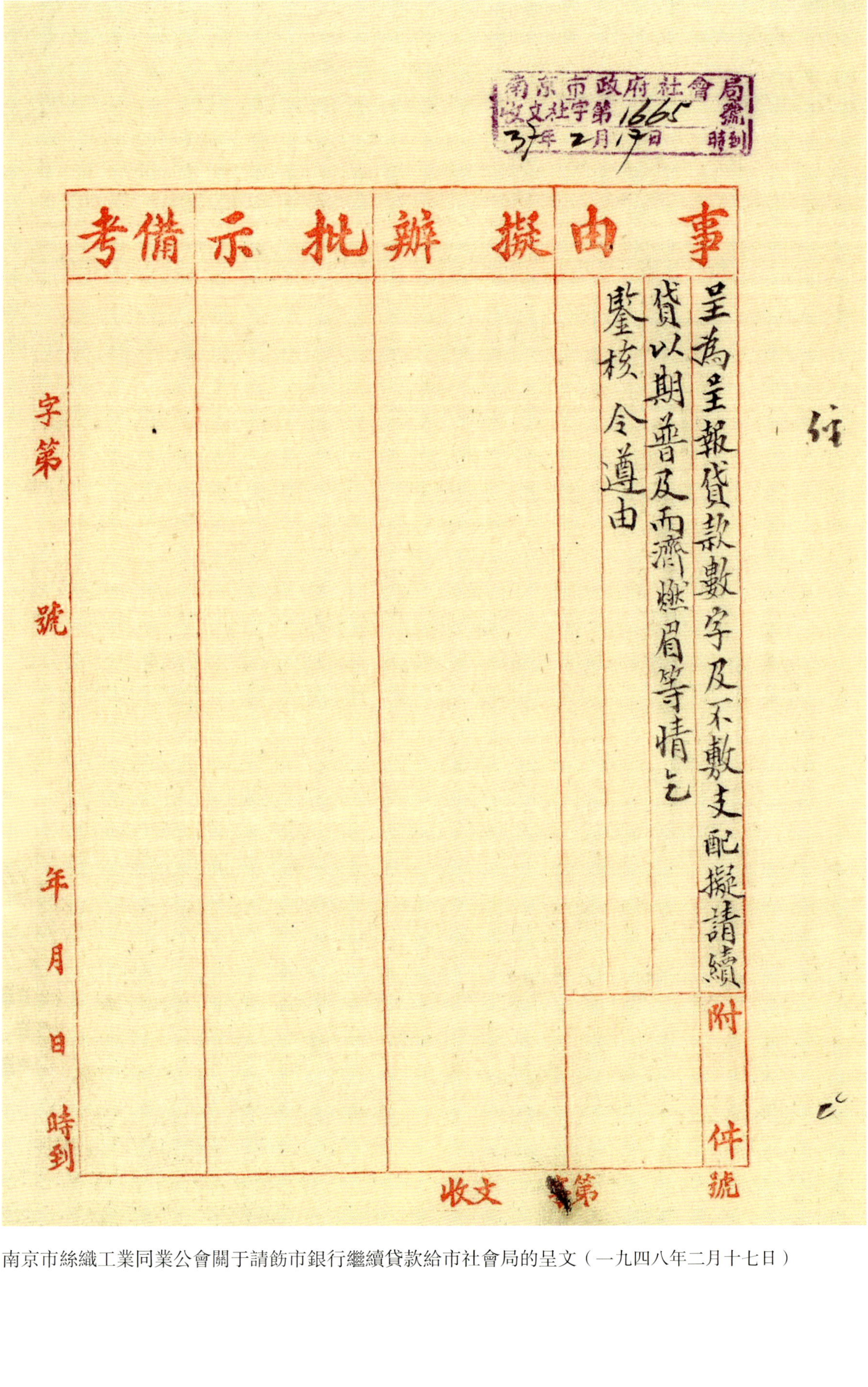

南京市政府社會局 收文社字第1665號 37年2月19日 時到

事由：呈爲呈報貸款數字及不敷支配擬請續貸以期普及而濟燃眉等情乞鑒核令遵由

擬辦

批示

備考

附件

收文　第　號　字第　號　年　月　日　時到

南京市絲織工業同業公會關于請飭市銀行繼續貸款給市社會局的呈文（一九四八年二月十七日）

案奉

鈞局(卅七)京社字(四)第〇三四九號指令 屬會呈據會員請轉呈准向市民銀行借給低利貸款以資救濟由奉令呈悉已由市府令飭市銀行斟酌貸放仰即逕洽辦理具報等因奉此遵即前往市銀行接洽承告時值隆冬金融吃緊蒙允貸放一億當以杯水車薪只好轉知各會員如有急需者可備貨覓保逕往該行照章申辦押貸手續業由各單位自向該行洽辦就緒計分五組共押貸得一億元值茲冬寒歲迫資金凍結之時敝業工資缺乏行將停工幸蒙

鈞市長垂念緞業為有悠久歷史之國貨工業優加愛護
令飭市行貸款救濟有如大旱立見雲霓各會員沐荷
仁施殊深感戴惟是貸數甚微粥少僧多不敷分惠
向隅者衆致有多數仍不能及時開工者關係工人生計
甚大擬懇
鈞長電鑒下情俯念比緞業困難尤甚恩准再予
據情轉呈令飭市銀行繼續貸放以期普及而濟
燃眉全體工商不勝盼禱合將貸款不敷情形具文呈報仰祈
鑒核令遵謹呈
南京市社會局局長謝

南京市絲織工業同業公會理事長徐玉書

中華民國三十七年二月十七日

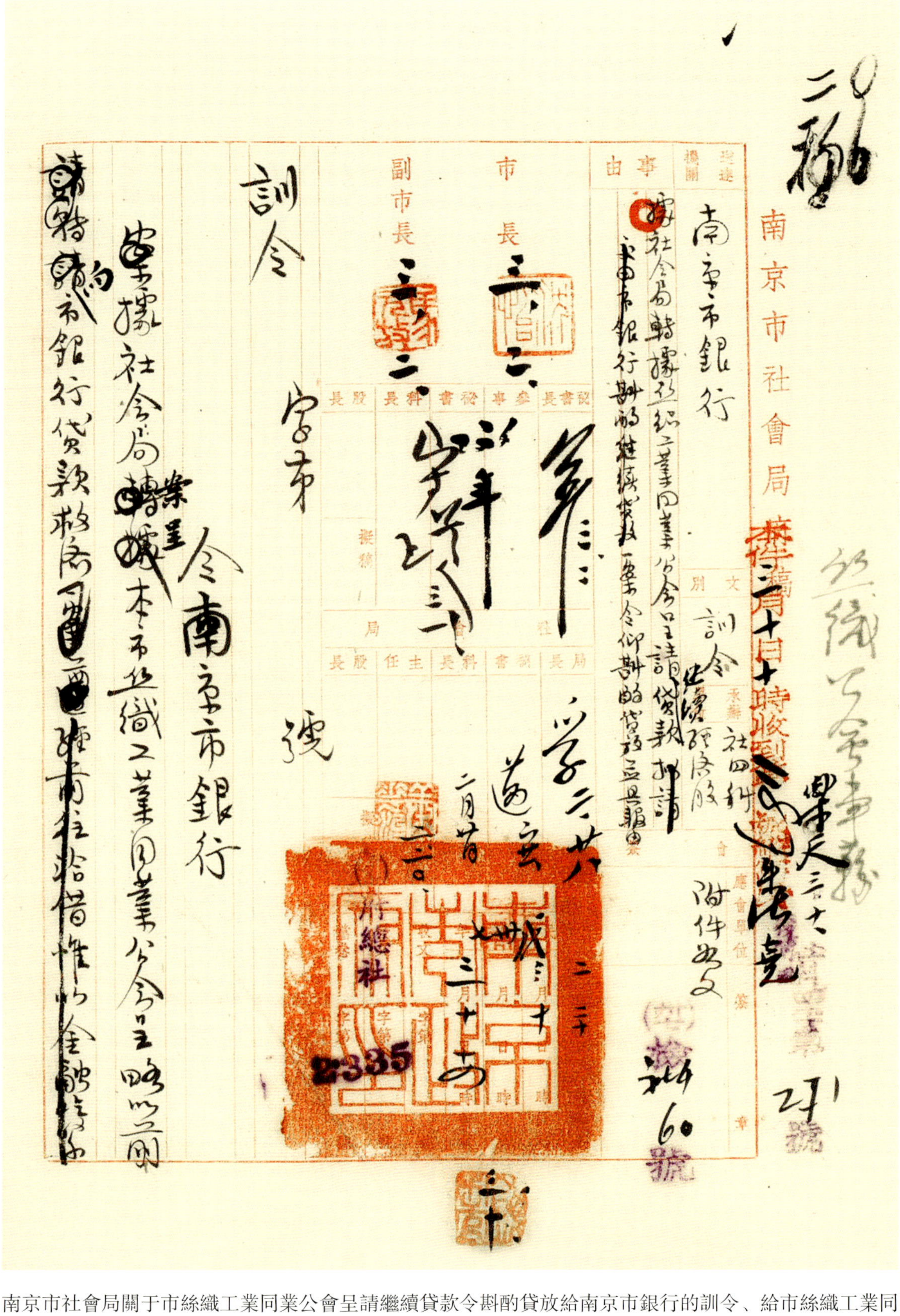
南京市社會局
訓令
南京市銀行
事由
市長
副市長
令南京市銀行
附件如文

南京市社會局關于市絲織工業同業公會呈請繼續貸款令斟酌貸放給南京市銀行的訓令、給市絲織工業同業公會的指令（一九四八年三月九日至十四日）

僅共押貸一億元之譜，不敷分配，請再據情轉請令飭市銀行繼
續貸放，以期業商兩濟，[illegible]等情，據此，查該業[illegible]
情形，繼續貸放，請核示等情。前來。經核該稱各節尚屬實情，除飭社會局特
令行抄發[illegible]
該
令呈悉，令仰[illegible]該業需要情形，並[illegible]繼續貸放，並將
辦理情形具報為要。
以令
附抄發絲織業公會呈一件
市長沈。

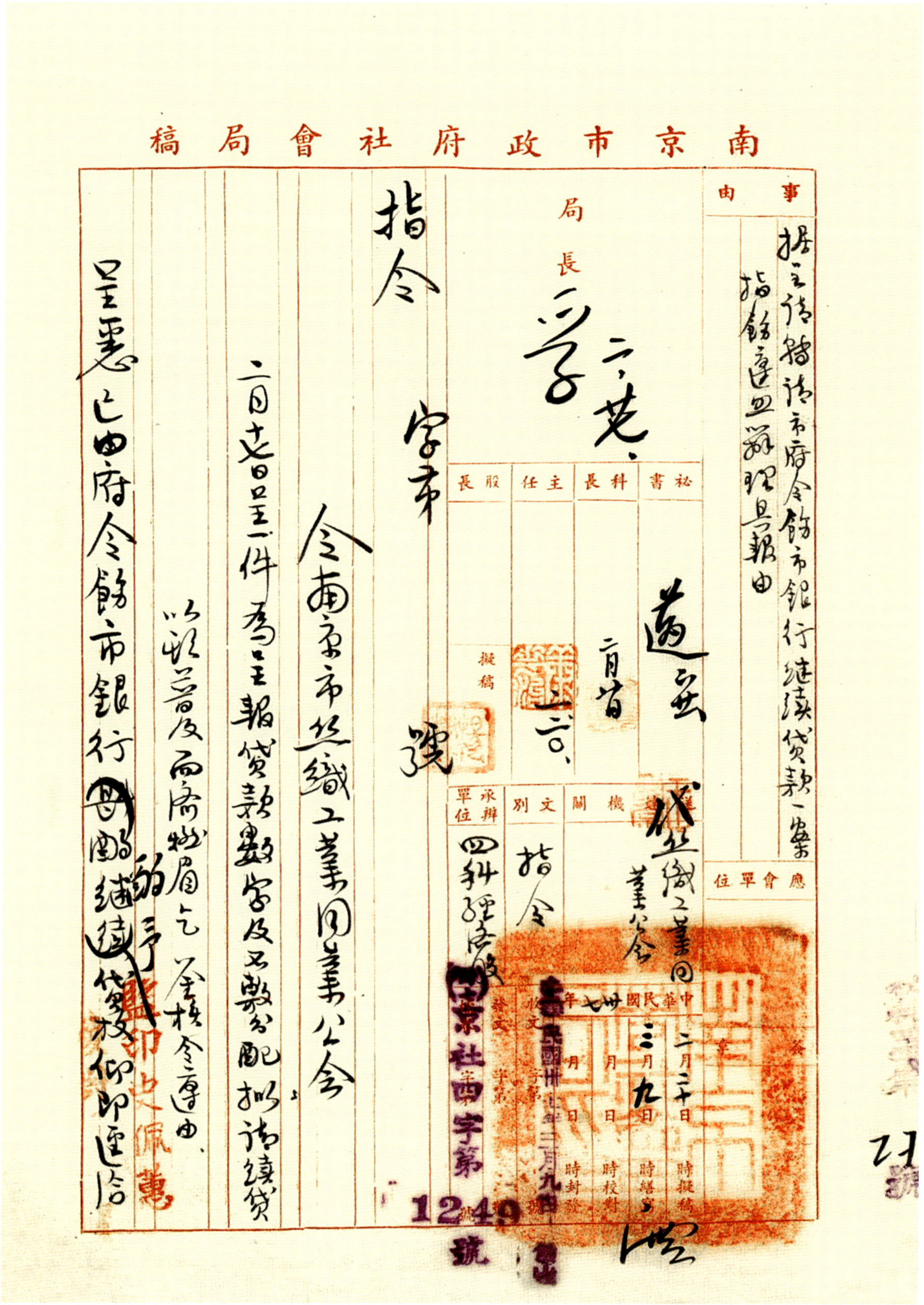
南京市政府社會局稿

事由：據呈請轉請市府令飭市銀行繼續貸款一案指飭遵照並辦理具報由

應會單位

局長

秘書　科長　主任　股長

擬稿　二月廿日

機關：絲織工業同業公會

文別：指令

承辦單位：四科理股

中華民國卅七年　二月二十日擬稿　三月九日

京社四字第1249號

指令　字第　號

令南京市絲織工業同業公會

二月廿日呈一件，為呈報貸款數字及名數分配，擬請續貸以維營業及西廠概屆已，金核令遵由。

呈悉。已由府令飭市銀行酌予繼續貸放，仰即遵照。

辦理具報爲要

此令

局長 謝○○

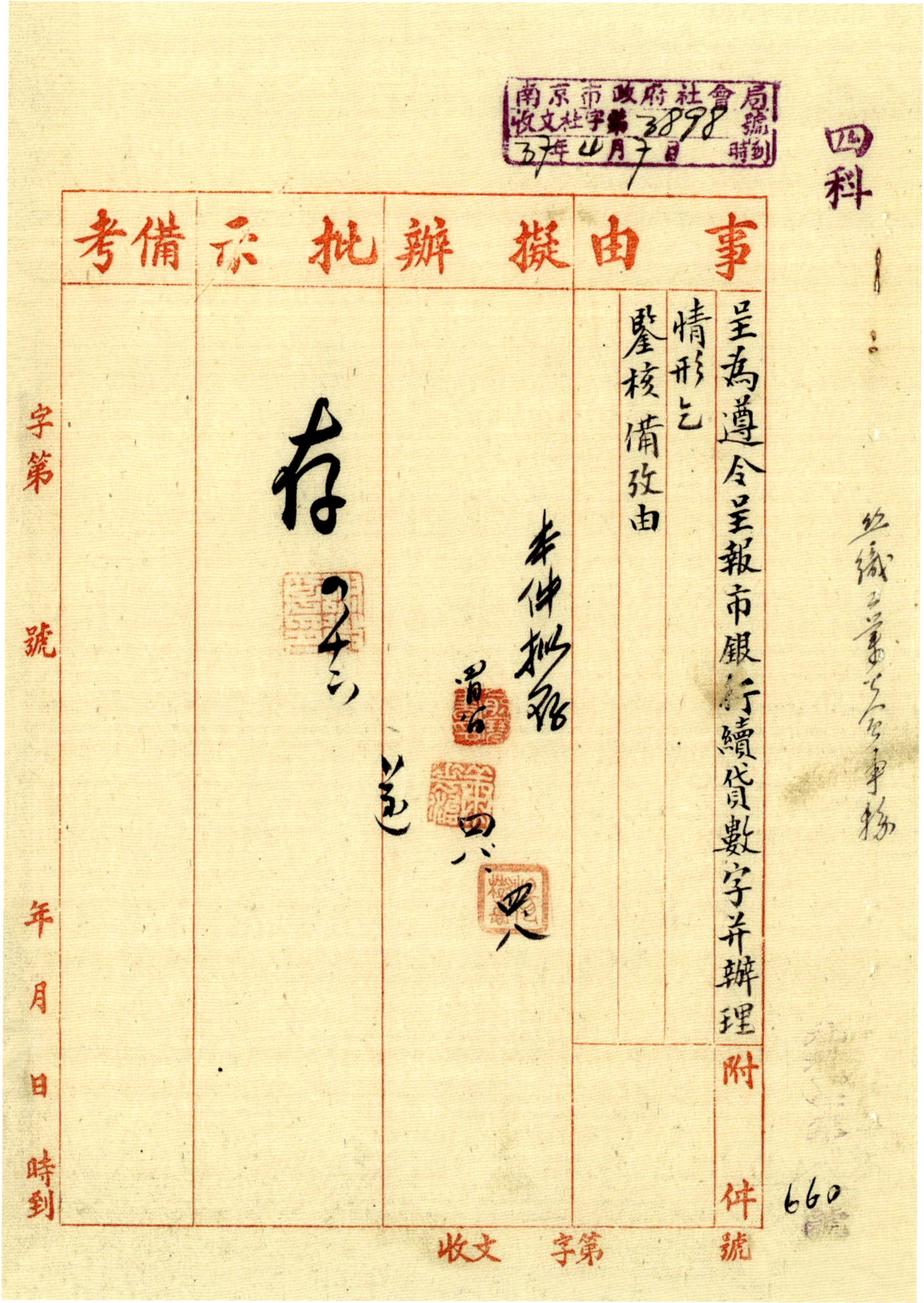
南京市政府社會局收文社字第3898號
37年4月7日時到
四科
事由
呈爲遵令呈報市銀行續貸數字并辦理情形乞鑒核備攷由
絲織工業公會事務
擬辦
批示
備考
存
附件
660
收文 字第 號
字第 號 年 月 日 時到

南京市絲織工業同業公會爲遵令呈報市銀行續貸數字及辦理情形給市社會局的呈文

（一九四八年四月七日）

案奉
鈞局(廿)京社四字第一三四九號指令屬會呈為轉請市府令飭市銀行繼續貸款一案指飭遵辦具報由奉令呈悉已由府令飭市銀行酌予貸放仰即逕洽辦理具報為要等因奉此遵即前往該行接洽一面轉知各會員如需要者可持貨送交市行倉庫并分組向行照章辦理押貸手續茲已辦好計分七組共押貸叁億元值此春荒金融奇緊工資缺乏勢將停工得蒙
鈞市長垂念具有悠久歷史之國貨手工業加意維護令

飭市行繼續貸放沐荷仁施立蘇涸鮒敝業工商同深
感戴緣奉前因理合將續貸數字及辦理情形具文呈
報仰祈
鑒核備考謹呈
南京市社會局局長謝

南京市絲織工業同業公會理事長徐玉書

中華民國二十七年四月　日

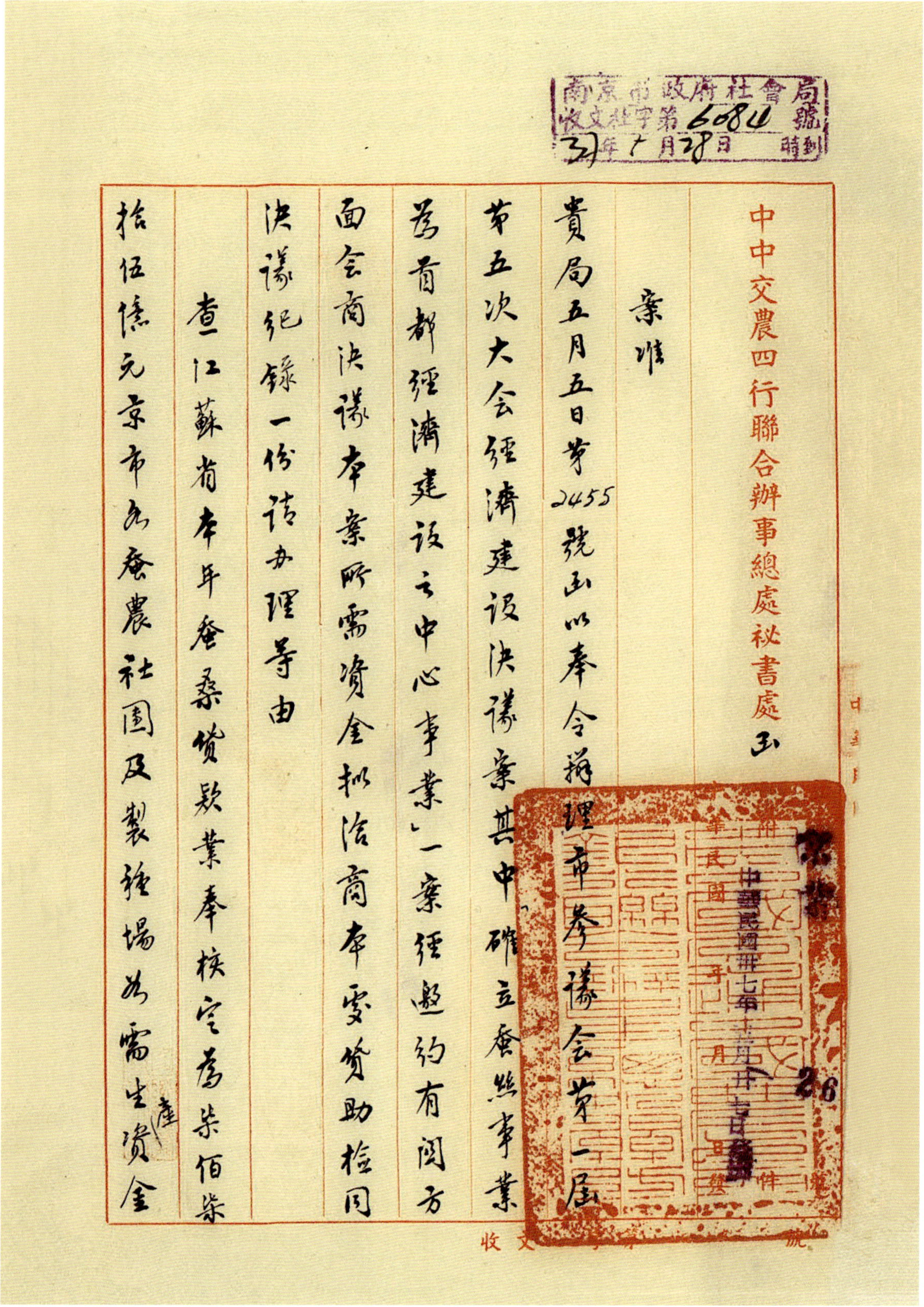
南京市政府社會局
收文社字第6084號
37年6月28日 時到

中中交農四行聯合辦事總處秘書處函

案准

貴局五月五日第2455號函以奉令籌理市參議會第一屆第五次大会經濟建設決議案其中確立蠶絲事業爲首都經濟建設之中心事業」一案經邀約有關方面会商決議本案所需資金擬洽商本要貸助拾同決議紀錄一份請办理等由

查江蘇省本年蠶桑貸款業奉核定爲柒佰柒拾伍億元京市各蠶農社團及製種場所需生資金

中華民國卅七年五月廿七日發
26

收文

關于中中交農四行聯合辦事總處、南京市社會局辦理蠶絲事業貸款的一組往來文件

中中交農四行聯合辦事總處爲准函洽商辦理蠶絲事業貸款可逕向各銀行申請核貸給市社會局的函

（一九四八年五月二十七日）

可逕向中國農民銀行及中央合作金庫申請核貸

相應復請

查照轉知為荷

此致

南京市政府社會局

秘書長 徐柏園

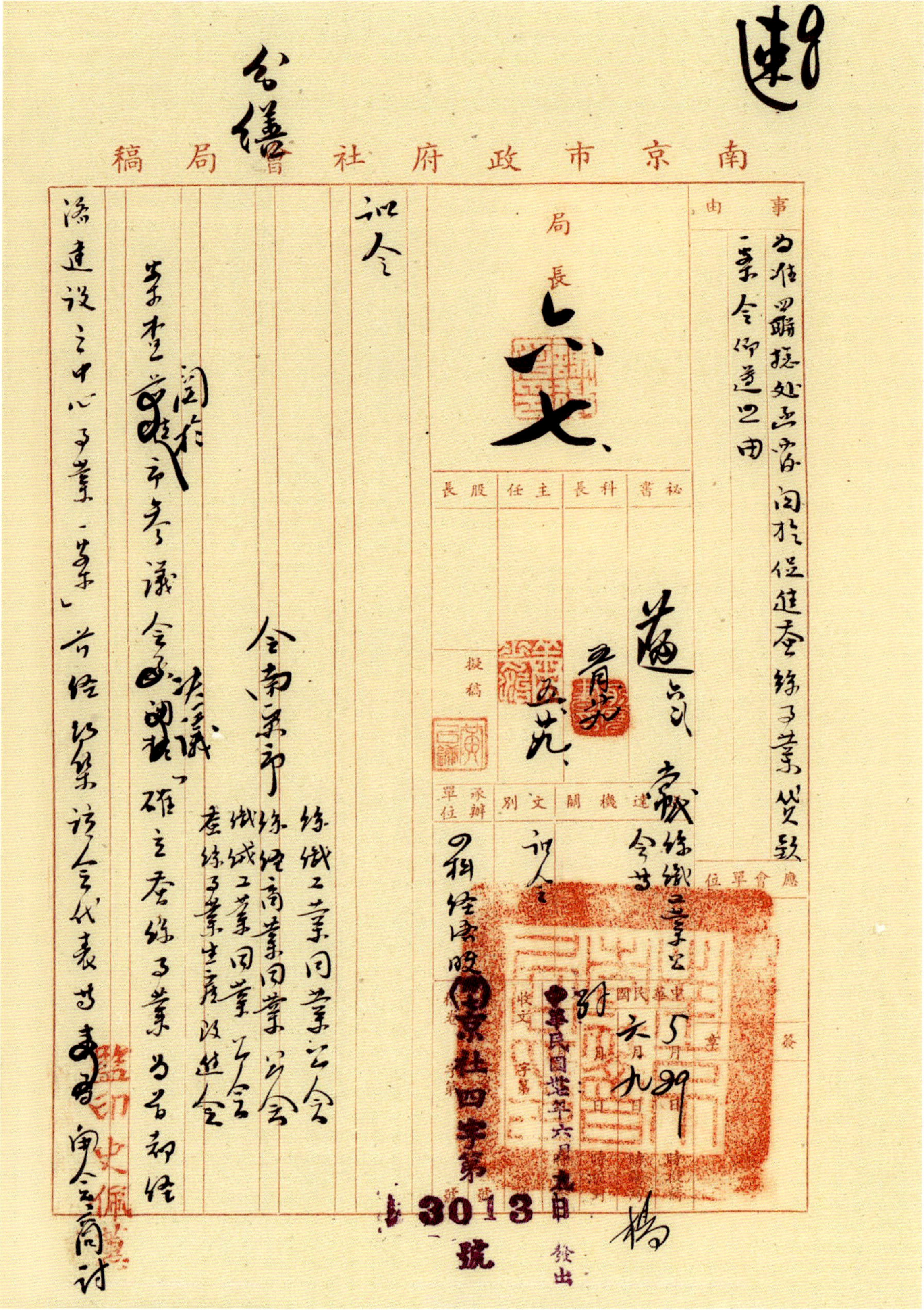

南京市社會局爲准四聯總處函復關于促進蠶絲事業貸款一案令有關公會統一辦理給市絲織工業同業公會、絲經商業同業公會、織絨工業同業公會等的訓令（一九四八年六月九日）

本会所需四济资金经决定请由商四联总处代为协助等语

业经本府据情转函前由,兹准中中交

农四行联合办事总处秘书处本年三月廿七日京业字第二六一

三四号函略开:"查江苏省者……(四)句括号内字句)……查此

款知照为荷"等由。准此,合行令仰该会会同各有关会统一

办理(申请核贷),并将核准贷款分配及用途(情形)具报为要。

此令

市长 谢○○

伍 組織成立同業公會

南京市工商同業公會一覽表

名稱	主席或常務委員姓名	會址	備考
銀行業同業公會	吳蔭孫 [illegible]	白下路中南銀行二樓	已奉市政府核准設立 財政實業部備案
典〃〃〃〃	潘哲人 汪彥 陸白然	[illegible]胭脂巷	已奉市政府核准設立 實業部備案
錢〃〃〃〃	李培深 秦瀾卿 游竹森	綫莊巷	已奉市政府核准設立 實業財政兩部備案
戲院〃〃〃〃	丁伯文 顧祖榮 龔徵霜	四象橋明星戲院	已奉市政府核准設立
營造〃〃〃〃	蔡義錫 濮春森 王繼美 任克三 金達甫	石鼓路[illegible]	已奉市政府核准設立 實業部備案
木〃〃〃〃	李恩前 [illegible]	上新河新河中街[illegible]	市政府核准
樹木棧〃〃〃〃	守士君 何浩緣 陳森吾	水西門外大街一百六十號	廿四年七月七日
磚瓦〃〃〃〃	黃春華 何拓元 胡安華	漢西門[illegible]	[illegible]實業部備案
水管〃〃〃〃	包鴻生 周炳生 惠瀛明	羊皮巷十號	市政府核准設立
石沙〃〃〃〃	程嘉農 盧長榮 周娟田	中正路卅九號	
瓷〃〃〃〃	袁益春 熊季雅	評事街[illegible]	市政府核准設立

756

南京市絲、絨、緞、雲錦等工商同業公會一覽表（節選）（一九三五年）

業別	姓名	代表	地址	日期	備注
汽車行			[illegible]		市政府核准設立實業部備案
輪船	柳鉅民	李應南 潘[illegible]庭	下關升順里	三十年[illegible]	市政府核准設立實業部備案
馬車行	程振立	韓宋才 李鳳台	建康路江南旅社	[illegible]	仝右
人力車行	吉利人	周仲南 陳朝元	西坊巷清真寺	[illegible]	仝右
轉運	易蜜南	黃錫璞 郭光侯	京滬車站前六號合記轉運公司樓上	三十年[illegible]	仝右
洗染	韓子善	時訓泉 趙華庭	大板巷	三十年[illegible]	仝右
廠布	馮棟臣	汪右泉 湯仁甫	木料市[illegible]記布廠	三十年[illegible]	仝右
綢布	朱識侯	余鴻文 聶家之	古鉢營	三十年[illegible]	仝右
棉貨	舒語誠	毛卜御 楊耀堂	綫莊巷慈善總會	三十年[illegible]	仝右
絲	王燕秋	曹授農 張明武	四聖堂	三十年[illegible]	仝右
絨	朱正[illegible]	王錫壽 周廣鈺	明瓦廊	三十年[illegible]	仝右
緞	張斌之	李耀南 陶榮樹	三坊巷	三十年[illegible]	市政府核准設立
雲錦	王潤芝	張寧直 陳萼生	估衣廊大日生廟	[illegible]	市政府核准實業部備案

971

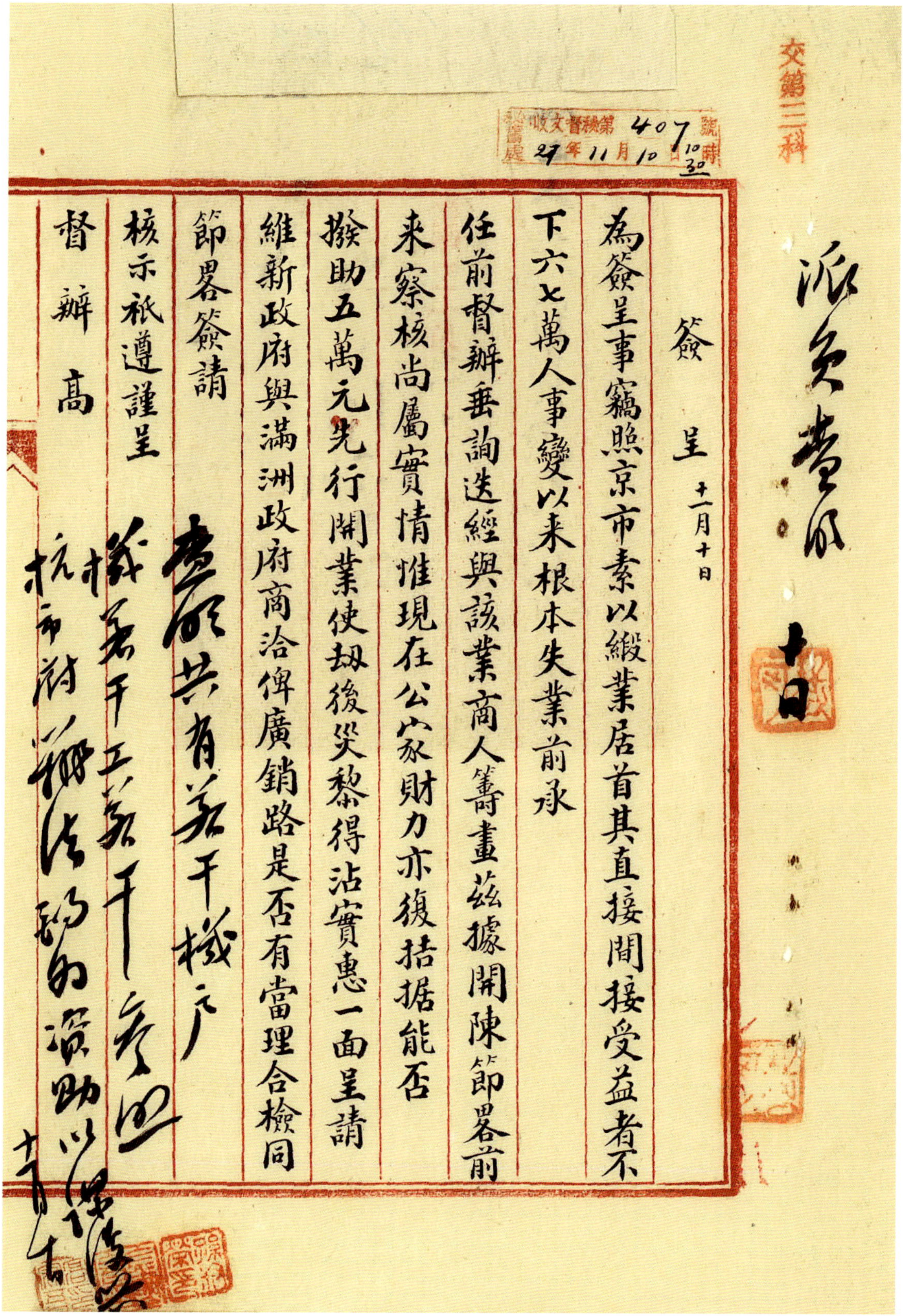

文第三科

督秘第收文 407號 27年11月10日

簽呈 十一月十日

為簽呈事竊照京市素以緞業居首其直接間接受益者不下六七萬人事變以來根本失業前承

任前督辦垂詢迭經與該業商人籌畫茲據開陳節畧前來察核尚屬實情惟現在公家財力亦復拮据能否撥助五萬元先行開業使劫後災黎得沾實惠一面呈請

維新政府與滿洲政府商洽俾廣銷路是否有當理合檢同節畧簽請

核示祇遵謹呈

督辦 高

關于僞政府時期有關機構組織緞業同業公會的一組往來文件

僞南京市社會局爲據呈擬向緞業撥款及推廣銷路請核示給僞督辦市政公署的簽呈

（一九三八年十一月十日）

（附）南京市緞業公會籌備會機數工人表册

附呈原節畧一扣

社會局局長王承典

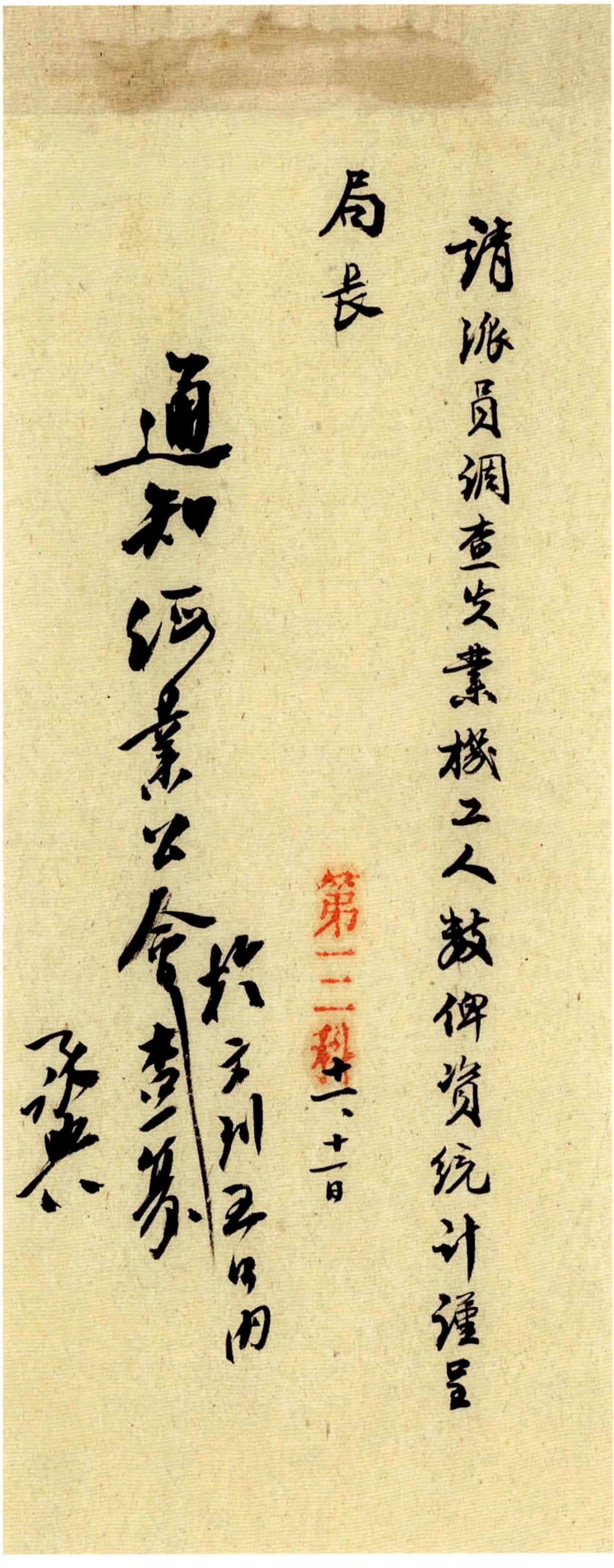
請派員調查失業機工人數俾資統計謹呈
局長
第一二一科 十一、十一日

南京市緞業公會籌備會機數工人表冊

會員牌號	營業主或經理人姓名	年齡	籍貫	機數	機工	店址	備攷
魏廣興	魏怡生	四二	江寧	三十張	每張正項工人三名 附屬流動工人二名	高岡里	
李祥和	李耀南	七八	仝	三十張		九兒巷	
蘇瑞祥	蘇嘉甫	三五	仝	三十張		釣魚台	
周鼎昌	周子純	四一	仝	二十五張		仝上	
李仁泰	李品之	六二	仝	十張		邊營	
趙天益	趙芳榮	五一	仝	十張		仝上	
張榮泰	張獻珊	五三	仝	二十張		實輝巷	
李世和	李登舟	六〇	仝	弍張		方家巷	
焦恒福	焦恒福	四七	仝	四張		仝上	

李萬泰	李德山	五六	江寧	四張	邊營	備攷
李久大	李仲懷	四七	仝	五十張	胭脂巷	
賈晋豐	賈鑑西	五八	仝	三十張	嚴家井	
周鈞泰	周建堂	三七	仝	弍張	五間廳	
徐振記	徐玉書	四九	仝	八張	小府巷	
郭順昌祥	郭懷清	四二	仝	五張	小仙鶴街	
陶瑞泰	陶厚卿	三五	仝	三張	倉門口	
陶裕昌	陶志倫	三八	仝	十五張	花露岡	
福源隆	李經宇	四七	仝	二十張	小張都堂巷	
王振昌	王少齋	六五	仝	十五張	四聖堂	

姚乾泰	姚耀南	四二	仝	五張	白衣菴
中興源	李金波	五六	崇	二十五張	鴿子橋
張乾泰	張金如	五二	江寧	弍張	大荷花巷
張裕隆	張增福	五〇	仝	弍張	上江考棚
王瑞豐	王庭寶	四二	仝	三張	三條营
鄧裕興	鄧治源	四八	仝	四張	仝上
王慶豐	王桐軒	三四	仝	壹張	侍其巷
王成源	王譯之	三四	仝	三張	九兒巷
王慶隆	王叔衡	五四	仝	六張	王府里
成記	高績丞	四八	仝	四張	謝公祠

張餘興	張炳森	六九	江寧	四張		謝公祠	備　攷
談益記	談益三	五九	仝	弍張		小府巷	
于雲記	于子蕃	五五	仝	四張		顧樓	
田順興	田康富	五五	仝	五張		小膺府	
趙德茂	趙其源	五二	仝	弍張		鳳遊寺	
蔡天和	蔡繼嶔	五六	仝	弍張		亂石堆	
李漢源	李全楨	六五	仝	三張		磨乃巷	
尹啟記	尹啟昌	六九	仝	三張		太平井	
章永昌	章臣銘	四七	仝	弍張		終所巷	
貢九鈺	貢九鈺	五二	仝	弍張		仝上	

李榮興	李榮興	五五	仝	三張	仝上
史鴻泰	史學瀛	五一	仝	三張	信府苑
李聚源	李大榮	四二	仝	弍張	貴人坊
臧錦源	臧博安	五二	仝	弍張	九児巷
尚恒昌	尚一杭	五〇	仝	叁張	猫魚市
馬春森	馬春財	五四	仝	四張	庫上

共計花戶四十五家　共計機數四百十四張　共計工人二千七十人

〔仍有避亂未回者數家，俟歸來時復業者再行補報〕

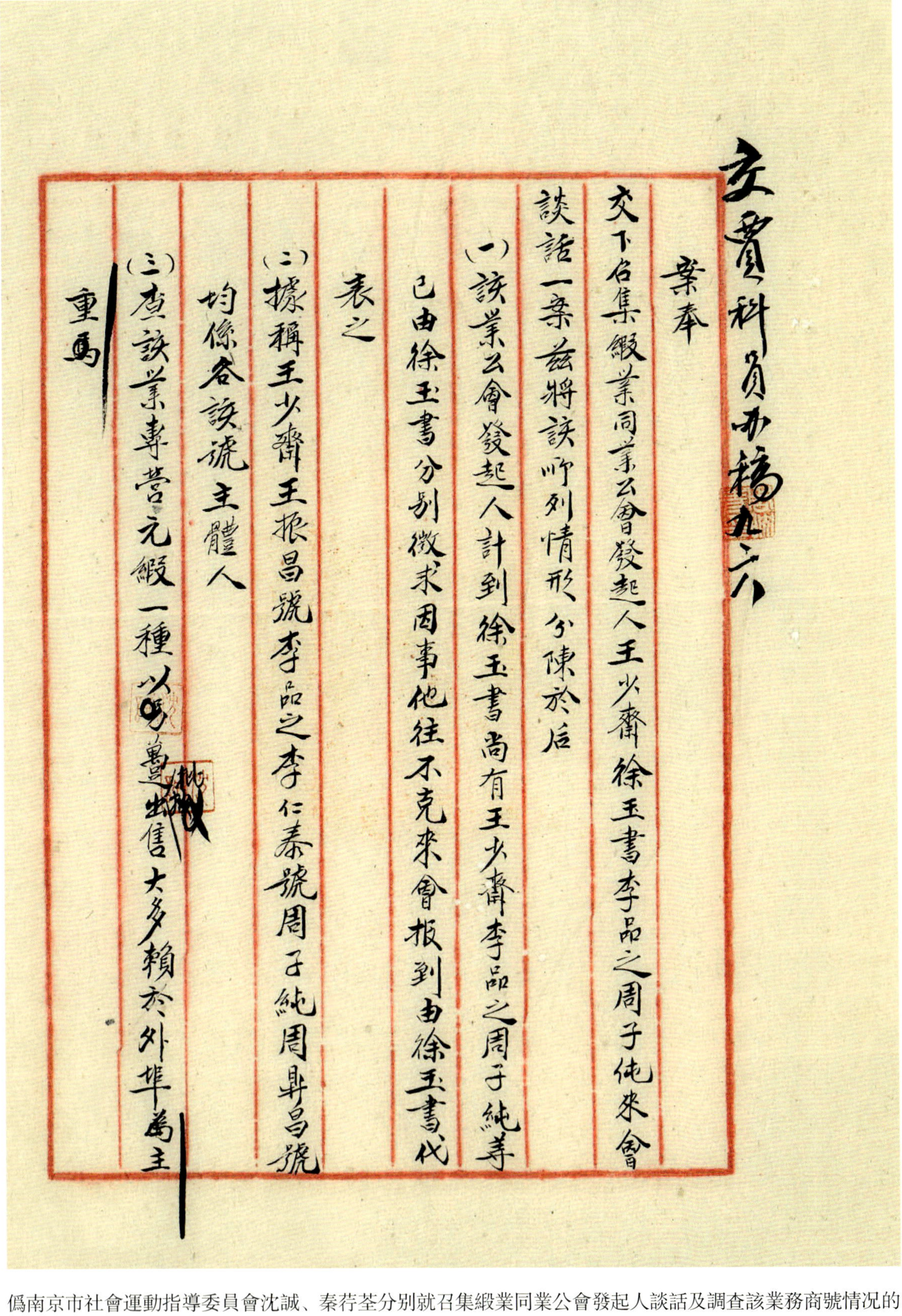

文書科負責辦稿 九六八

案奉

交下召集緞業同業公會發起人王少齋徐玉書李品之周子佗來會談話一案茲將談所列情形分陳於后

(一)該業公會發起人計到徐玉書尚有王少齋李品之周子純等己由徐玉書分別徵求因事他往不克來會報到由徐玉書代表之

(二)據稱王少齋王振昌號李品之李仁泰號周子純周升昌號均係各該號主體人

(三)查該業專營元緞一種以萬邑出售大多賴於外埠為主重焉

僞南京市社會運動指導委員會沈誠、秦荇荃分別就召集緞業同業公會發起人談話及調查該業務商號情況的呈文（一九四〇年九月十一日至十四日）

（四）查該業公會發起人王少齋等於事变前均在原有該業公會担任主要會務會員人數計有七十一名內部組織亦屬健全

（五）據謂該業現已先後復業者有四十一家惟皆係較小資本尚有範圍較大者因八一三後店屋已被燬於炮火尚有或避往外埠而尚未返京復業者約三十家之譜茲以國府還都人民紛紛返鄉百業日漸繁榮且各業公會已相繼申請許可組織成立該業公會原呈發起人有鑒於斯急不待緩恢復該業公會自應迅速申請許可組織以資團結而謀同業福利云云

奉核該業公會發起人徐玉書談話結果與原呈發起人略歷表均無不合至申請許可一案尚可照准是否有當敬請

鑒核謹呈

科長周 轉呈

秘書胡

主任委員黄

姜

職沈誠呈 九月十四日

查本案前經派員調查，繼因召集談話，綜核報告，於法尚無不合，擬予照准。 十四、

照擬 九、十四、

如擬 文 九、十六

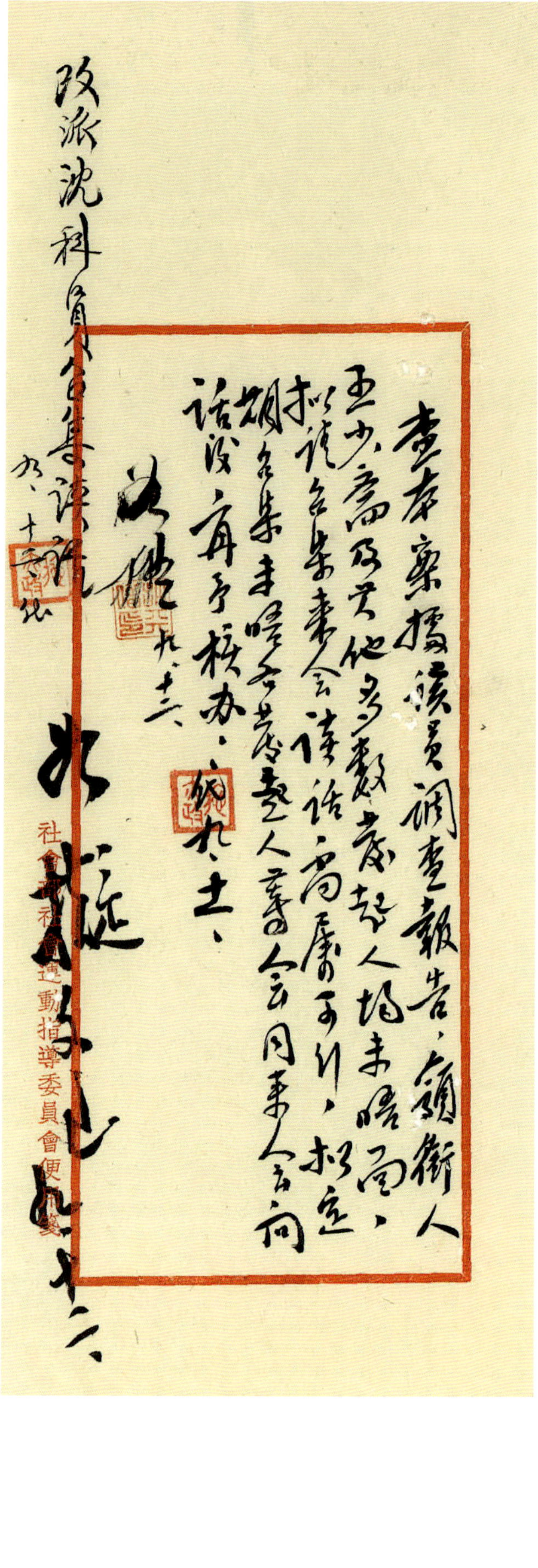
查本案據該員調查報告，該衙人王少高及其他多數索款人堵來喧鬧，擬請令其來會談話，為慎重計，擬定期令其來喧之首要人等會同來人向話，從前予核辦。錢九、十六、

沈 九、十六

如擬 沈 九、十六

改派沈科員會同前往 九、十八

奉

諭調查南京市緞業同業公會申請許可一案等因奉此遵即本月九日下午往各商號按户調查茲將調查經過情形分陳于后

一　查王少齋等發起人所開設之商號門牌地址均與原呈相符尚無不合

二　據蘇嘉甫聲稱王少斋徐玉書李品之三為該業之老前輩頗有聲望担任該會〻務已有多年惟職至回聖堂王少斋等三人家店中均未晤面對于該會情形無從查詢拟召集該發起人问話

後再行定奪

三　周子純、李步韓、王譯之、因事外出、未晤其人、綜上調查實情、擬召集該會發起人來會問話以後、再行定奪、准予許可與否？理宜簽請

鑒核　謹呈

科長周

秘書胡

主任委員姜黄

職秦蓀荃

九月十一日

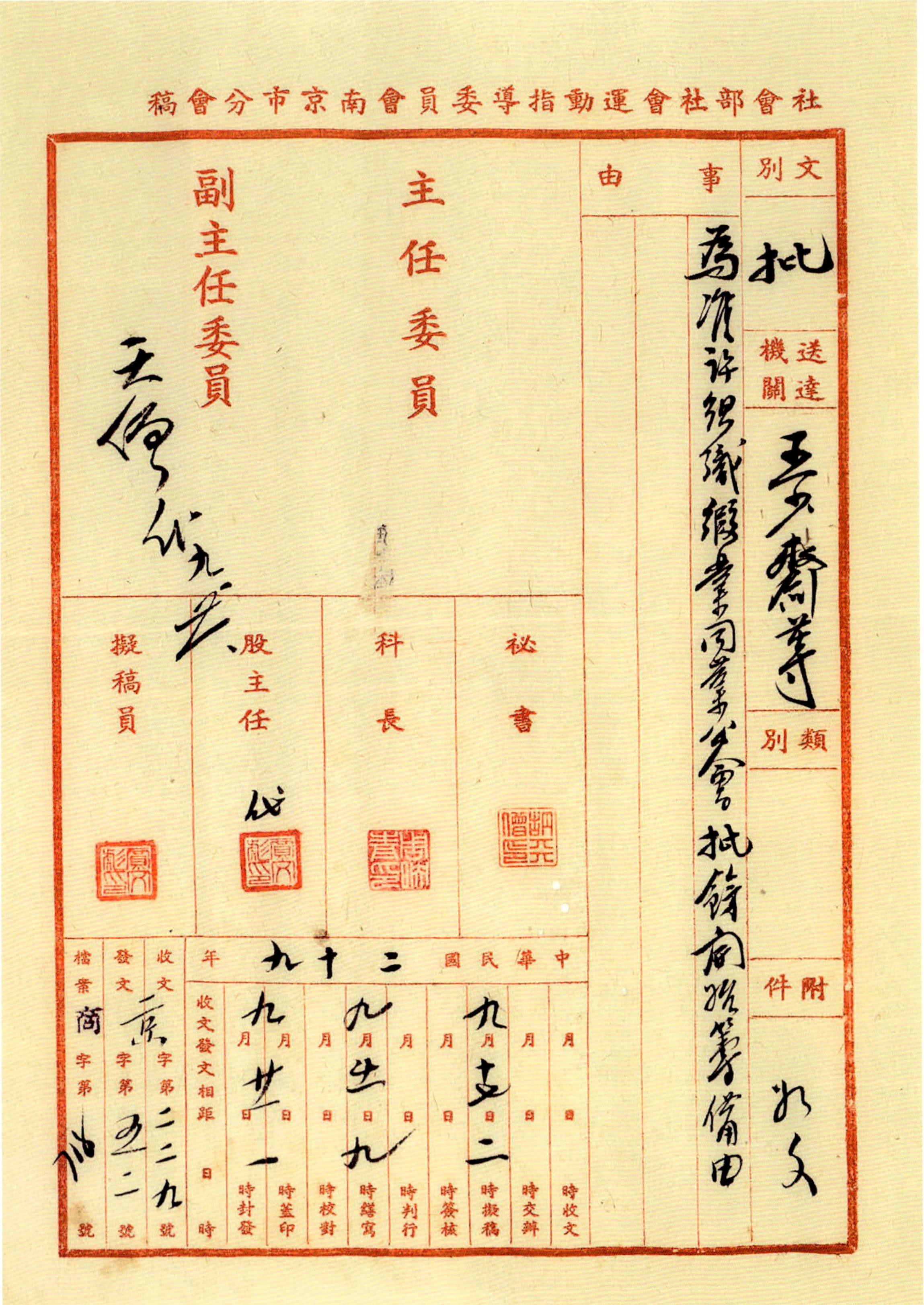

社會部社會運動指導委員會南京市分會稿

文別	批
送達機關	王少齋等
類別	
附件	收文
事由	為准許組織緞業同業公會飭開始籌備由

主任委員

副主任委員

秘書　科長　股主任　擬稿員

中華民國二十九年

收文字第二三九號

發文京字第五二號

檔案商字第　號

偽南京市社會運動指導委員會關于准許組織緞業同業公會飭開始籌備給王少齋等的批文

（一九四〇年九月二十一日）

全——衙批　字第　号

批王少甫等

呈乙件為組織緞業同業公會申請許可由

呈件均悉。准予組織。仰即備文推派負責人員携帶會員名冊，領許可證書。並應依照修正人民團体組織程序方案第十八條，及本市人民團体組織程序第五、六兩條之規定，尅日召開發起人會議，推定籌備員，先行成立籌備會，備具籌備員履歷表、籌備會會所地點各一份，呈候核奪。茲隨發籌備員履歷表二份，仰即

會行併飭遵照辦理

欽遵，併存。

此批

附奏籌備[illegible]二件

中華民國二十九年九月　日

主任委員○○

副主任委員姜○○

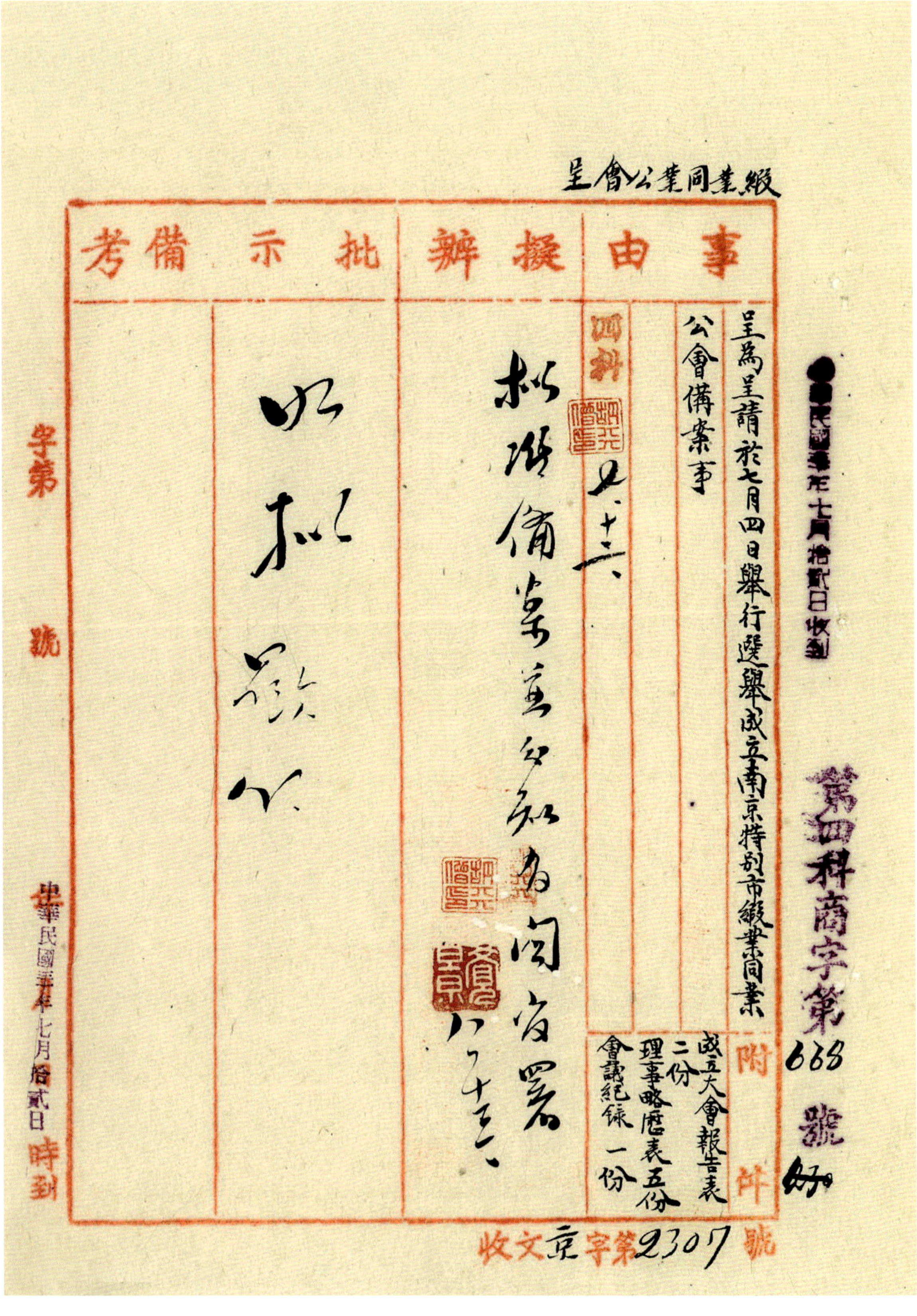
綴業同業公會呈

事由：呈為呈請於七月四日舉行選舉成立南京特別市綴業同業公會備案事

附件：成立大會報告表二份、理事略歷表五份、會議紀録一份

擬辦

批示

備考

收文京字第2307號

第四科商字第668號

中華民國三十年七月拾貳日收到

南京特別市綴業同業公會關于舉行選舉成立公會請鑒核備案給僞市社會運動指導委員會的呈文

（一九四一年七月十一日）

（附）南京特別市綴業同業公會首次理事會議記録、人民團體理監事略歷表

呈爲呈請備案事竊本會於本年七月四日下午二時在長樂路十五號地址舉行成立大會當由
鈞會派員出席指導當塲通過會章選舉理事暨候補理事選舉理事七人候補理事三人理事中公推常務理事三人互推理事長一人隨於同時就職並通過決議案多件並於同日舉行第一次理事暨候補理事會議紀錄一份理合填具成立大會報告表二份連同理事暨候補略歷表五份備文呈請
鈞會鑒核俯賜備案實爲公便謹呈
社會運動指導委員會南京特別市分會
南京特別市緞業同業公會理事長徐玉書謹呈

中華民國三十年七月十一日

南京市絲業同業公會籌備會圖記

借用

南京特别市緞業同業公會

七、四、

開首次理事會議紀錄

討論事項推舉

徐玉書主席懋表推選常務理事三人

任為理事推舉

徐玉書

王少齋三人為常務理事一致通過

李品之

由常務理事互推理事長一人

徐玉書爲理事長議決通過

開會日期應行規定

一決議理事會每月規定五、廿、下午二時爲理事會

一決議常會每星期六下午二時開會一次

散會

主席 徐玉書

紀錄 吴鳴歧

人民團體理監事略歷表

團體名稱 南京特別市緞業同業公會 會址 長樂路十五號

職別	姓名	性別	年齡	籍貫	學歷	經歷	現在職業及其地位	黨籍	備考
理事長	徐玉書	男	52	本京	私塾	向營緞業	徐振記	無	小府巷十二號
常務理事	王少齋	〃	62	〃	私塾	〃	王振昌	〃	四聖堂三號
常務理事	李品之	〃	64	〃	〃	〃	李仁泰	〃	邊營七十五號
理事	賈澤之	〃	47	〃	〃	〃	賈晉豐	〃	殷家井十號
〃	李西韓	〃	37	〃	〃	〃	李久大	〃	胭脂巷二十四號
〃	蘇嘉甫	〃	36	〃	〃	〃	蘇瑞祥	〃	釣魚台七十七號
〃	周子純	〃	44	〃	〃	〃	周鼎昌	〃	釣魚台六十三號
候補理事	王譯之	〃	35	〃	〃	〃	王成源	〃	九兒巷二十一號
〃	章臣銘	〃	48	〃	〃	〃	章永昌	〃	修所巷四號
〃	陶志倫	〃	40	〃	〃	〃	陶福昌	〃	瓦霧岡五十一號

人民團體組織用表之七

人民團體理監事略歷表

社會運動指導委員會製

職別	姓名	性別	年齡	籍貫	學歷	經歷	現在職業及其地位	黨籍	備考

附註

一、如係國民黨員應於黨籍欄內填明黨證字號

二、如係工商同業公會應於備考欄內填明代表之公司行號名稱及地址

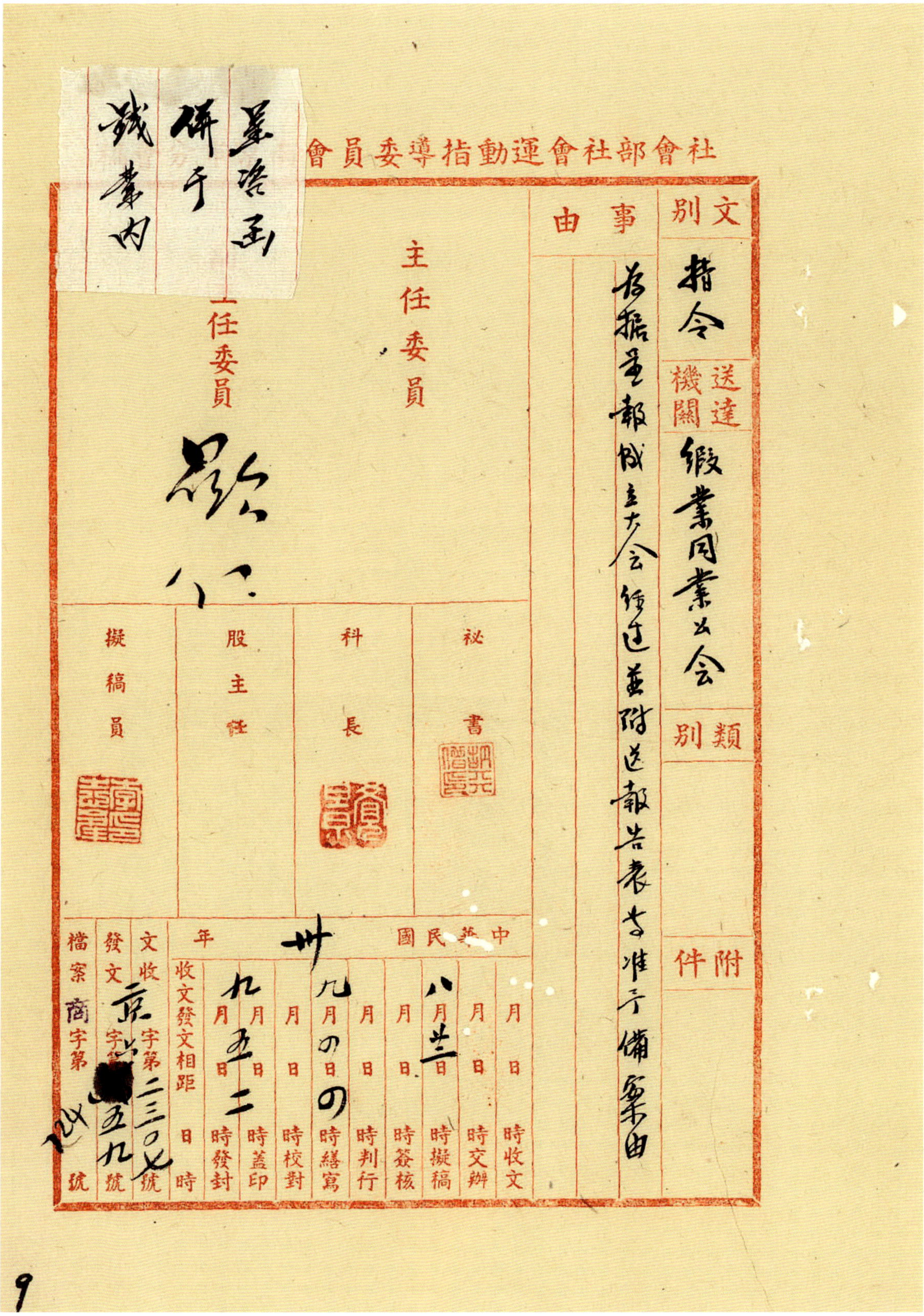
社會部社會運動指導委員會

文別：指令

送達機關：緞業同業公會

類別：

附件：

事由：為據呈報成立大會經過並附送報告表等准予備案由

主任委員

主任委員

擬稿員　股主任　科長　秘書

中華民國卅年

收文　月　日　時
交辦　月　日　時
擬稿　八月廿三日　時
簽核　月　日　時
判行　月　日　時
繕寫　九月四日　時
校對　月　日　時
蓋印　月　日　時
發封　九月五日　時
收文發文相距　日　時

收文：京字第二三○七號
發文：字第[redacted]五九號
檔案：商字第　號

9

偽南京市社會運動指導委員會爲南京特別市緞業同業公會呈報成立大會經過附送報告表等准予備案給該公會的指令（一九四一年九月五日）

全銜 指令 字第 號

令南京特別市緞業同業公會

呈件 為呈報召開成立大會經過並附送報告表暨當選理事名歷表等請鑒核備案由

呈件均悉。准予備案。件存！

此令。

中華民國三十年 月 日

主任委員 張〇〇

副主任委員 吳〇〇

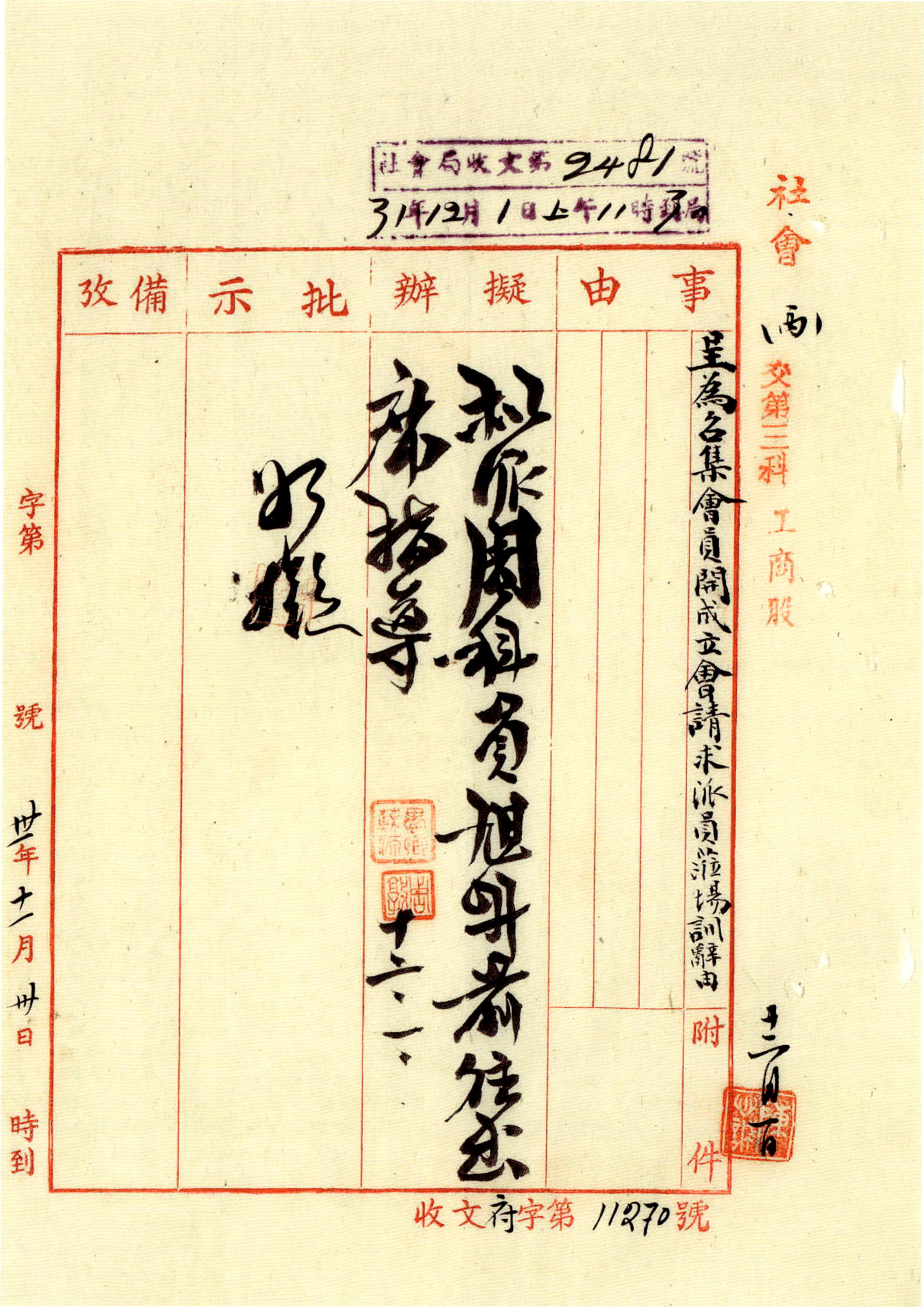

關于僞政府時期有關機構組織絨業同業公會的一組往來文件

南京特别市絨業同業公會爲召開成立大會請派員參加給僞市社會局的呈文（一九四二年十一月三十日）

呈為召集會員開成立會、請求派員蒞場訓辭事。竊屬會

前繕具章程草案暨會員名冊呈奉

南京特别市社會運動指導委員會指令批准備案。茲經屬

會第六次籌備會議定於國歷十二月四日下午三時（新鐘點）召

集會員代表開成立大會，會址明瓦廊八十一號。屆期敬請

鈞局派員準時蒞場訓辭，至為感盼。謹呈

南京特别市社會局

南京特别市絨業同業公會籌備會 主任 朱正林

副主任 周兆祥

中華民國三十一年十一月三十日

南京特別市絲織業同業公會籌備會圖記

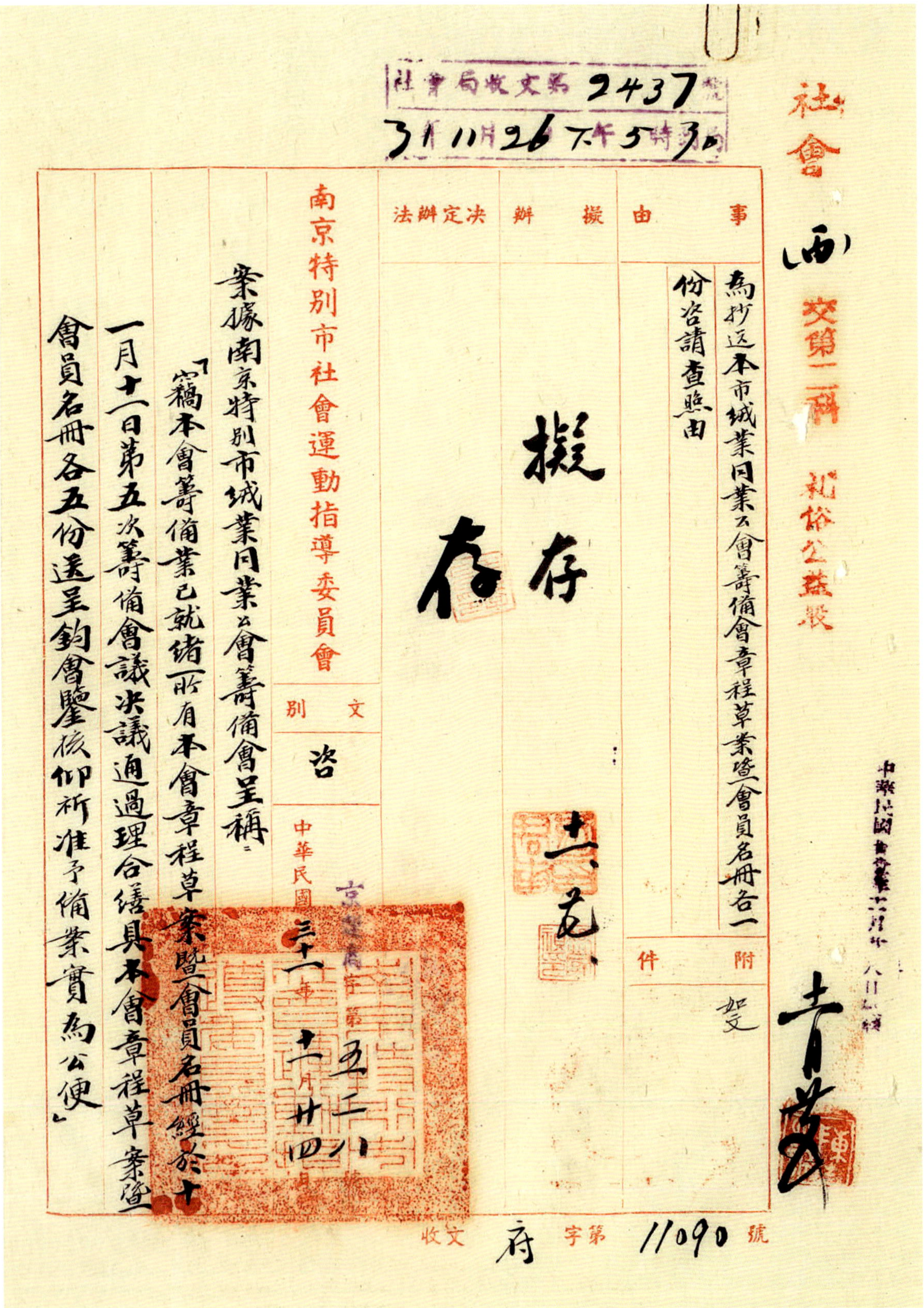

社會 （西） 交第二科 社裕公益股

社會局收文第2437號 31 11 26 下午5時30

事由	為抄送本市絨業同業公會籌備會章程草案暨會員名冊各一份咨請查照由
擬辦	擬存
決定辦法	存
附件	如文
文別	咨

南京特別市社會運動指導委員會

案據南京特別市絨業同業公會籌備會呈稱：「竊本會籌備業已就緒，所有本會章程草案暨會員名冊經於十一月十一日第五次籌備會議決議通過，理合繕具本會章程草案暨會員名冊各五份，送呈鈞會鑒核，仰祈准予備案，實為公便」

中華民國三十一年十一月廿四日

收文 府 字第 11090 號

僞南京特別市社會運動指導委員會關于抄送本市絨業同業公會籌備會章程草案暨會員名冊給僞特別市社會局的咨文（一九四二年十一月二十四日）

籌情，附呈章程草案暨會員名冊各五份。據此，審查尚無不合，除令准

備案並分行外，相應抄送該會章程草案暨會員名冊各一份，咨請

查照爲荷。

此咨

南京特別市社會局

附本市織業同業公會籌備會章程草案暨會員名冊各一份

主任委員　吕歌

監印　周家璞

校對　梁　銘

報告　十二、五、

奉

派出席本市絨業同業公會成立大會指導事宜
遵於十二月四日下午二時前往參加計到該會會員
代表七十餘人三時開會行禮如儀公推籌備主任
朱正森為大會臨時主席首由主席報告籌備經
過暨開會宗旨後即由市社運會代表等相繼致
訓旋再宣讀會章逐條通過繼即依法票選理事結
果以周兆祥朱正森陳長貴等七人為理事即席
舉行宣誓就職禮並開第一次理事會議公推朱

偽南京市社會局周旭升關于參加絨業同業公會成立大會情形的報告（一九四二年十二月五日）

閱

正森為理事長周兆祥陳長貴為常務理事
分別議定理事會開会日期及分組辦事等各
案六時許議畢散會奉派前因理合報請
鑒核備查
謹呈
科長蘇 轉呈
局長周
職周旭升 敬上

南京特别市綢緞號業同業公會成立大會紀錄

日期 三十二年五月三十日

時间 上午十時

地點 古鉢營十二號

出席 會員代表二百三十五人

指導長官 市经济局林局長 汪秘書

市政委會主委葛亮疇 馮主任魯瞻

來賓 蔡湘 湯佩麟 胡承藩等

主席團 柳鎔卿 魯志鈴 金鴻文

開會如儀

關于偽政府時期有關機構組織和改組綢緞號業同業公會的一組文件

南京特别市綢緞號業同業公會成立大會記録（一九四三年五月三十日）

甲 報告

一、柳主席鎔卿報告籌備經過：

〡、本會共有會員二百五十五家，本日出席代表二百三十五人，已足法定人數

〢、本會於五月十一日奉 市經濟局指定柳鎔卿、魯志餘、馬吉甫、秦純一、陳光耆、郭文遠、金鴻文等為籌備員，並指定柳鎔卿為召集人，籌備組織，於十三日開始辦公，十五日起開始會員登記，二十二日截止，計登記會員二百五十五家

〣、本會在籌備期內舉行籌備會三次、談話會一次，并與布號業、呢絨業公會舉行聯席談話會一次

〤、本會會員眾多，籌備期間短促，經第二次籌備會議決議將

會員推派代表辦法酌予變通：「会員推派代表以会員为單位每一会员推派「一人」经呈請 市政委会轉呈 市经济局核准備案

二、會主席報告收支概况：

收入登記費三萬二千七百七十五元入會費五千九百四十元登記表費三百三十九元共計三萬九千另五十四元除繳南京特别市政組各業同業公會籌備委員会经費陸仟元及雜支外現存三萬二千五百五十四元所有大会各項開支尚未計入应俟大會結束後再行刊印徵信錄向 各位報告

乙、長官訓詞

一、林经濟局長（畧）

二、市政委會葛主任委員（略）
三、市政委會馮主任魯瞻（略）
丙、來賓致詞（略）
丁、主席答詞
柳主席銘卿代表全体會員謹向各長官各來賓致謝（略）
戊、討論會章及議
一、會章修正通過
己、臨時動議（略）
庚、選舉結果
一、理事長 魯志餘

二、理事　馮魯瞻　柳鎔卿　金鴻文　陳光耆　吴蓋臣　郭文遠
方吉如　趙式人　郁益三　程雪如　馬吉甫　秦純一
三、候補理事　黄介侯　江鏡澄　郭立銘　沈羽峰　張少和
四、監事　趙粥臣　王文郁　汪德鈞　許君予　倪銓臣
五、候補監事　張傑三　張湘泉

辛　禮成

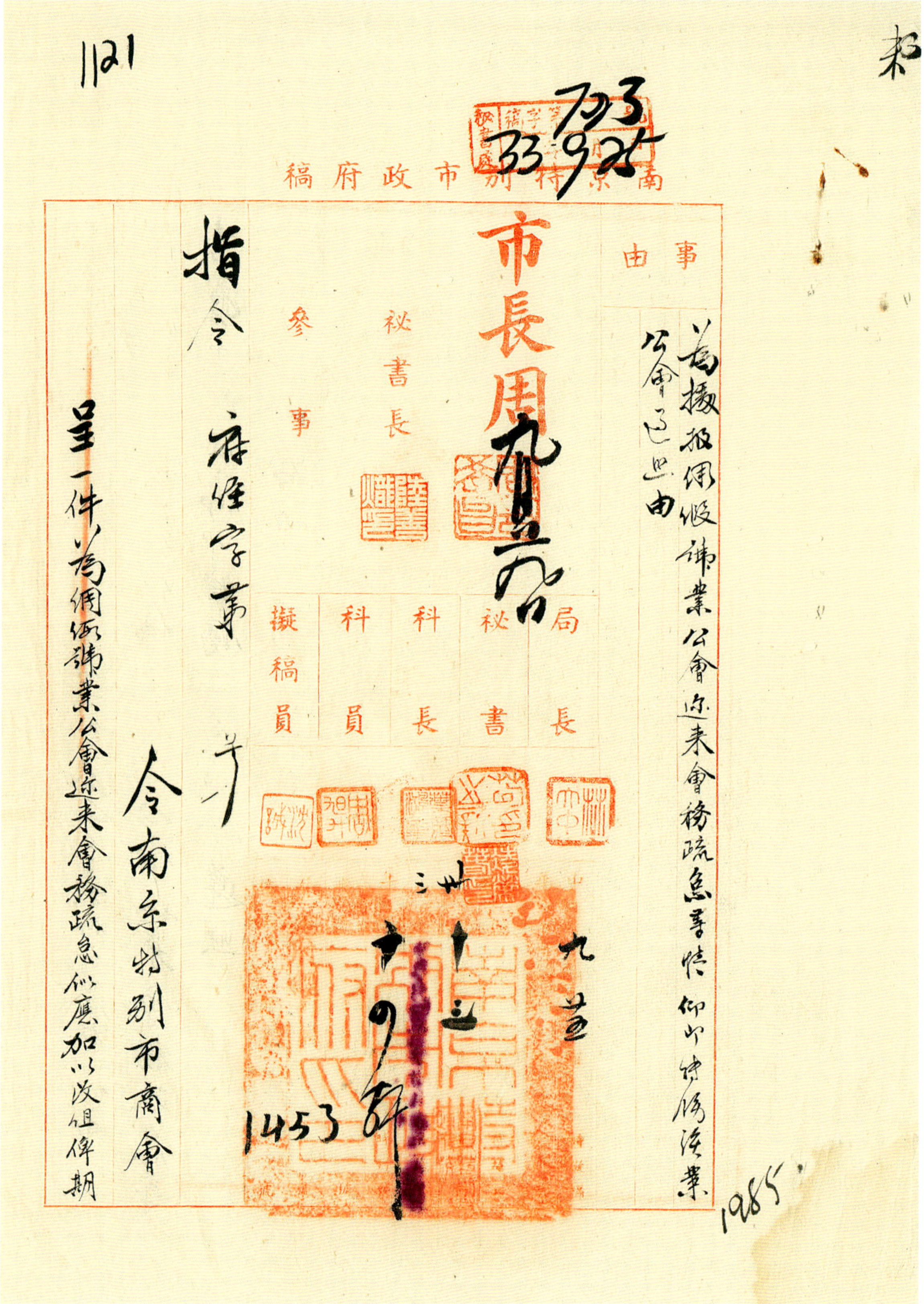

偽南京特別市政府爲據報綢緞號業公會邇來會務疏怠應加以改組給偽特別市商會的指令

（一九四四年十月四日）

健全迭否可行理合具文呈報仰祈鑒核示遵由

呈悉。據報綢緞錦業同業公會迭來會務疏怠等情，應予改組，仰即轉飭該業公會遵照

此令。

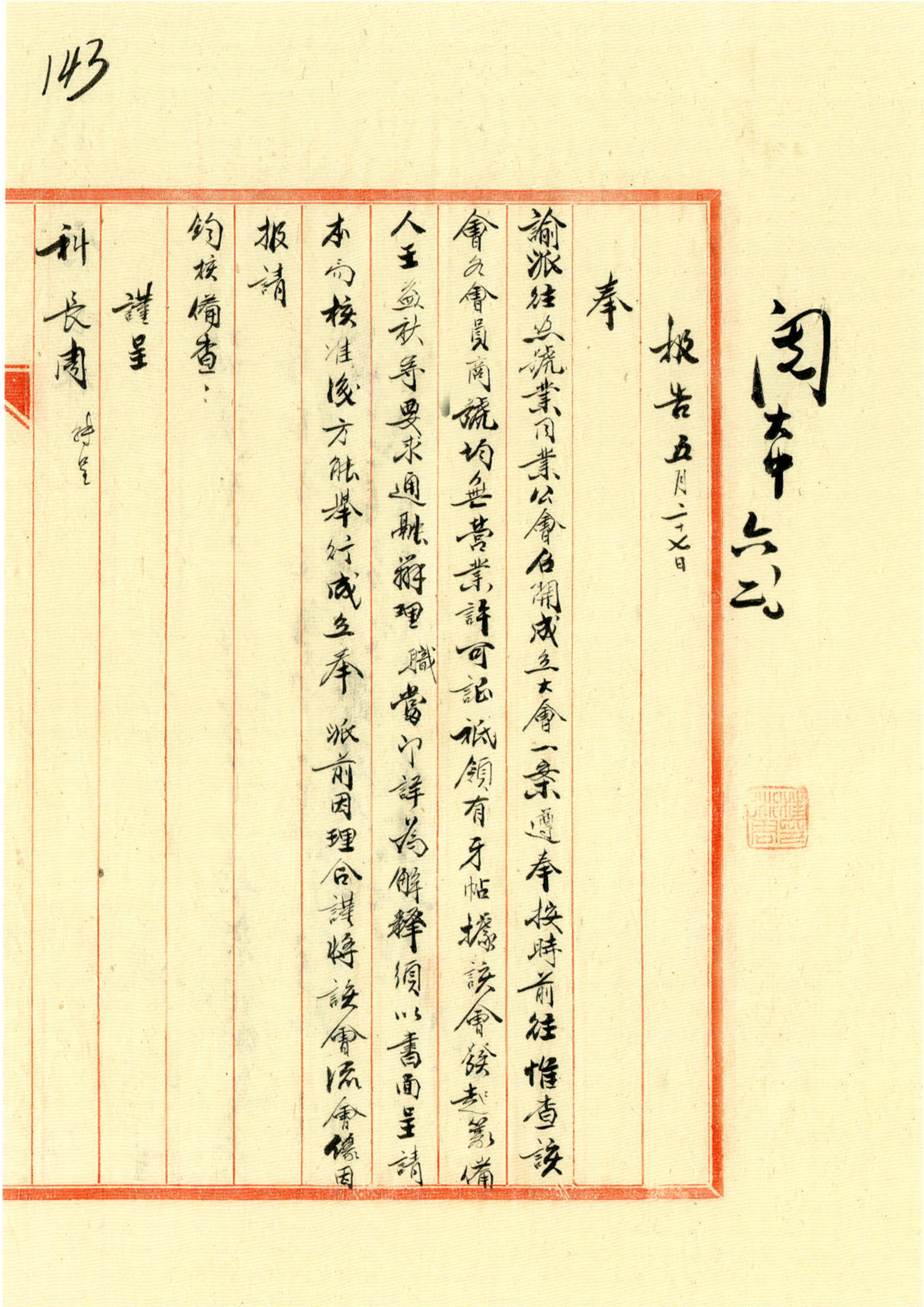
143

閱

報告 五月二十七日

奉
諭派往絲號業同業公會召開成立大會一案，遵奉按時前往，惟查該會各會員商號均無營業許可證，祇領有牙帖，據該會發起人備人王益秋等要求通融辦理，職當即詳爲解釋，須以書面呈請本局核准後方能舉行成立，奉派前因，理合謹將該會流會緣由
報請
鈞核備查。
謹呈
科長周

關于僞政府時期有關機構組織絲號業同業公會的一組往來文件

僞市經濟局關于奉派參加絲號業同業公會成立大會，查成員均無營業許可證謹將該會流會緣由報請備查的呈文（一九四三年五月二十七日）

司长林

秘係在政務院工商業登記的文談
方面依章須有若干許可證再行組
織並無必須設籌備發起人 尚祈查

劉 沈 識

六二一

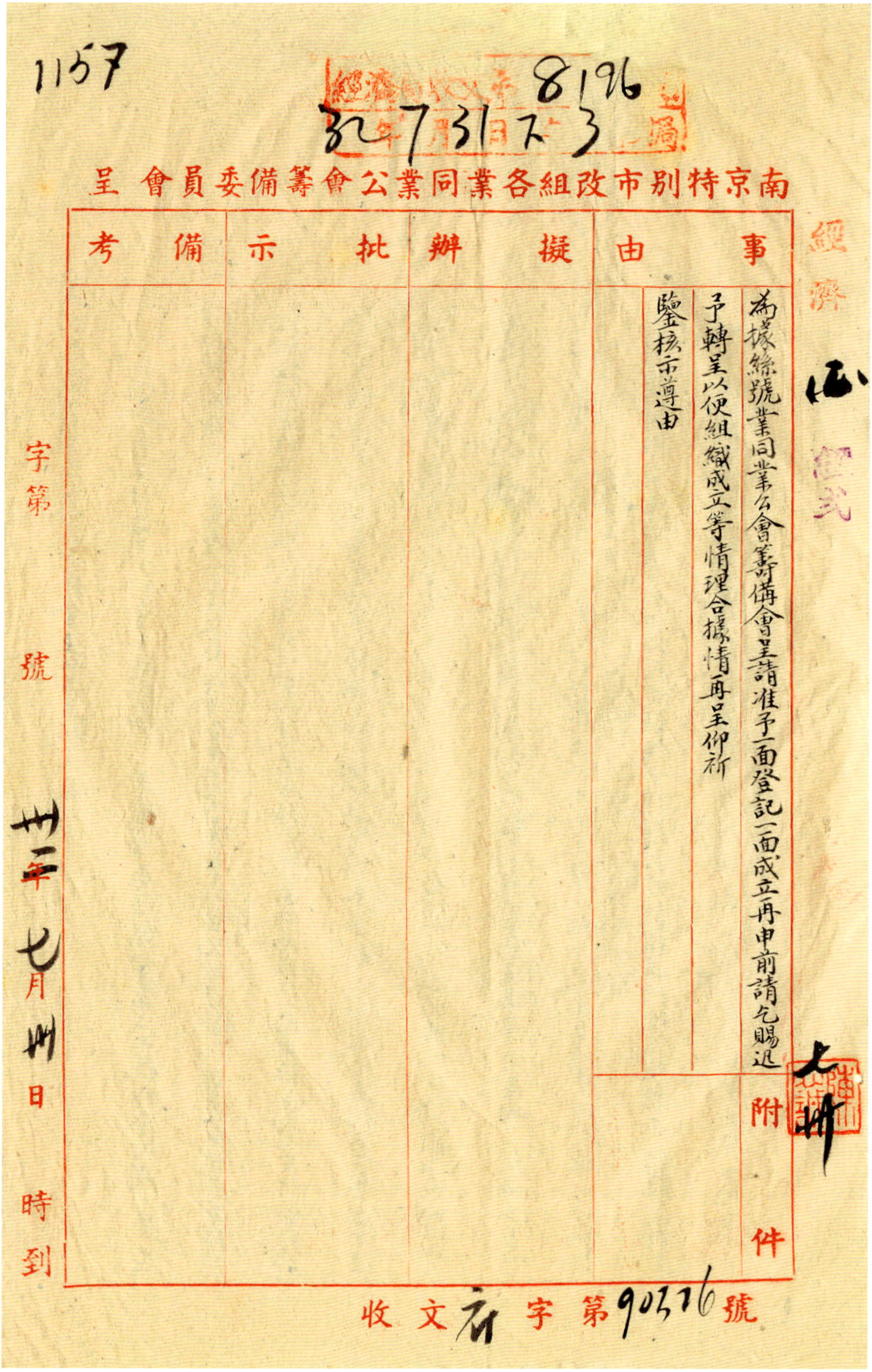

1157 8196
32 7 31 下 3

南京特別市改組各業同業公會籌備委員會呈

事由：為據絲號業同業公會籌備會呈請准予一面登記一面成立再申前請乞賜迅予轉呈以便組織成立等情理合據情再呈仰祈鑒核示遵由

附件

擬辦

批示

備考

卅二年七月卅日 時到

字第 號

收文府字第90376號

偽南京市改組各業同業公會籌備委員會關于據呈請准予絲號業同業公會籌備會先行成立給偽市經濟局的呈文及偽市經濟局的指令（一九四三年七月二十九日至八月七日）

案據絲號業同業公會籌備會主任王益秋呈稱：「竊於七月中旬接奉鈞會函知以奉　市經濟局經貳字第一七號指令內開：呈悉。仰即轉飭該公會籌備會俟本局辦理全市工商業重行登記補行登記時遵照規定申請登記給証後再行依法組織，此令。等因。遵於六月二十日聲復一面准予成立一面依法辦理重行暨補行登記手續，俾免濡滯商運。詎尚未核轉，迄已個月有餘，未奉明白示遵，殊滋惶惑。查本業征之過去，於本市商業上原占有重要地位，即在現時雖暫衰落，但仍居於主要商品之一。所以於奉明令澈底改組，即依照頒行之工商條例開始籌備辦理登記，呈送會員名冊，分開成立大會，各在案。惟因狃於過去慣例與現時頒布法令似欠完整，以致濡滯成立。現重行與補行登記既然公佈辦理，惟有遵照奉行。但各指示須俟申請登記給證後再行依法組織，自應謹遵，理無大煩瀆。但此項申請登記給證，本市業務繁多，手續輾轉，自需時日，如俟給證組織，不但各會員多滋惶惑，窃亦恐違誤成立主要商品之團体機構，更非維持商運、仰体輔助經濟政策之至意。茲擬於通知各會員在重行補行申請登記中分別依據辦理外，為求迅速起見，一面擬請賜許籌備業經完竣，准予先行正式成立，倘此同時進行，既免濡延，且符功令。是否有當，理合再申前請，仰祈鑒賜核轉，懇乞迅予指示，以便祇遵，實為公便」

等情。據此，伏查該會前曾呈請准予一面按照規定補行登記，一面先行成立大會等情，業經據情轉呈在案。茲據前情，理合據情再呈

鈞局，仰祈

鑒核示遵，實為公便。謹呈

南京特別市經濟局局長林

南京特別市改組絲業同業公會籌備委員會委員葛亮疇

中華民國三十二年七月二十九日

25

南京特別市政府經濟局稿

事由：為據絲織業公會籌備會呈請先行撤銷前呈之一節，應仍遵照經二字第十七號指令辦理，令仰知照轉飭該業公會遵照由

局長

秘書　科長　技正　技士　科員　擬稿員

中華民國廿二年	
收文	月　日　時
交辦	月　日　時
擬稿	八月七日　時
簽核	月　日　時
判行	月　日　時
繕寫	月　日　時
校對	月　日　時
蓋印	月　日　時
封發	月　日　時
收文發文相距	日　時
收文	字第　號
發文	字第　號
檔案	字第　號

指令　經二字第　號

令南京特別市絲織業同業公會籌備委員會

呈件為據絲織業公會籌備會呈請一面登記一面成立再申前請賜准之

未發

并附呈以便組織成立等情理合據情轉呈仰祈鑒核示遵由

呈悉。姑准，仍遵照漁二字第十五號指令辦理，令仰

知照並轉飭該業公會遵照辦理

此令

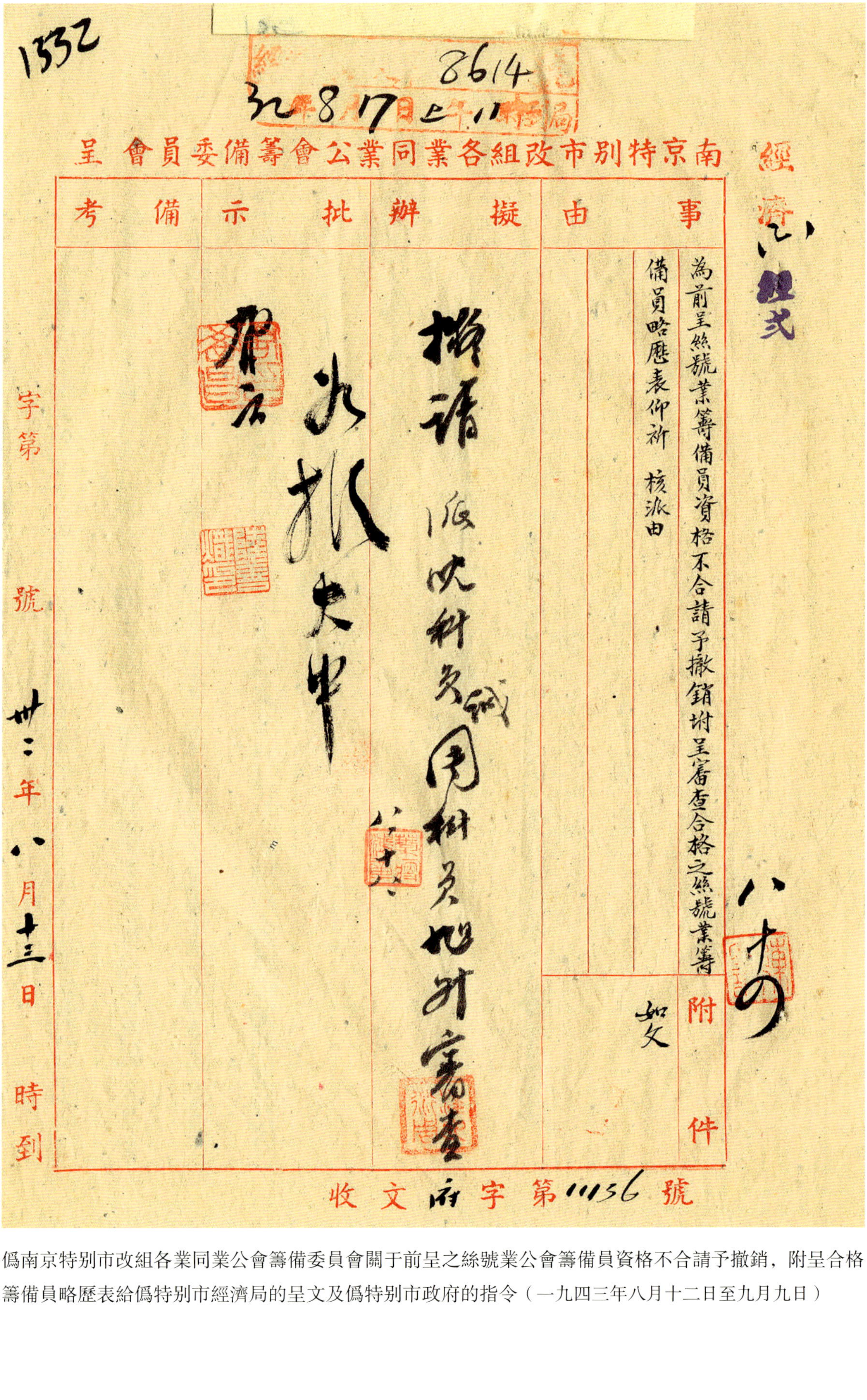
南京特別市改組各業同業公會籌備委員會　呈

事由	擬辦	批示	備考
為前呈絲號業籌備員資格不合請予撤銷附呈審查合格之絲號業籌備員略歷表仰祈　核派由			
附件：如文			

卅二年八月十三日時到　字第　號

收文府字第11136號

偽南京特別市改組各業同業公會籌備委員會關于前呈之絲號業公會籌備員資格不合請予撤銷，附呈合格籌備員略歷表給偽特別市經濟局的呈文及偽特別市政府的指令（一九四三年八月十二日至九月九日）

案查主要商品絲號業同業公會籌備員前因資格不合未能成立茲經第十七次委員會議決議應即呈請撤銷紀錄在卷又絲號業同業公會籌備員現經審查合格者計有九人理合錄案繕具絲號業同業公會籌備員畧歷表一紙一併備文呈請鑒核俯賜准將前案撤銷並將附呈畧歷表予以審核令派以符法令而利進行實爲公便謹呈

南京特別市經濟局局長林

附呈絲號業公會籌備員畧歷表一紙

南京特別市改組各業同業公會籌備委員會委員萬亮疇

中華民國三十二年八月十二日

509

752
39 8 31

南京特别市政府稿

事由	為准予指派丝織業公會發起人仰知照並轉飭該業遵照由

市長周 佛海

秘書長

參事

局長	秘書	科長	科員	擬稿員

中華民國卅二年八月 日

指令 府經丑字第 號

令南京特別市絲織業同業公會籌備委員會

經濟局案呈一件（緣原由）

1381

呈件均悉。查主要商品並歸業同業公會籌備員略歷
表經濟部向當核尚無不合，准予指派為該業同業
公會發起人，仰即轉飭該業迅照工商同業公會暫行條
例暨同條例施行細則有關各條之規定辦理成立手續並將應
送各件先期呈報候核[illegible]
辦理為要！
此令。
件存。

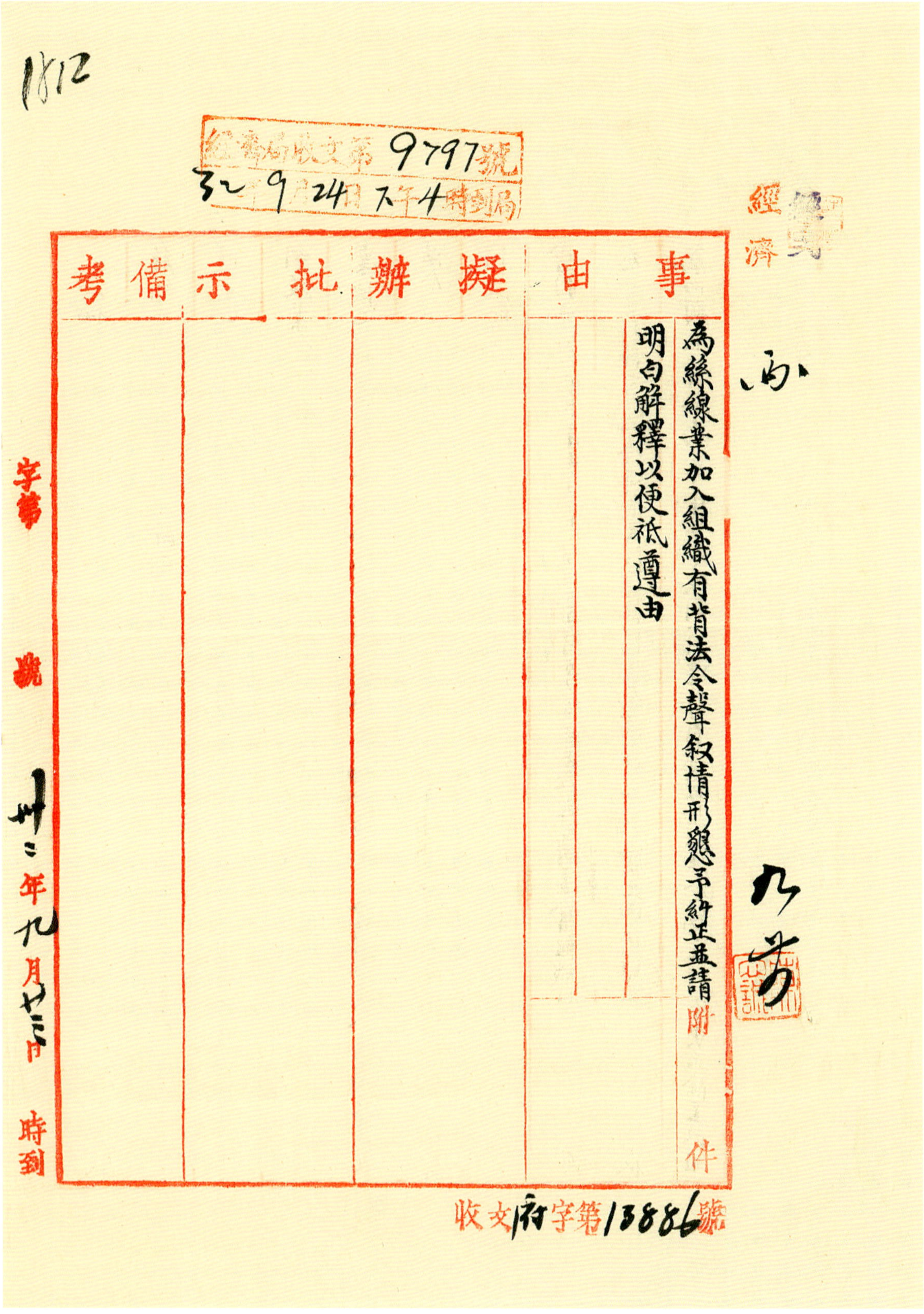
1812

經濟局收文第9797號
32 9 24 下午4時到局

事由	擬辦	批示	備考
爲絲線業加入組織有背法令聲叙情形懇予糾正並請明白解釋以便祇遵由			

附件

收文府字第13886號

卅二年九月廿二日 時到 字第 號

王益秋等爲絲綫業加入絲號業組織有背法令懇予糾正給僞南京特別市經濟局的呈文

（一九四三年九月二十二日）

竊查　實業部主要商品工商同業聯合會及同業公會分類表第三項載絲綢業同業聯合會計所屬者(一)綢行業同業公會(二)絲廠業同業公會(三)絲號業同業公會而絲號業所繫(一)生絲業組(二)人造絲業組(四)絲織廠業同業公會所繫(一)綢緞業組(二)針織品業組(三)合線業組上列為　部頒法令所規定惟絲線業係合線業據之　部定應加入絲織廠業同業公會方為合法若加入絲號業合組顯然違反法令　屬會奉政組令後遵章辦理籌備舉行會員登記節經呈報轉呈在案在籌備就緒依法組織成立之時乃絲線業(即合線業)認識錯誤初則冀欲申請獨立組會因無依據被拒繼乃向　屬會懇予加入合組而政組籌委會組織科於法令未加考慮逕行許可遂成違背主張經此情況既濡滯　屬會之成立而阻碍商運亦與法令牴觸而顯然背馳為尊重法令便利商運計自應聲叙法令規定請予更正除呈政組

籌委會外理合具呈仰祈

鑒核俯予令飭改組籌委會轉飭絲線業依法向絲織廠業同業公會申請加入合組以重法令而免違反是否有當並祈明予解釋指示祇遵謹呈

南京特別市經濟局局長林

南京特別市絲絨業籌備會發起人 王益秋

曹授農

陸錫齡

淦春華

洪坪三

中華民國二十三年九月二十二日

辦	批	示

民國　年　月　日

查該公會籌備員已由該區籌委
會分別遴選，飭有許可證之百貨
號負責籌備，茲據該區黨部該王
某狀等籌備員者業經呈報撤
銷，擬飭知照，並令該區籌委會知照。

九、廿九

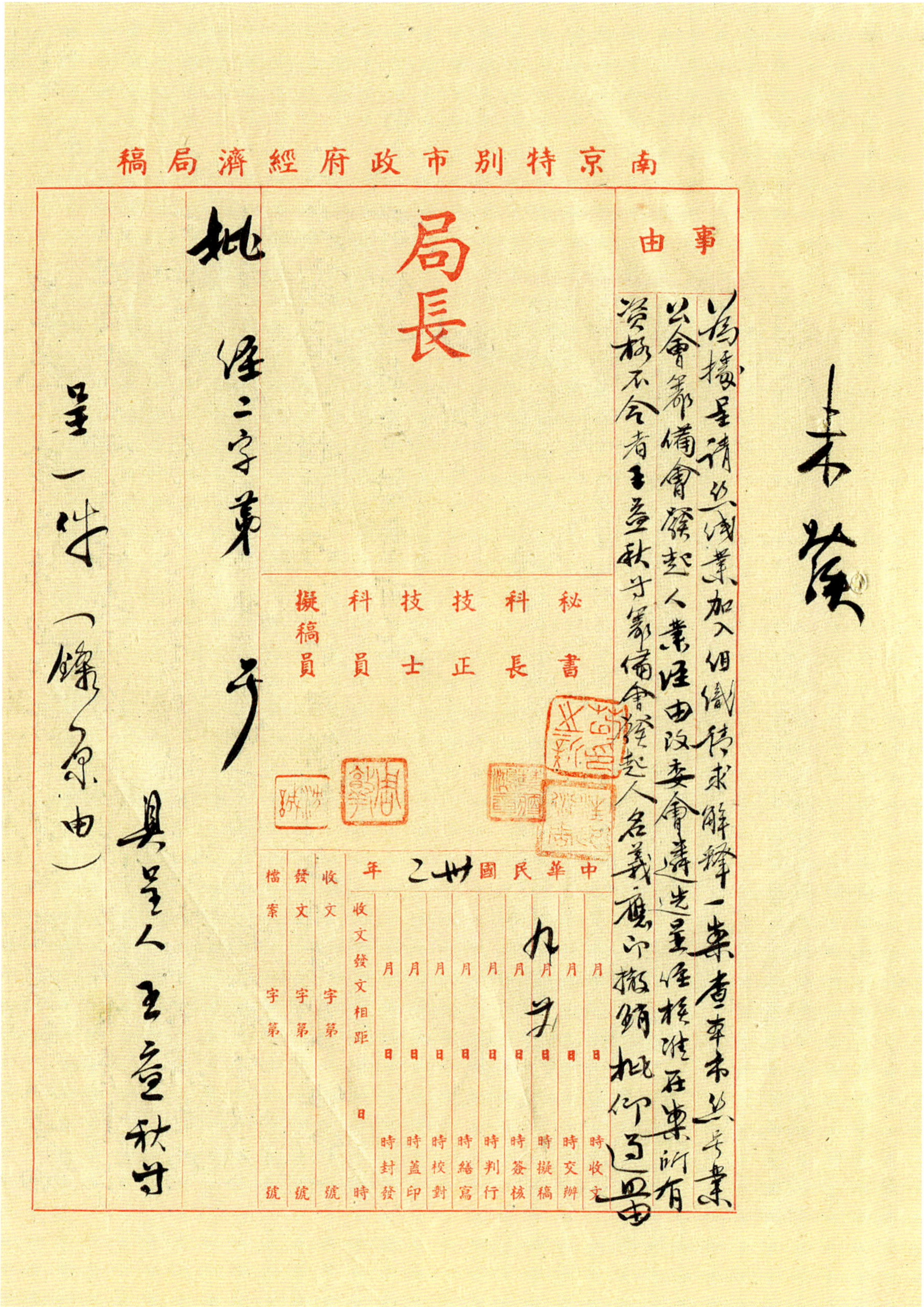

僞南京特別市經濟局關于絲號業籌備會發起人另行遴選，撤銷王益秋等發起人名義給王益秋的批文及給僞特別市改組各業同業公會籌備委員會的訓令（一九四三年九月二十四日至二十九日）

呈悉。查本市絲業同業公會發起人業由該組成業公會籌備委員會，另行遴選領有營業許可證之商號負責人從事籌備，呈經核准在案。茲查該王並秋等查無營業許可證，資格不合發起人名義，應即撤銷。所請明白解釋並保業加入組織一節，仰逕提會討論可也。

此批。

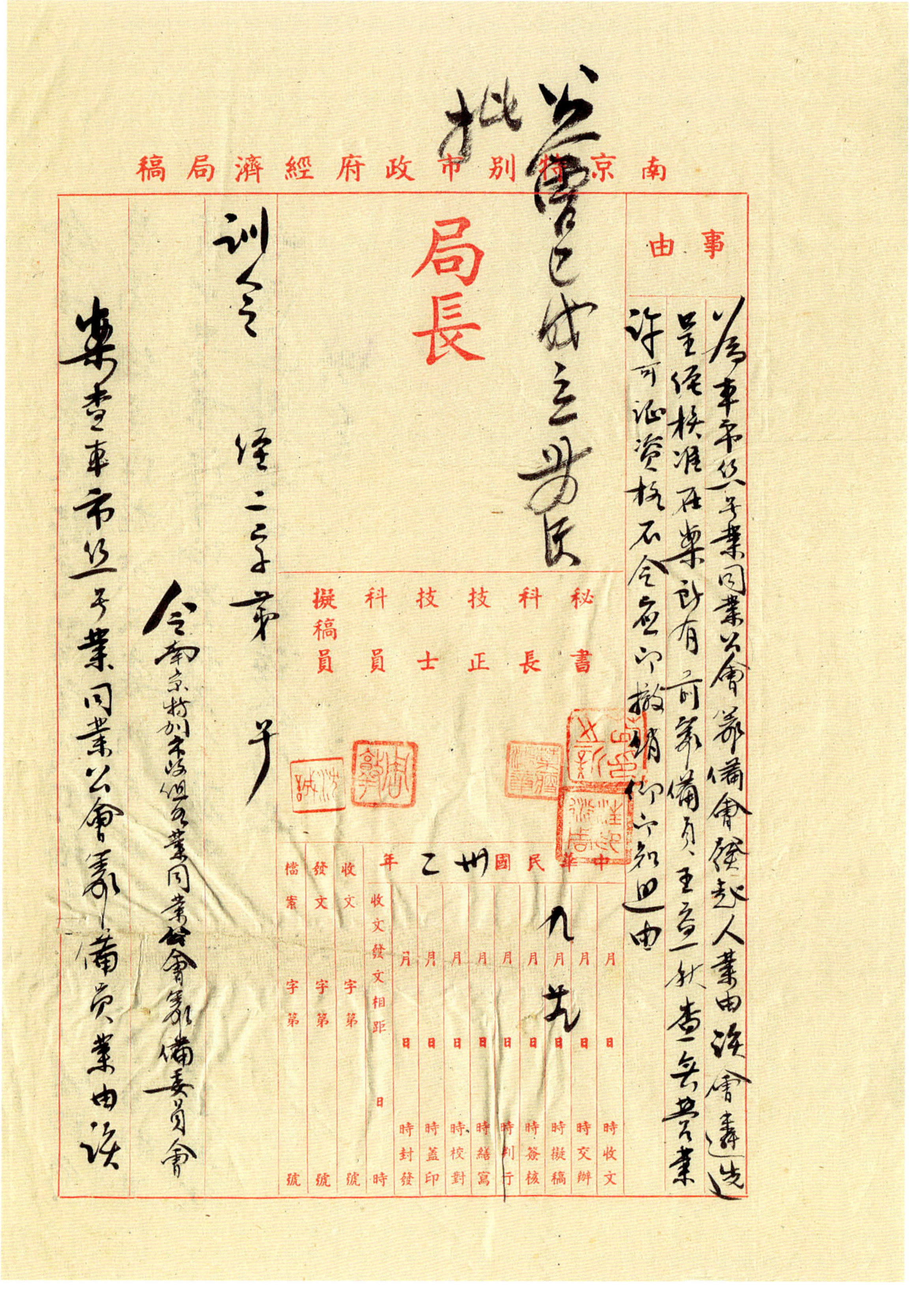
南京特別市政府經濟局稿

事由：為本市絲織業同業公會籌備會發起人業由該會遵造呈經核准在案所有前籌備員王益三秋查無營業許可証資格不合應即撤銷仰知照由

局長

秘書　科長　技正　技士　科員　擬稿

訓令　經二字第　號

令南京特別市絲織業同業公會籌備委員會

案查本市絲織業同業公會籌備員業由該

中華民國卅二年　九月　廿　日

收文　月　日　時
交辦　月　日　時
擬稿　月　日　時
發核　月　日　時
判行　月　日　時
繕寫　月　日　時
校對　月　日　時
蓋印　月　日　時
封發　月　日　時
收文發文相距　日　時
收文　字第　號
發文　字第　號
檔案　字第　號

會另行遴選領有營業許可證之商人經理負
責籌備呈候核准在案所有前發起人王蓋秋等
壹紙營業許可證發給不合應予撤銷除王蓋秋
等遵照外合亟令仰該會知照
此令。

南京特別市絲織廠業同業公會成立大會紀錄 三十二年五月

備用

關于僞政府時期有關機構組織絲織廠業同業公會的一組往來文件

南京特別市絲織廠業同業公會成立大會記録（一九四三年五月）

南京特别市丝织绸业同业公会成立大会纪录

日期　三十二年五月二十八日

时间　下午二时

地点　本京长乐路十五号

出席人数　四十七人（另有签列簿）

开会如仪

临时主席　徐玉书　纪录　尉迟根伯

主席报告：本会自奉各业同业公会改组筹备委员会通知即开始筹备，遵照须发程序逐步循行，难时间匆促，幸能于今日遵限成立，并蒙主管各上级机关

代表蒞臨應請指導一切
經濟局代表朱思永致訓詞：今日貴會成立大會本
人代表經濟局參加盛典實深欣幸吾國自大東亞戰
爭爆發後一切政體為適合時代需要乃有所變更實
行統制一事即適應戰時需要協助政府強化經濟之
機構也今天貴會成立茲後深冀諸位群策群力共
謀業務之發展並為全體會員增進福利而不懈云云
市籌委会代表黃木欣致訓詞：略謂今天本人代表
南京特別市政組各業同業公會籌備委員會參加貴會
成立大會深為欣幸剛才朱代表所說很是簡明而切要的本

人所要說的是貴會定名的說明依本市前緞業情形而言本不可稱緞因經營緞業者多數屬於製造商以是乃跟着上海絲織廠業而定之今名二、今天各出席會員無營業執照者暫不參加以後無論緞業或絨業無執照者概可由當會長商請市經濟局補發云云

致詞已畢討論會章宣讀後全部通過

開始選舉理監事 監票 章臣銘 陶志坤 唱票 章慶成當選理監事姓名如左

理事 李品之 徐玉書 李民孚 賈澤之 周子純 王少喬 李仲懷（公選徐玉書為理事長）

候補理事　章臣銘

監　事　蘇嘉甫　王譯之

候補監事　陶志倫

以上各員隨於同時宣誓就職

禮成散會

主席　徐玉書

紀錄　尉達根伯

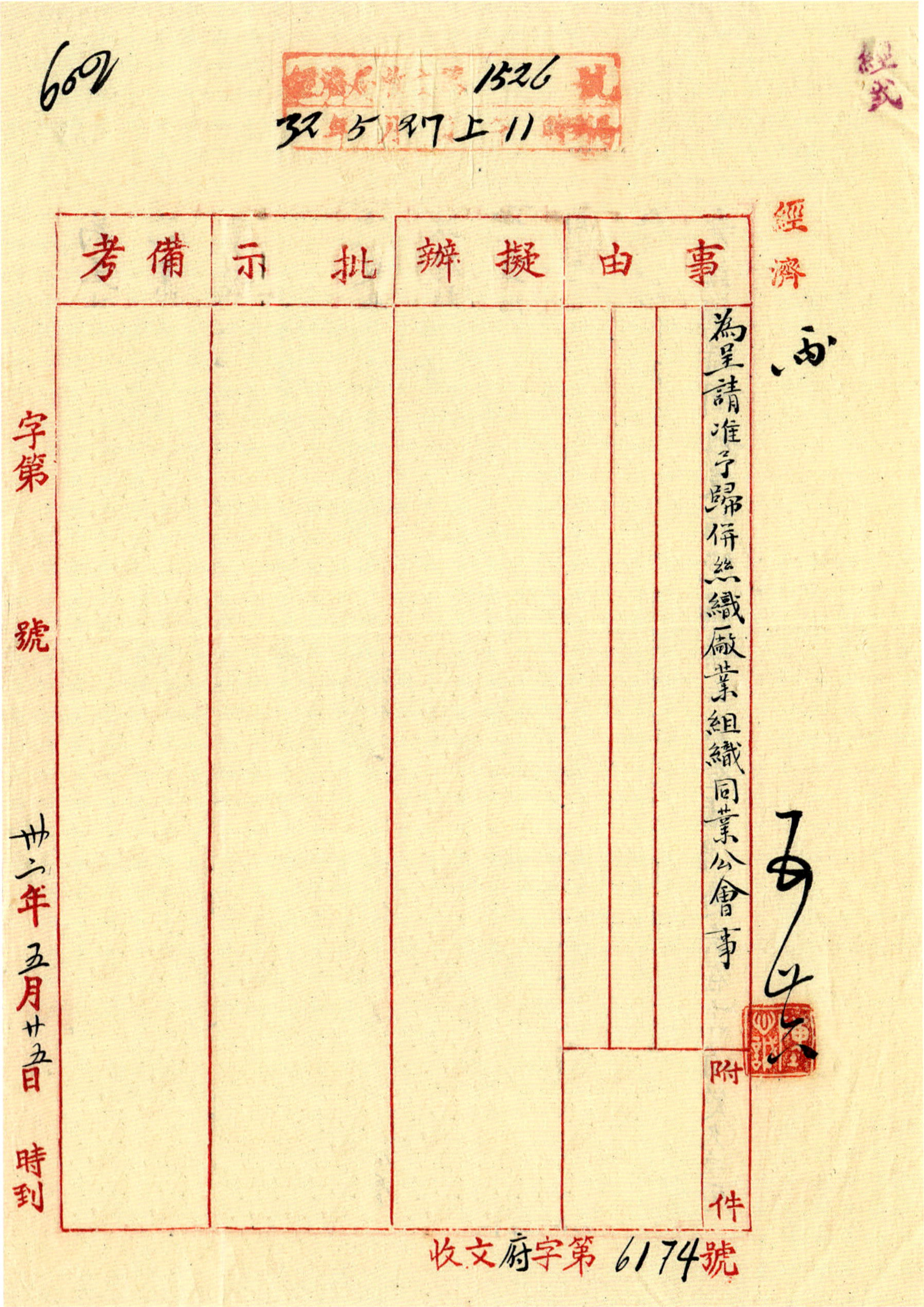

602

1526

32 5 27 上 11

經濟

函

事由	擬辦	批示	備考
為呈請准予歸併絲織廠業組織同業公會事			
附件			

字第　號

卅二年五月廿五日　時到

收文府字第6174號

雲錦業代表關于請准予加入絲織廠業同業公會給僞南京特別市經濟局的呈文及僞特別市經濟局的通知

（一九四三年五月二十四日至六月八日）

為呈請准予歸併絲織廠業組織同業公會事竊鄙會原名雲
錦業公會會員係以織造錦緞為業出品以緞錦裝花銷售歐西
蒙藏各地最盛時本京擁有會員數百人織工在數千人以上事
變後因出口困難交通阻隔營業一落千丈復因各會員之於組
織故無公會之成立今鄙會舉辦登記參加會員已近百人咸仰體
政府鼓勵生產扶植工商業之厚意擬策群力謀本業之復興以
增益出產供給需要自應恢復公會之組織共圖發展之途徑初與
南京市商會商詢如何進行辦理之處經指示應與絲織廠同業公
會籌備處接洽歸併組織嗣與該業籌備處負責人商洽結果
竟諉稱時間短促拒絕歸併云云查鄙會過去在京有悠久之歷

史綠錦裝花亦為本京負有盛譽之出產 鄙會 各會員既各具
復興本業增加出產之決心該籌備處應行歡迎之不暇何竟摒棄不
令歸併組織顯見别有用心殊有未合爰特瀝陳經過伏乞
鑒核准予令知該籌備處即准 鄙會 歸併組織同業公會以符
政府勵行生產之政策同謀本業之發展迫切陳詞仰懇
照准實為德便謹呈
南京特別市經濟局公鑒

具呈人雲錦業代表祁紹先 住華僑路四七號
陳恭生 門西杏花村十號
張元發 石鼓路八十八號
林子餘 集慶路一二一號

祁德鉅
營门口十號

中華民國三十二年五月二十四日

58

送達

南京特別市政府經濟局稿

事由	
	為據呈請准予參加絲織廠業公會一節准予加入但須領有營業許可證者為限仰知照由
	為據華僑路雲錦業代表呈以請准加入該會為會員之准加入但須領有營業許可證者為限令仰知照由

局長 林

秘書 科長 技正 技士 科員 擬稿

收文 字第 號
發文 字第 號 26 9
檔案 字第 號

文辦 稿核 行 封印 發 時

通知

（華僑路 號）

案據該業代表呈請求准予參加絲織廠業同業公會一節，核與規定尚無不合，准予加入為會員，但須領有本府營業許可

611

送達

証者爲限，除令飭（改組之業同業公會籌備委員會轉）絲織業同業公會外，合亟通知，仰該業一体知照！

右通知雲錦業代表祁紹之等准此

訓令 經二字第 號

（民業類小件）

令南京特別市絲織業同業公會（南京特別市改組之業同業公會籌備委員會）

案據本市雲錦業代表祁紹之等呈以請求准予參加該會爲會員等情前來，核與規定尚無不合，除通知該業代表以領有本府營業許可証者准予加入（許可會）外，合亟令仰（該會）遵照（轉飭）！此令。

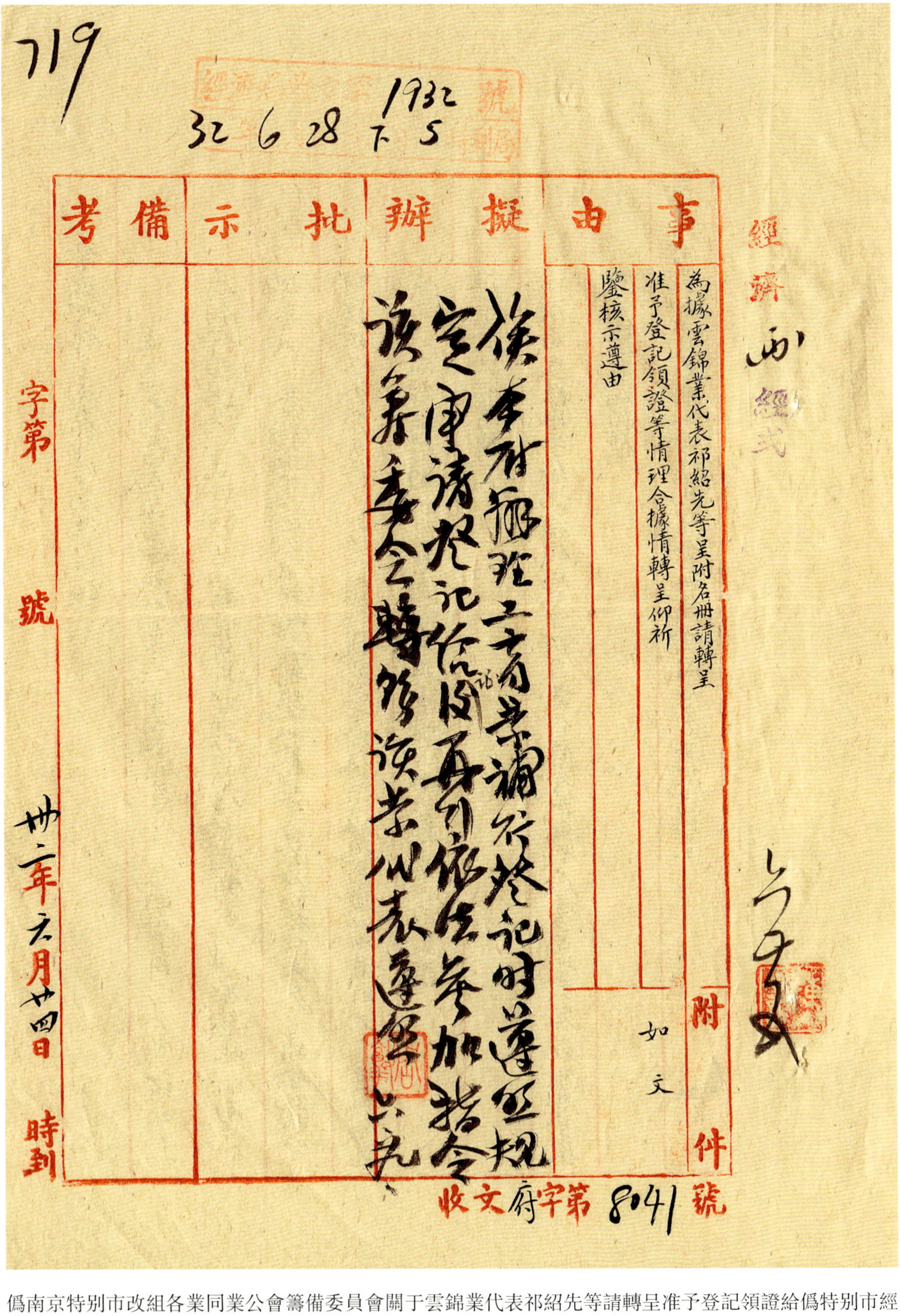

719

32 6 28 下 5

1932

事由	擬辦	批示	備考
為據雲錦業代表祁紹先等呈附名冊請轉呈准予登記領證等情理合據情轉呈仰祈鑒核示遵由			

附件：如文

經濟 字第 號

卅二年六月廿四日 時到

收文府字第8041號

偽南京特別市改組各業同業公會籌備委員會關于雲錦業代表祁紹先等請轉呈准予登記領證給偽特別市經濟局的呈文（一九四三年六月二十三日）

（附）南京特別市絲織廠業（錦）業同業公會會員名册

案據雲錦業代表祁紹先等呈稱：

「查我雲錦業爲南京市絲織業之一，事變前營業繁盛，本有同業公會之組織，直屬鈞會，並領有

政府許可證在案，所出品之彩裝錦緞暢銷於滿洲、察綏、康藏、南洋等地，素負盛譽。緣經事變，交通阻碍，運輸維艱，致我業衰落不振，故未克申請登記，請領許可證。近來我業在

政府領導復興之下漸臻活躍，現已復業者有六十餘家，爲適合

政府經濟體制、物資統制政策，並謀同業福利起見，緣特呈請

准予登記，並請轉呈

經濟局查核，准予登記，補領營業許可證，俾便參加絲織廠業同業公會，以維營業。伏祈

恩准，實爲德便」

等情，附呈會員名册二份。據此，理合據情檢同原名册一份，轉呈

鈞局仰祈

鑒核示遵實爲公便

謹呈

南京特别市經濟局局長林

附呈雲錦業會員名册一份

南京特别市改組各業同業公會籌備委員會委員葛亮疇

中華民國三十二年六月二十三日

南京特别市丝织厂业（锦）业同业公会会员名册

南京市（特別）絲織緞業（錦）業同業公會會員名冊

公司行號名稱	代表人姓名	年齡	籍貫	職別	住址	使用人數	資本總額	公司行號組織性質	行號地址	電話	備註
張象發號	張炳玉	五五	本京	會員	中華路六〇号	三	二萬元	獨資	與住址同		
張有財號	張有才	三四	同上	同上	花露崗一二号	二	三千元	同上	同上		
趙正海號	趙正海	三八	同上	同上	集慶路一六六号	二	三千元	同上	同上		
徐發財號	徐發財	五一	同上	同上	五福街一一号	二	三千元	同上	同上		
王永和號	王永和	五一	同上	同上	條竹園七号	二	三千元	同上	同上		
王榮泰號	王南銀	五七	同上	同上	金粟庵四号	四	五仟元	同上	同上		
張元發號	張元發	六四	同上	同上	石鼓路六八号	二	三千元	同上	同上		
丁錦章號	丁金生	四七	同上	同上	鐵管巷四六号	二	三千元	同上	同上		
李學如號	李學如	六三	同上	同上	銅坊苑四四号	二	三千元	同上	同上		

会员名册

仇榮生號	仇榮生	六四	同上	同上	杏花村一三号	三	五千元	同上	同上
梁永康號	梁永慶	三三	同上	同上	來鳳街二〇号	二	三千元	同上	同上
顧惠源號	顧惠源	三八	同上	同上	十間房一〇号	二	三千元	同上	同上
劉鶴鳴號	劉鶴鳴	五一	同上	同上	花露崗九号	二	三千元	同上	同上
王仁炳號	王仁炳	四六	同上	同上	嚴家橋四号	四	五千元	同上	同上
李潤之號	李潤之	六六	同上	同上	倉頂三号	二	三千元	同上	同上
劉洪金號	劉洪金	六四	同上	同上	太平閘二四号	二	三千元	同上	同上
俞德富號	俞德富	四六	同上	同上	集慶路九号	二	三千元	同上	同上
周慶林號	周慶林	五六	同上	同上	魚市街八号	二	三千元	同上	同上
丁子餘號	丁子餘	六三	同上	同上	集慶路一二〇号	二	三千元	同上	同上

南京市商會整理委員會製

南京市特別業同業公會會員名冊

公司行號名稱	代表人姓名	年齡	籍貫	職別	住址	使用人數	資本總額	公司行號組織性質	行號地址	電話	備註
徐長炘號	徐長炘	四一	本京	會員	同仁街四號	三	五千元	獨資	與住址同		
祁紹先號	祁紹先	六七	同上	同上	華僑路四一號	三	五千元	同上	同上		
祁德炳號	祁德炳	三四	同上	同上	中山北路陸家里三九號	三	五千元	同上	同上		
胡明記號	胡明倫	三九	同上	同上	黃泥崗三三號	一二	一五千元	同上	同上		
汪有貴號	汪有貴	五一	同上	同上	嚴家橋一號	二	三千元	同上	同上		
汪金龍號	汪金龍	四六	同上	同上	同上	二	三千元	同上	同上		
汪錦源號	汪錦源	三六	同上	同上	同上	二	三千元	同上	同上		
施春記號	施家餘	六一	同上	同上	國府路一九號	四	八千元	同上	同上		
柳榮泰號	柳兆松	五一	同上	同上	中山路三八號	四	八千元	同上	同上		

會員名册

會員名册

劉盈記號	劉仲盈	三〇	同上	同上	珠江路一四九號	四	八千元	同上	同上
周鶴鳴號	周鶴鳴	四〇	同上	同上	中山路一八一號	二	四千元	同上	同上
王炳和號	王炳和	五四	同上	同上	黃泥崗五號	二	三千元	同上	同上
張國賢號	張國賢	五二	同上	同上	雙井巷九號	二	三千元	同上	同上
匡金富號	匡金富	四二	同上	同上	將軍巷二九號	二	三千元	同上	同上
趙少卿號	趙少卿	五四	同上	同上	陳家牌坊四號	二	三千元	同上	同上
劉種蒼號	劉種蒼	三七	同上	同上	絨莊巷三十號	二	三千元	同上	同上
楊春江號	楊春江	四七	同上	同上	柏家路三號	二	三千元	同上	同上
田朝山號	田朝山	四八	同上	同上	校門巷一五號	四	五千元	同上	同上
夏長祥號	夏長祥		同上	同上	櫻洲一四號	二	三千元	同上	同上

南京特别市商會整理委員會製

南京市 特別

業同業公會會員名冊

公司行號名稱	代表人姓名	年齡	籍貫	職別	住址	使用人數	資本總額	公司行號組織性質	行號地址	電話	備註
曹長貴緞	曹長貴		本京	會員	太平門外倉頭村三號	四	四千元	獨資	與住址同		
林子餘緞	林子餘	四三	同上	同上	集慶路三二號	三	五千元	同上	同上		
陳茶生緞	陳茶生	四七	同上	同上	杏花村一〇號	三	五千元	同上	同上		
葛德銀緞	葛德銀	四八	同上	同上	鷄鵝巷四三號	二	三千元	同上	同上		
沈長源緞	沈長源	四五	同上	同上	集慶路二三號	二	三千元	同上	同上		
朱元啟緞	朱元啟	四九	同上	同上	棋盤街四號	二	三千元	同上	同上		
夏長清緞	夏長清	四二	同上	同上	櫻洲四號	二	三千元	同上	同上		
聶啟銘緞	聶啟銘	六六	同上	同上	毛家苑一六號	二	三千元	同上	同上		
楊士琦緞	楊士琦	三八	同上	同上	瓦官寺七號	二	三千元	同上	同上		

會員名册

賈慶賚號	賈慶賚	四二	同上	同上	糟坊巷三〇号	二	三千元	同上	同上
周同興號	周同興	四六	同上	同上	絨庄巷三六号	二	三千元	同上	同上
蔣淦泉號	蔣淦泉	四二	同上	同上	小船板巷九号	二	三千元	同上	同上
高錦昌號	高文江	四六	同上	同上	集慶路九六号	二	三千元	同上	同上
張永保號	張永保	五五	同上	同上	金粟庵五号	二	三千元	同上	同上
童禄銀號	童禄銀	四三	同上	同上	集慶路二三三号	二	三千元	同上	同上
劉美倫號	劉錦源	五三	同上	同上	陸家巷二四号	四	五千元	同上	中央商場二九号
劉廣义號	劉廣义	四四	同上	同上	雙橋一之一号	二	五千元	同上	與住址同
邗德鉅號	邗德鉅	四六	同上	同上	營口一〇号	三	五千元	同上	同上
楊爵清號	楊爵清	四五	同上	同上	大紗帽巷四八号	二	叁仟元	同上	同上

南京市　業同業公會會員名冊

公司行號名稱	代表人姓名	年齡	籍貫	職別	住址	使用人數	資本總額	公司行號組織性質	行號地址	電話	備註
王正坤號	王正坤	四二	南京	會員	沈舉人巷四四	二	叁仟元	獨資	與住址同		
蕭正榮號	蕭正榮	四四	同上	同上	國府路二〇四	四	伍仟元	同上	同上		
黄明金號	黄明金	四二	同上	同上	合班村十八	四	伍仟元	同上	同上		
陳在林號	陳在林	二八	同上	同上	廚子營十六	四	陸仟元	同上	同上		
李春源號	李春源	三九	同上	同上	高家酒館十五	四	伍仟元	同上	同上		
薛興海號	薛興海	六十	同上	同上	集慶路二二	二	叁仟元	同上	同上		

以上共六十三名

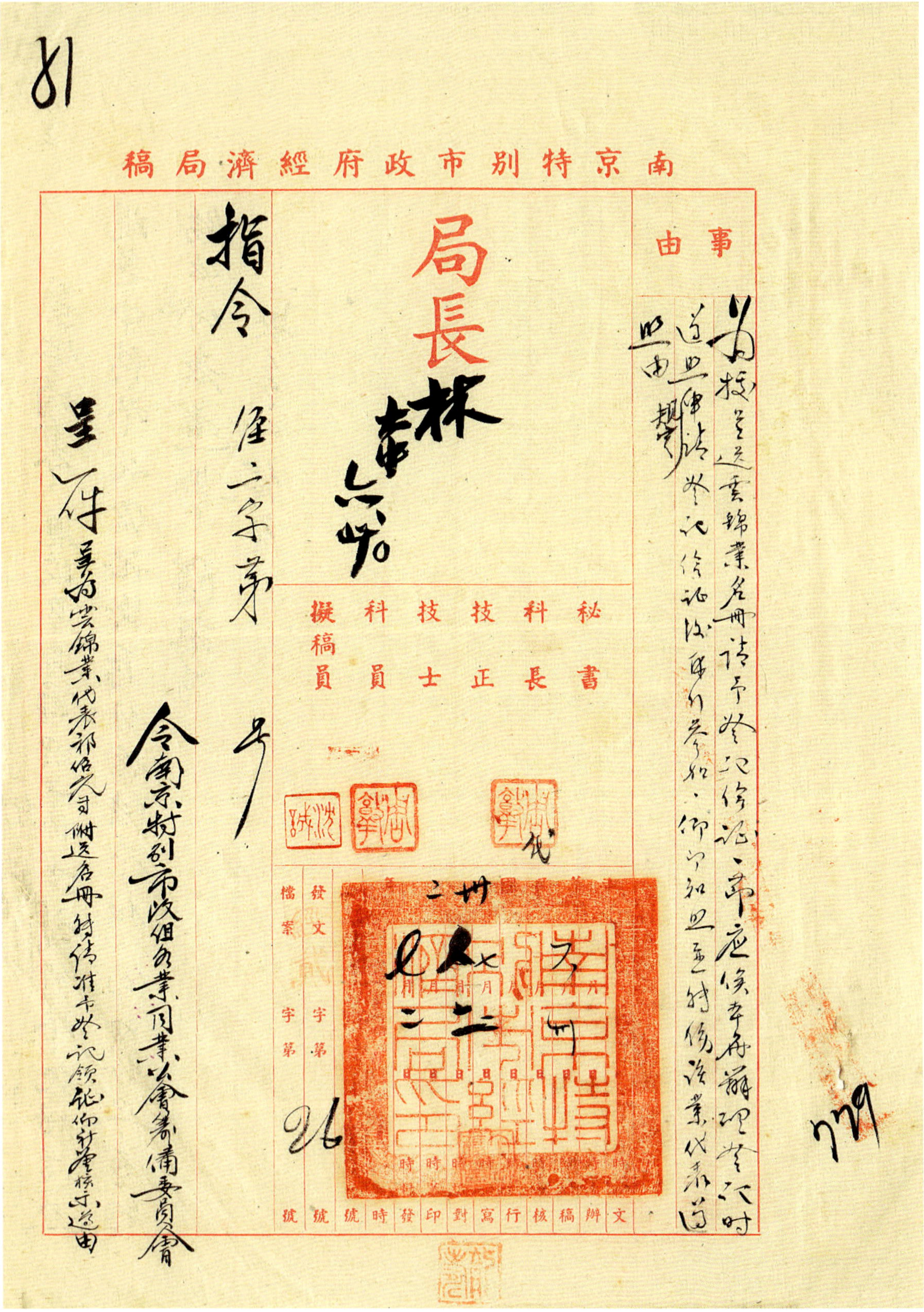
南京特別市政府經濟局稿

事由

局長

秘書 科長 技正 技士 科員 擬稿員

文 辦 稿 核 行 寫 對 印 發 時 號

發文 字第 號

檔案 字第 號

指令

經二字第 號

令南京特別市改組各業同業公會籌備委員會

偽南京特別市經濟局爲雲錦業請予登記給證一節應俟辦理登記時遵照規定參加給偽特別市改組各業同業公會籌備委員會的指令（一九四三年七月二日）

呈件均悉。應俟本府辦理工商業重行登記暨補行登記時遵照
規定申請登記，俟政府頒行依法參加，仰即知照，並轉
飭該業代表遵照。陳存
此令。件發

監印 蔣錫綸
校對 秦龍泰

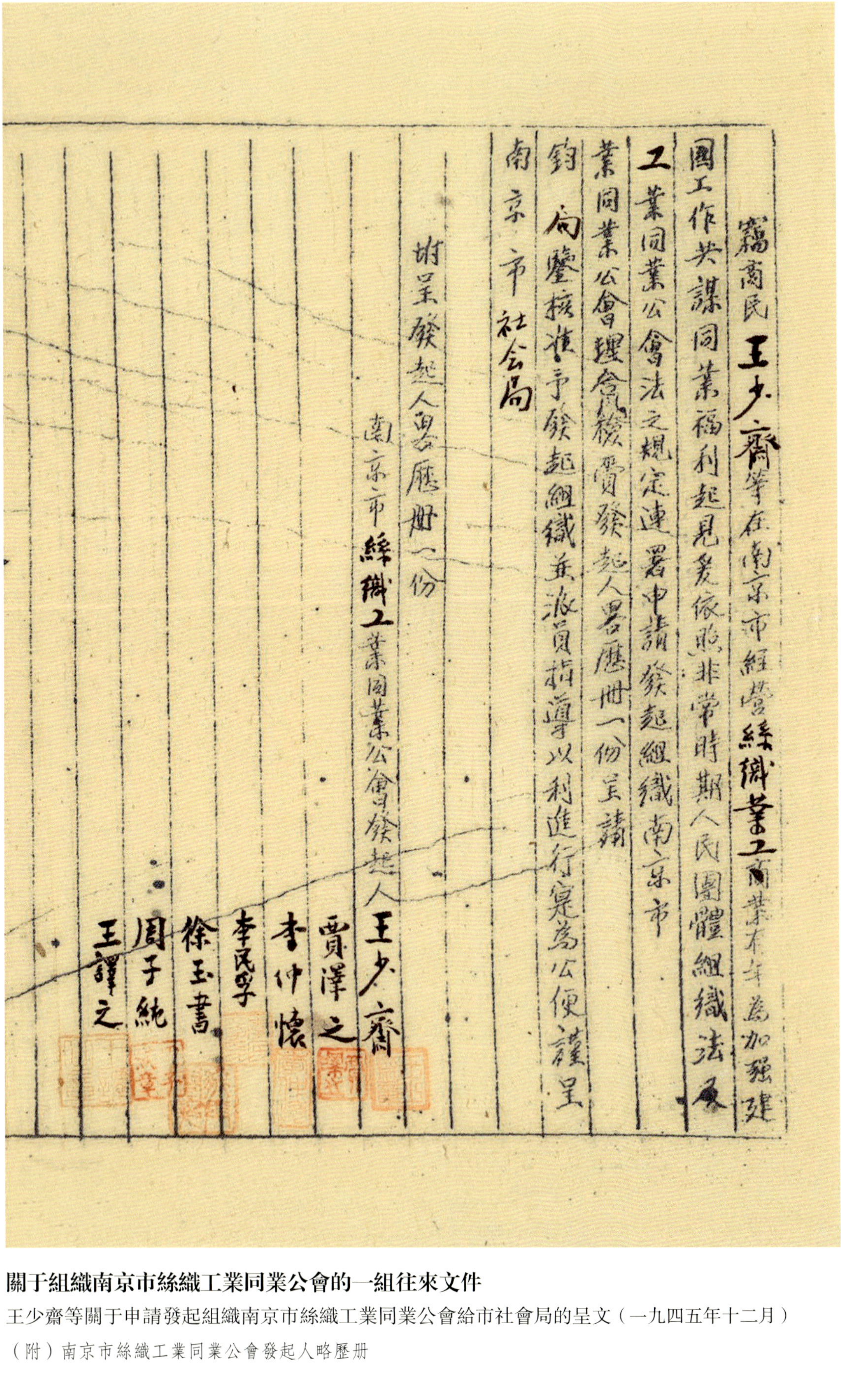

竊商民王少齋等在南京市經營絲織業工商業有年，爲加强建國工作共謀同業福利起見，爰依照非常時期人民團體組織法及工業同業公會法之規定，連署申請發起組織南京市絲織工業同業公會，理合備賫發起人略歷冊一份，呈請鈞局鑒核，准予發起組織，並派員指導，以利進行，寔爲公便。謹呈

南京市社會局

附呈發起人略歷冊一份

南京市絲織工業同業公會發起人 王少齋 賈澤之 李仲懷 李民孚 徐玉書 周子純 王譚之

關于組織南京市絲織工業同業公會的一組往來文件

王少齋等關于申請發起組織南京市絲織工業同業公會給市社會局的呈文（一九四五年十二月）

（附）南京市絲織工業同業公會發起人略歷冊

中華民國三十四年十二月　　日

南京市絲織工業同業公會發起人名冊

姓名	性別	年齡	籍貫	略歷	商號及其職務	詳細住址	黨證字號	備考
王步翔	男	六七	南京	經營絲織工業有年二十六年 [illegible]	王振昌經理	四聖堂三號		
賓澤之	男	四五	〃	仝上	賓善興經理	嚴家井十號		
李仲懷	男	五三	〃	仝上	李金聲經理	胭脂巷二十四號		
李民生	男	五一	〃	仝上	李民記經理	九兒巷二八號		
徐玉書	男	五七	〃	仝上	徐振記經理	小府巷十二號		
周子純	男	四六	〃	仝上	周鼎昌經理	釣魚台六三號		
王謂之	男	四十	〃	仝上	王成源經理	九兒巷二一號		

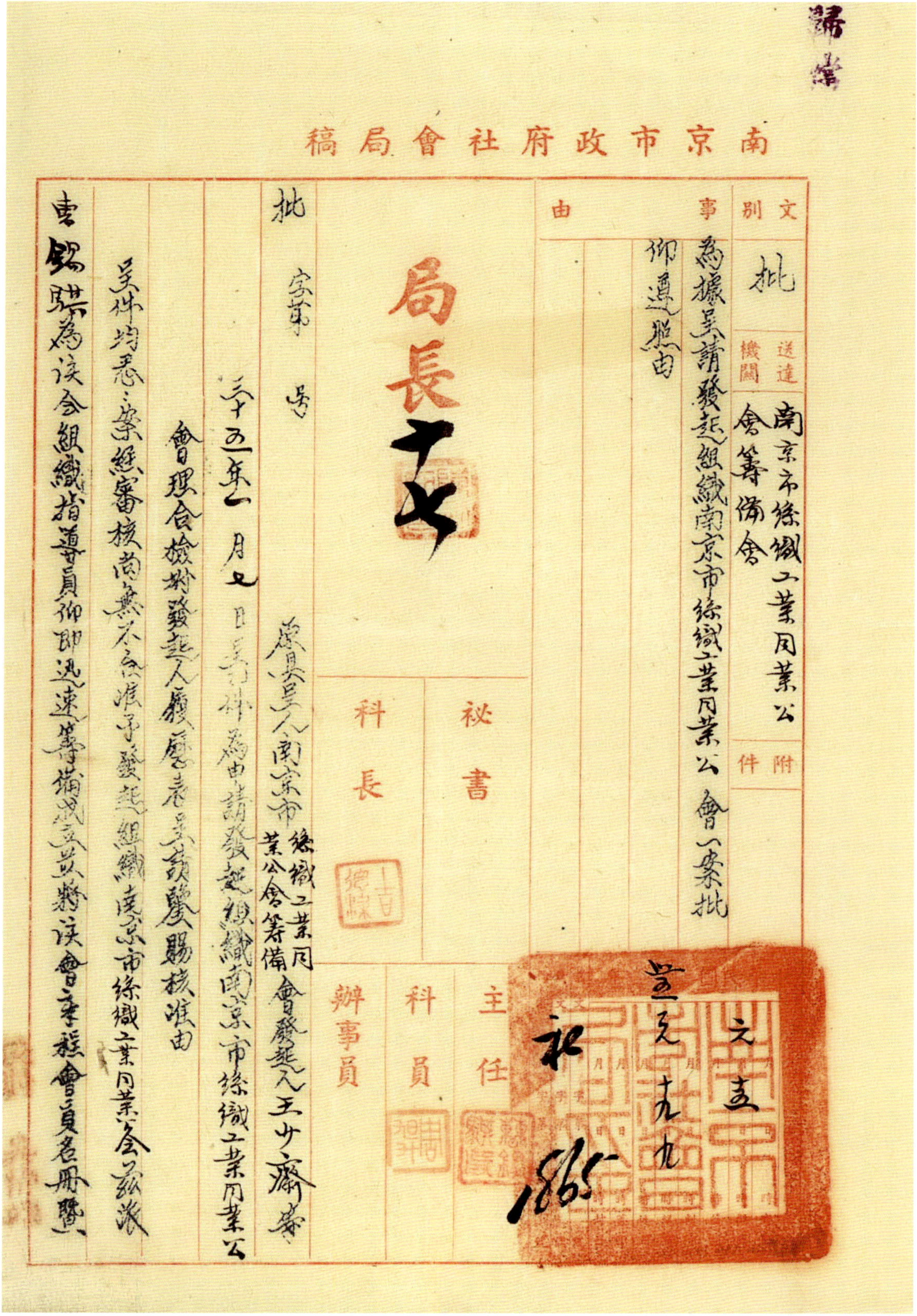
南京市政府社會局稿

文別：批
送達機關：南京市絲織工業同業公會籌備會
附件：
事由：為據呈請發起組織南京市絲織工業同業公會一案批仰遵照由

局長 [signature]
秘書
科長
主任
科員
辦事員

批　字第　號
三十五年一月九日

原具呈人南京市絲織工業同業公會籌備會發起人王少齋等
呈一件為申請發起組織南京市絲織工業同業公會理合檢附發起人履歷表呈請鑒賜核准由
呈件均悉。案經審核尚無不合，准予發起組織南京市絲織工業同業公會，茲派
專錢駿為該會組織指導員，仰即迅速籌備成立，並將該會章程、會員名冊暨

文　卅五　一　九　九
1865

南京市社會局關于據呈請准予發起組織市絲織工業同業公會仰遵照給該同業公會籌備會的批文
（一九四六年一月十九日）

職員履歷表等件具報以憑核敘為要

此批

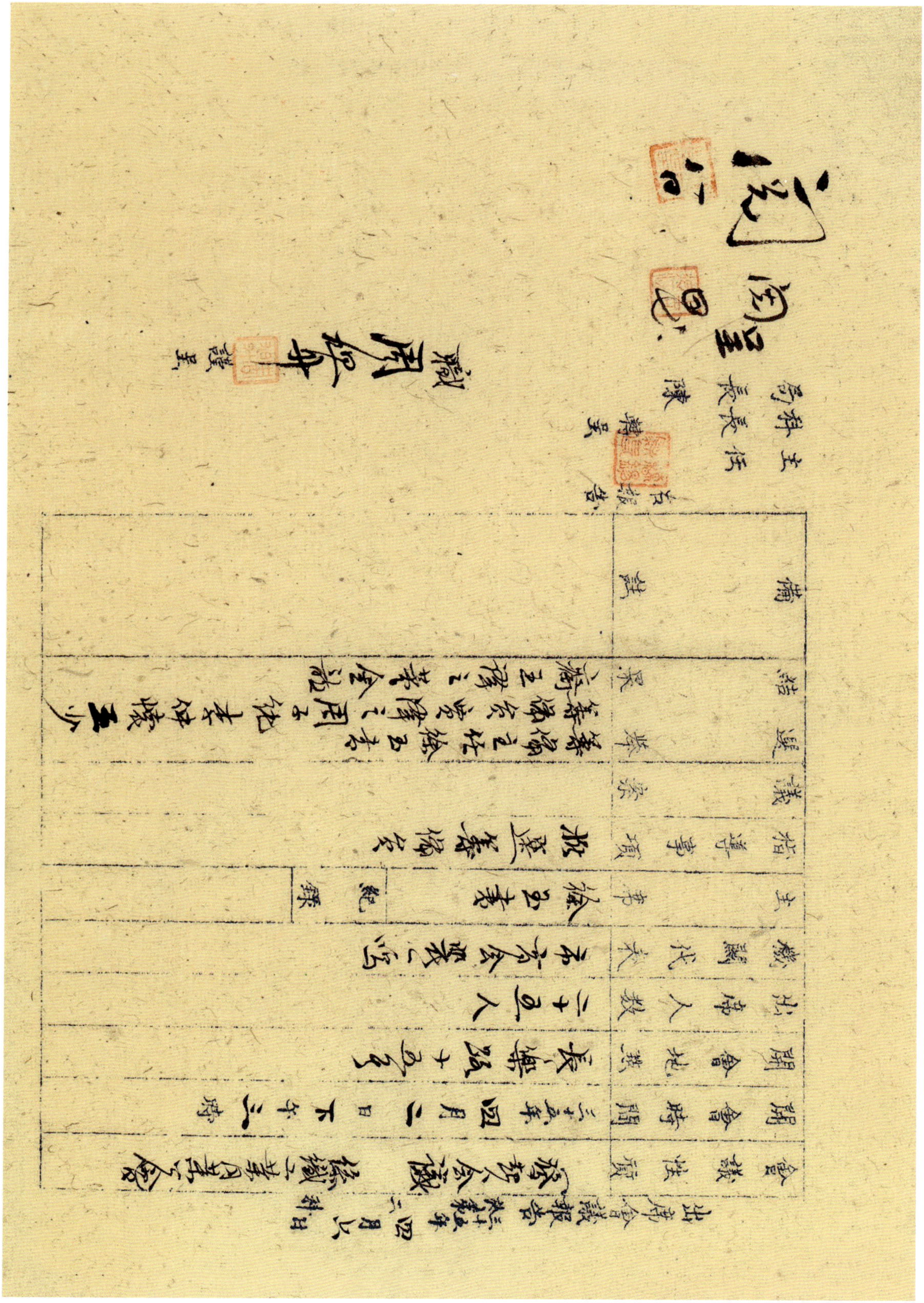

出席會議報告 卅五年四月六日

會議名稱	發起人會議 絲織工業同業公會
開會時間	三十五年四月二日下午三時
開會地點	長樂路十五号
出席人數	二十五人
議決狀況	尚有全體贊成之情
主席	徐文青　紀錄
指導事項	[illegible]籌備會
議案	
選舉結果	籌備主任徐文青，籌備委員[illegible]周子純、李仲懷、王少[illegible]
備註	

主任 科長 陳 報告

科員 周樹年 謹呈

南京市社會局出席南京市絲織工業同業公會發起人會議報告（一九四六年四月六日）

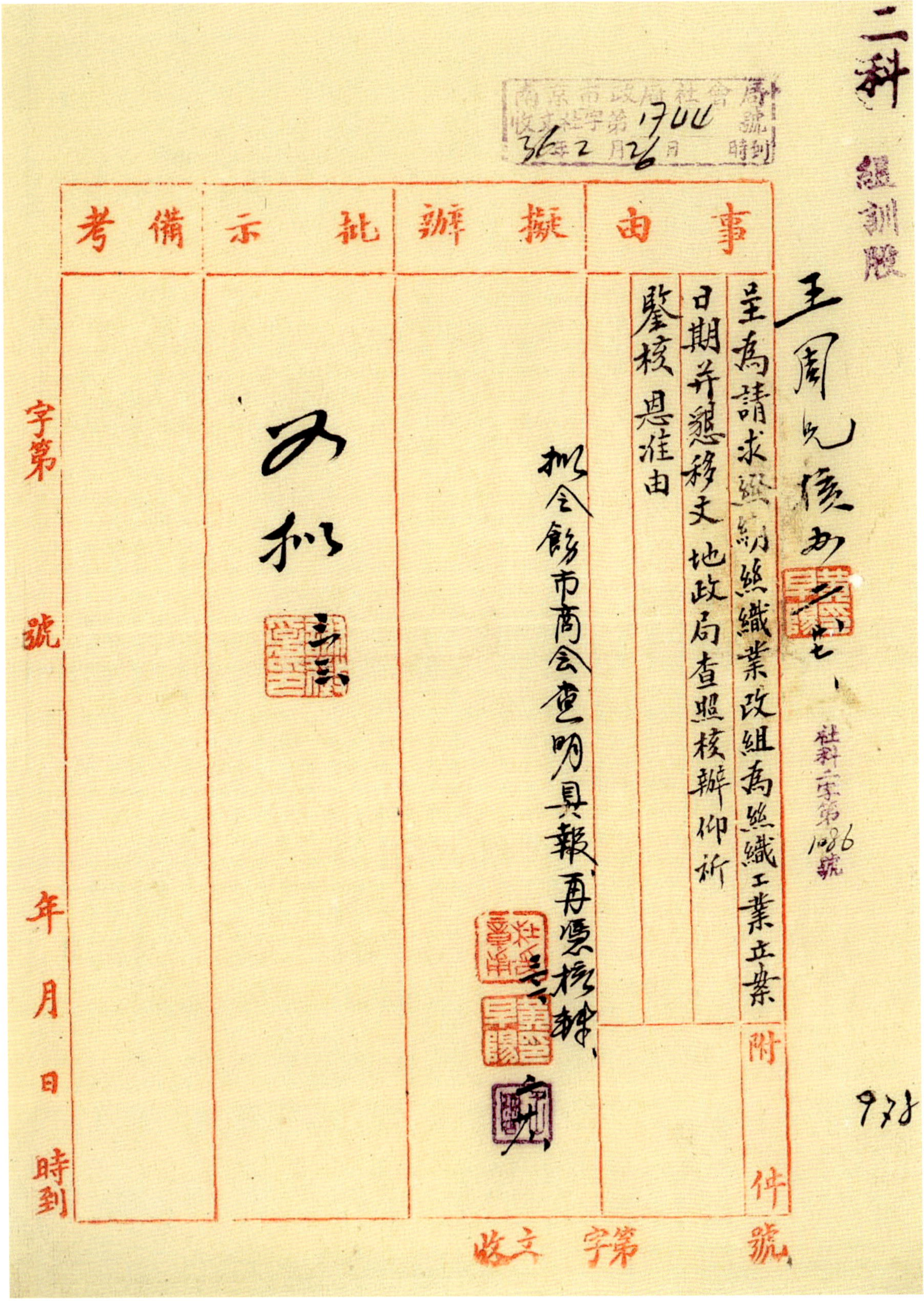
南京市政府社會局 收文社字第1744號 36年2月26日 時到

二科

組訓股

事由	擬辦	批示	備考
呈爲請求證明絲紡絲織業改組爲絲織工業立案日期并懇移文地政局查照核辦仰祈鑒核恩准由	擬令飭市商会查明具報再憑核轉	如擬	

王周兄 核办 二、廿七、

社科字第1086號

928

收文 字第 號

字第 號 年 月 日 時到

南京市絲織工業同業公會爲請求證明改組立案日期并移文地政局查照給市社會局的呈文

（一九四七年二月二十六日）

竊查屬會絲織業（原係舊時緞業）副奉令於三十五年四月二日改組爲絲織工業，當將籌備成立經過呈報鈞局備案，并奉頒發立案證書各在案。茲因屬會會址地產遵章申請地政局查驗，昨奉詢話以所呈證件係緞業公會名稱，今以絲織工業公會名稱申請，究於何時改稱今名，應將改組立案日期呈請社會局來文證明，以憑核辦等因。自應遵辦，用特具呈請求，仰祈鑒核，俯念屬會會址地產攸關，准予據情移文地政局查照核辦，實爲公便。謹呈

南京市政府社會局

絲織工業同業公會理事長徐玉書

中華民國三十六年二月二十八日

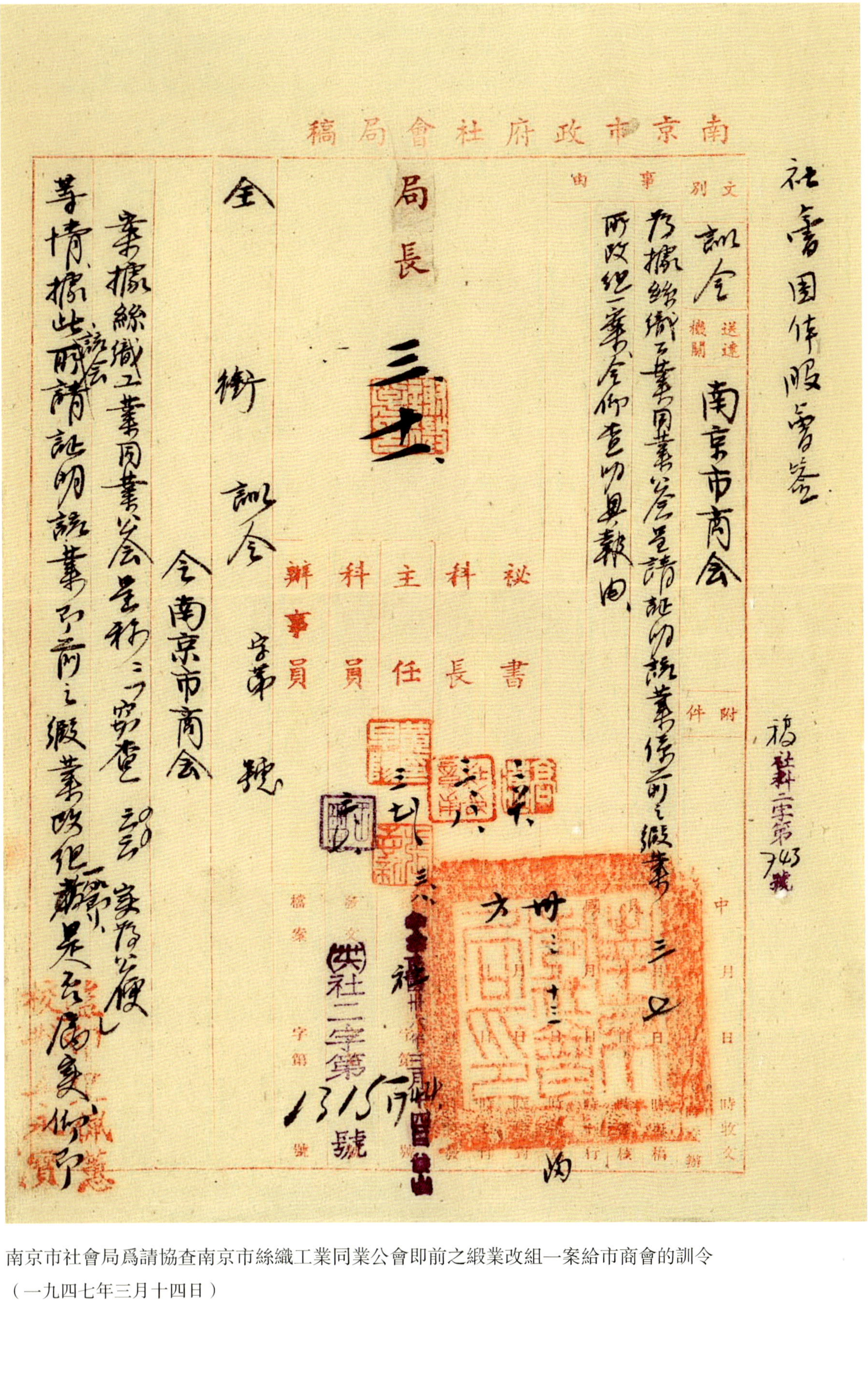

社會團体股會簽

南京市政府社會局稿

文別：訓令

送達機關：南京市商会

事由：爲據絲織工業同業公会呈請証明該業係前之緞業所改組一案，令仰查明具報由

局長 三十一

秘書

科長

主任

科員

辦事員

附件

稿 社二字第743號

社二字第1315號

全銜訓令 字第 號

令南京市商会

案據絲織工業同業公会呈稱：「二月[illegible]號查[illegible]案奉公會[illegible]」等情。據此，所請証明該業即前之緞業改組是否屬實，仰即[illegible]

南京市社會局爲請協查南京市絲織工業同業公會即前之緞業改組一案給市商會的訓令

（一九四七年三月十四日）

查明具報，以憑核辦為要。此令。

局長 謝○○

南京市絲織工業同業公會章程

南京市絲織工業同業公會章程（一九四七年）

南京市絲織工業同業公會章程

第一章 總則

第一條 本章程依據工業會法及工業會法施行細則訂定之

第二條 本會根據社會部統一名稱名為南京市絲織工業同業公會

第三條 本會以謀劃絲織工業之改良發展增進同業之公共利益為宗旨

第四條 本會以南京市行政區域為區域

第五條 本會會址設於本京長樂路十五號

第二章 任務

第六條 本會之任務如左

一、關於產銷之研究改良與發展事項

二、關於會員合法權益之請求與保障事項

三、關於技術原料器材之合作事項

四、關於會員之事業保險及計劃調整事項

五、關於會員之設備製品及原料之檢查取締事項

六、關於工業產品之調查統計事項

七、關於同業糾紛之調處公斷事項

八、關於會員福利及公益事業之舉辦事項

九、關於勞資合作之促進及糾紛之協助調處事項

十、關於政府經濟政策之協助推行事項

十一、關於參加各項社會運動事項

十三、辦理合于第三條所揭宗旨之其他事項

第三章 會員

第七條 凡在本區域内經營絲織工業而合于工業會法所定標準之工廠商號不論公營或民營除國營專供軍用之工廠外均應加入本會為會員前項會員推派代表出席本會稱為會員代表

第八條 會員代表均有表决權選舉權及被選舉權每一代表為一權

第九條 本會每一會員推派代表一人但得按其負擔會費之多寡等級加派代表惟至多不得過七人會員代表以主體人經理人或代表廠號行使管理權之職員年在二十歲以上者為限

第十條 會員入會時須經會員二家之介紹填具入會申請書

第十一條 有左列情事之一者不得為本會會員代表

一、犯罪經判決確定或在通緝中者

二、褫奪公權尚未復權者

三、受破產之宣告者

四、禁治產者

五、吸食鴉片或其他代用品者

會員代表發生前項各款情事之一而喪失資格時原派之會員應另派代表補充之

第十二條 會員選派代表時應給與代表委託書並通知本會撤換時亦同倘會員代表臨時因事不能出席時得以書面委託代理人但代理人以代表一人

為限

第十三條　會員非因廢業或遷移其他區域或受永久停業之處分者不得退會

第十四條　會員代表有不正當行為致妨害本會信譽者得以會員大會之決議

通知原推派之會員撤換之

第十五條　凡合于工業會法規定之絲織工廠商號不依法加入本會或不繳納會費

或違反本會章程及決議案者得經理事會之決議予以警告警告

無效時得按其情節輕重依照工業會法第三十一條之規定程序為左

列之處分

一、　元以下之違約金

二、一定期間之停業

三、永久停業

前項第二款第三款之處分非經主管官署之核准不得為之

第四章　組織及職權

第十六條　本會設理事九人組織理事會監事三人組織監事會均由會員大會就代表中用記名連記法選任之

選舉前項理事時應以得票次多數之名當選為候補理事選舉前項監事時應以得票次多數一名當選為候補監事遇有缺額依次遞補以補足前任任期未遞補前不得列席會議

第十七條　當選理事監事及候補理事監事之名次依得票多寡為序票數相同時以抽籤定之

第十八條　理事會設常務理事三人由理事會就理事中用記名連舉法互選之以得票最多者當選常務理事遇有缺額時由理事會補選之其任期以補足前任任期為限

第十九條　理事就當選之常務理事中用記名單記法選任理事長一人以得票最多數者為當選

第二十條　監事會設常務監事一人由監事會用記名單記法互選之

第二十一條　理事會之職權如左

一、執行會員大會決議案

二、召集會員大會

三、執行法令及本章程所規定之任務

第二十二條　常務理事之職權如左

一、執行理事會決議案

二、處理日常事務

第二十三條　理事長之職權如左

一、理事長綜理本會一切會務

二、召開理事會及常務理事會

三、理事長对外代表大會

第二十四條　監事會之職權如左

一、監察理事會執行會員大會之決議

二、審查理事會之處理會務

三、稽核理事會之財政出入

第二十五條　理事及監事之任期均為兩年連選得連任

第二十六條　理事監事有左列各款情事之一者應即解任其缺額由候補理事監事遞補之

一、會員代表資格喪失者

二、因不得已事故經會員大會議決准其辭職者

三、依工業會法第四十四條第四十五條解職者

第二十七條　本會理事監事均為無給職

第二十八條　本會設辦事員三人得分科辦理事務其辦理細則另訂之

第二十九條　本會因會務上之必要得組設各種委員會辦理指定事務

第五章 會議

第三十條 本會會員大會分定期會議臨時會議兩种均由理事會召集之定期會議每年開會兩次臨時會議于理事會認為必要或經會員代表十分一以上之請求或監事會函請召集時召集之於一個月內不為召集時得由監事會及會員代表呈請主管官署之許可召集之

第三十一條 召集會員大會應於十五日前通知之但因緊要事項召集臨時會議時不在此限

第三十二條 會員大會之決議以會員代表過半數之出席出席代表過半數之同意行之

第三十三條　左列各款事項之決議以會員代表三分之二以上之出席出席代表三分之二以上之同意行之

一、章程之變更

二、組織之調整

三、會員及會員代表之處分

四、理事監事之辭職

五、清算人之選任及關於清算之決議

第三十四條　本會理事會每月至少開會一次監事會每二月至少開會一次

第三十五條　理事會開會時須有理事過半數之出席出席理事過半數之同意方能決議可否同數時取決於主席

第三六條　監事會開會時須有監事過半數之出席出席監事過半數之同意決議一切事項

第三七條　理事或監事因事不能出席會議時得以書面委託會員代表代理之但代理人以代表一人為限每次會議之代理人不得超過出席人之半數

第六章　經費及會計

第三八條　本會之經費分左列二種

甲、會費

乙、事業費

第三九條　本會會費每月按其開織之機張數量分等征收

第四十條　事業費為本會興辦本章程所規定之事業各條會員大會決議籌措

第四十一條　本會之預算決算于每年一度終了之个月内編製報告書提出會員大會通過呈報　主管官署備案

第四十二條　本會會計年度以每年一月一日始十二月三十一日止

第四十三條　本會事業費以每一會員為單位至少一股至多不得超過五十股但因必要時得經會員大會之決議按其性質酌量變更其分擔之標準並呈報　主管官署備案

第四十四條　前項之事業費會員退會時不得請求退還

第四十五條　本會會員对於本會興辦事業之責任得依興辦時之決議於

擔任股額外另負定額保證責任

第四十六條 本會興辦之事業應另立預算決算提出會員大會通過並呈報 主管官署備案

第四十七條 本會事業會總額及每股金額保證責任之規定或本會事業之停止均應由會員大會決議後呈報 主管官署備案

第四十八條 興辦之事業停止後所營事業之財產應依法辦理清算其清算人由會員大會選任之

第七章 附則

第四十九條 本章程未規定事項悉依工業會法及工業會法施行細則辦理

第五十條 本章程如有未盡事宜經會員大會議決呈准市社會局修改

并逐級轉報社會部及工商部備案

第五十條

本章程經會員大會决議呈准市社會局備案施行並逐級轉報社會部及工商部備案

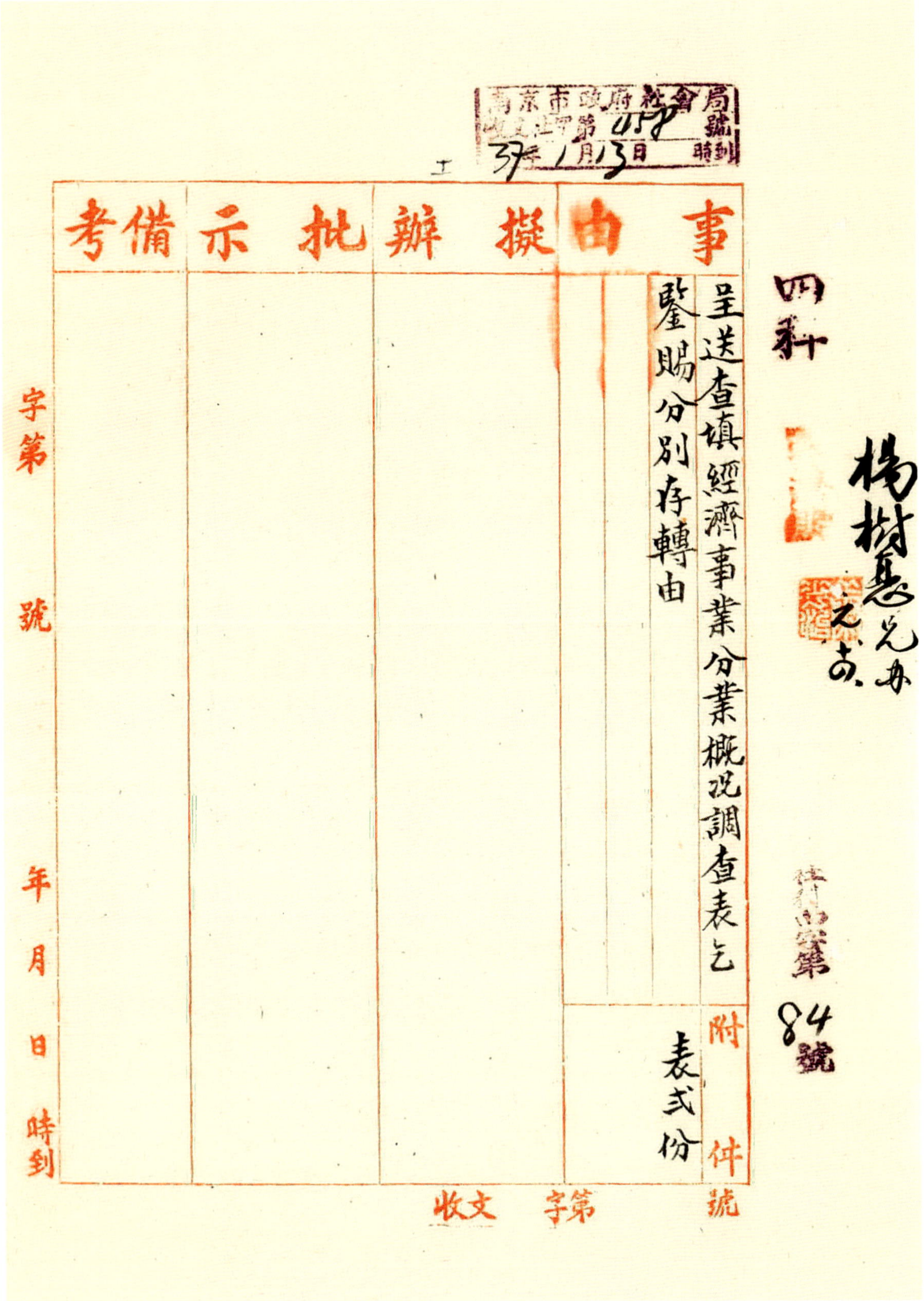

南京市政府社會局 收文 字第 058 號 37年1月13日 時到

事由：呈送查填經濟事業分業概況調查表乞鑒賜分別存轉由

附件：表式份

擬辦

批示

備考

字第 號 年 月 日 時到

收文 字第 號

四科

社會局案第84號

南京市絲織工業同業公會關于填報經濟事業分業概況調查表給市社會局的呈文（一九四八年一月十三日）

（附）南京市絲織工業同業公會經濟事業分業概況調查表

竊奉
鈞局社字第七九七三號令以案查前奉
經濟部令頒經濟概況調查表當即令發飭填呈轉迄
未填報合再令仰依限報局備轉等因奉此查絲織工
業即舊時緞業亦即家庭手工業并無製造工廠前表
所列事項多有無從查填者茲奉飭填祇好擇其有
者填之無者闕之以昭翔實而備攷核緣奉前因理合填
表兩份具文呈送仰祈
鑒核 俯賜存轉謹呈
南京市社會局局長謝

附呈查填經濟事業分業概況調查表二份

南京市絲織工業同業公會理事長徐玉書

中華民國三十七年一月　日

經濟事業分業概況調查表

調二

南京省(市)　　縣(市)　　(一)工業　初核者　　調查號碼

民國三十六年十二月三十一日填寫　　整理號碼

填報機關 絲織工業同業公會　　絲織工業 業　覆查者　　歸檔號碼

注意事項

1. 本表係每種工業同業公會填報一份，表內數字，務請詳實填寫，必要時亦得妥善估計，但須將估計字樣及估計部份，註明附記欄內。
2. 主要作業之平均每日生產能力如能估計，請於各該名稱後，以每機幾次，至每日平均工作時數，請註明於附記欄。
3. 各種設備，其有若干成數係備用性質者，亦請註明於附記欄。

本業沿革發展及前目情形

南京緞子在昔吳大帝時謂之吳綾，明太祖定鼎南京時呼為貢緞，清代設織造局時稱為貢緞，行銷四庫，綾此具有悠久的歷史負有世界之榮譽之特產，嗣因交通阻滯緞業日漸蕭條，前途至今不景氣象，日趨嚴重，失業工人日益增加，非急謀挽救，想急在目前

本業代表廠家（不敷填寫時請另紙粘附，或填入附記欄內）

廠名	詳細廠址	主要出品種類	單位	目前月產數量約計

本業工廠情形（包括代表廠家）

本業工廠家數	裝置木機	本業職員總數	本業技術職員	本業普通職員	本業工人總數	遊藏人失業者	本業技術工人	本業普通工人

產品

名稱	單位	目前每月產量	三十五年全年產量	三十六年上半年產量	銷售地
緞		一二百疋			蒙藏 東九省
絨					華北 長江流域
紡					全中國各埠
綢					歐美各國
雲錦					

原料

名稱	單位	目前每月需用量	三十五年全年需用量	三十六年上半年需用量	來源地
經絲 緯絲 梧子					浙川湘鄂皖
橡栗 茶油 煤					
槐米 蓋鹽					

燃料

名稱	單位	目前每月消耗量	三十五年全年消耗量	三十六年上半年消耗量	來源地

各種設備

動力機名稱	單位	數量	總能力（註明單位）	作業機名稱	單位	數量

附記

查緞織工業即為時緞業自置木機各就家庭工作并無製造專廠

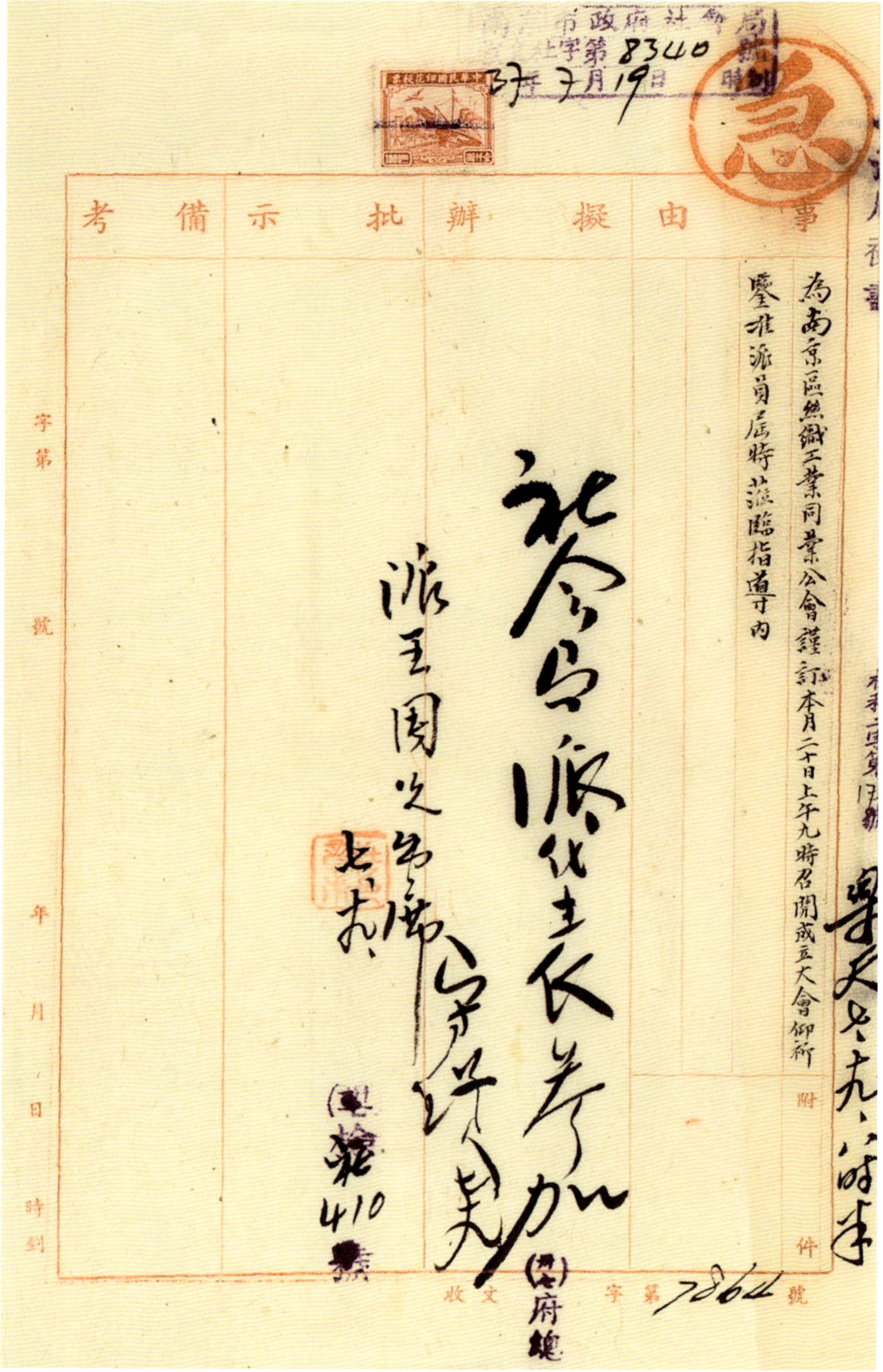

南京市絲織工業同業公會關于召開成立大會請派員指導給市社會局的呈文

（一九四八年七月十九日）

竊伯炎等為謀劃南京區絲織工業之改良發展及增進同業之公共利益發起籌組南京區絲織工業同業公會業經遵章呈請

社會部准予籌組在案茲謹訂於本月二十日上午九時假座中正路中央商場三樓召開成立大會除分別呈函外理合具文呈請

鈞府鑒准派員屆時蒞臨指導不勝企禱之至

謹呈

南京市政府

籌備主任龔伯炎

中華民國三十七年七月日

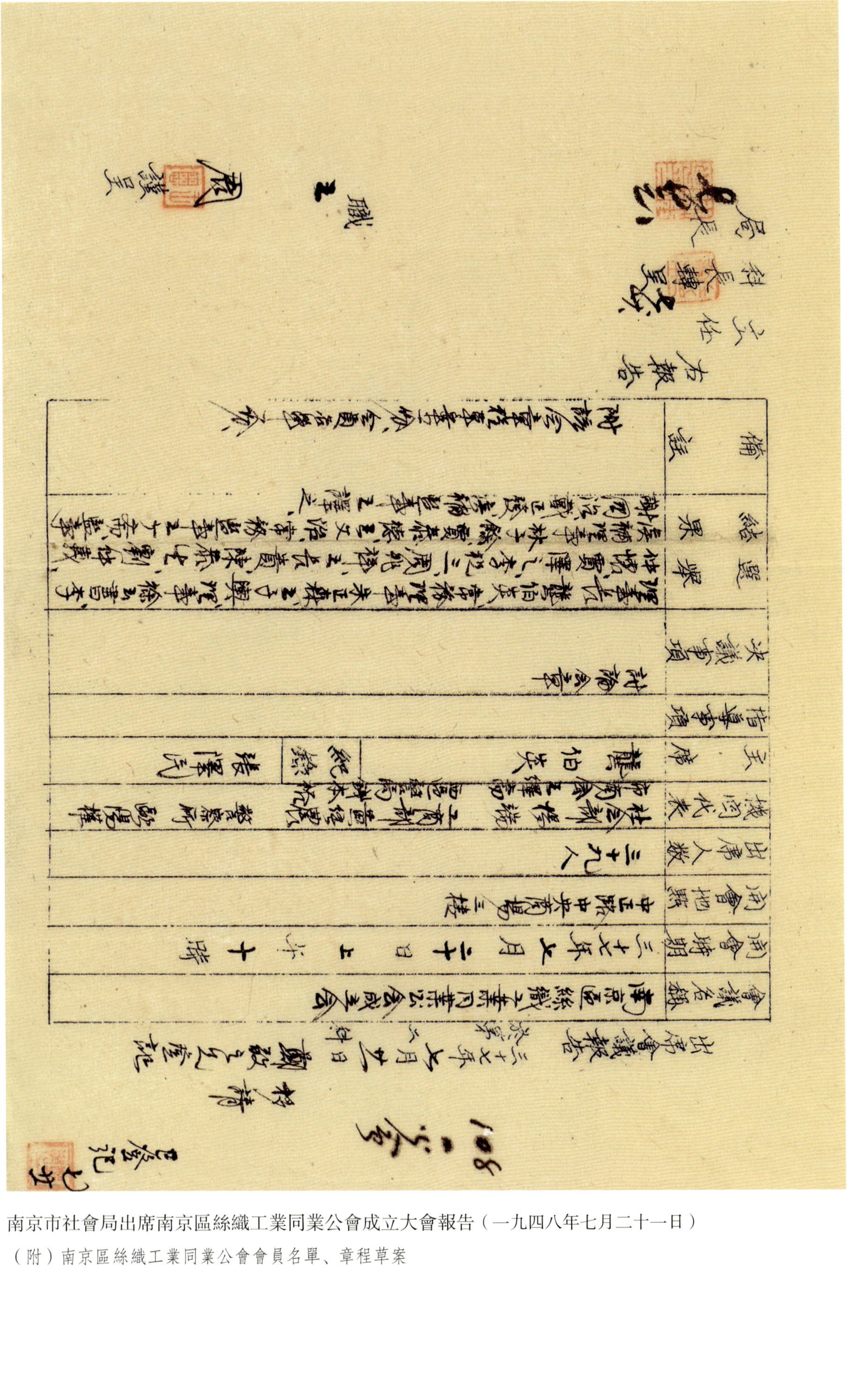

出席會議報告

會議名稱	南京區絲織工業同業公會成立大會
開會時期	三十七年七月二十日上午十時
開會地點	中正路中央商場三樓
出席人數	三十八人
機關代表	[illegible]
主席	[illegible]
紀錄	[illegible]
指導事項	
決議事項	討論會章
選舉結果	[illegible]
備註	[illegible]

南京市社會局出席南京區絲織工業同業公會成立大會報告（一九四八年七月二十一日）

（附）南京區絲織工業同業公會會員名單、章程草案

南京區絲織工業同業公會會員名單

徐玉書　王少齋　王文治　孫遇貴
朱正森　戴正發　呂泰漳　夏起榮
王子輿　謝國治　金松泉　陳長貴
龔伯炎　王譯之　戴長林　陳維新
李仲懷　林子餘　陳維善　楊春江
賈澤之　賈太德　呂國林　吳錦源
李祝三　李經宇　劉有樹　龔正鈺
周兆祥　施仁甫　應國鑫　張澤民
王長貴　嚴大康　郁紹先　孫洪生
陳恭生　蘇嘉甫　劉家濤
劉仲義　周子純　劉錦源

42

南京區絲織工業同業公會章程草案

第一章　總則

第一條　本章程依據工業會法訂定之（及其施行細則）

第二條　本會定名為南京區絲織工業同業公會

第三條　本會以謀劃絲織工業之改良發展增進同業之公共利益為宗旨

第四條　本會以南京市行政區域為區域

第五條　本會會址暫設於本市木料市六十一號

第二章　任務

第六條　本會之任務如左

一、關於絲織產銷之研究、設計與發展事項
二、關於會員合法權益之維護與保障事項
三、關於技術原料器材之合作事項
四、關於會員之業務保險及其調整事項
五、關於會員之設備製造及原料之檢查取締事項
六、關於工業產品之調查統計事項
七、關於同業糾紛之調解及公斷事項
八、關於會員公眾事業之舉辦事項
九、關於勞資合作之促進及糾紛之協助調處事項
十、關於[illegible]事項

十一、關於興辦有關之工業教育及社會福利事項

十二、關於政府經濟政策之協助推行事項

十三、辦理合乎本會宗旨之其他事項

第三章 會員

第七條 凡在本區區域內絲織工業而合於工廠法所定標準之工廠不論公營或民營除兵工廠專供軍用之工廠外均應加入為本會會員

凡不符前項規定而在本業具有相當歷史或特具貢獻者得經本會之許可特准加入為本會會員（前項會員應派代表出席本會稱為會員代表）

第八條 會員代表均有表決權選舉權及被選舉權每代表為一權

第九條 本會每一會員推派代表一人其担負會費滿二單位者得加派代表一人以後每增一單位者加派一人但至多不得過七人會員代表以主體人經理人或代表廠之行使管理權之職員為限前項會費單位以機械數量為基準

第十條 本會會員代表以有中華民國國籍年在二十歲以上者為限

第十一條 會員入會時須經會員二家之介紹並繳納入會費一次國幣五十元

第十二條 有左列情形之一者不得為本會會員代表

一、犯罪經判決確定或在通緝中者
六、褫奪公權尚未復權者
三、受破產之宣告者
四、禁治產者
五、吸食鴉片或代用品者

會員代表發生前項各款情事而喪失資格時原派之會員應另派代表補充之

第十三條 會員選派代表時應給以委托書並通知本會撤換時亦同

第十四條 會員非遷移其他區域或廢業或受永久停業之處分者不得退會

第十五條 會員代表有不正當行為致妨害本會名譽信用者得以會員大會之決議通知原推派之會員撤換

第十六條 凡合於工廠法規定之組織工廠不依法加入本會或不繳納會費或違反本會章程及決議案者得經理事會之決議予以警告警告無效時得按其情節輕重依照工業會法第三十一條之程序為左列之處分

一、一定期間之停業
六、永久停業

前項之處分非經主管官署之核准不得為之

第四章 組織及職權

第十七條 本會設理事十一人組織理事會監事三人組織監事會均由會員大會就代表中用記名連記法選任之

選舉前項理事時應以得票次多數五名當選為候補理事選舉前項監事時應以得票次多數二名當選為候補監事遇有缺額依次遞補以補足前任任期為限未遞補前不得出席會議

當選理事監事及候補理事監事之名次依得票多寡為序票數相同時以抽籤定之

第十八條 理事會設常務理事三人由理事會就理事中用記名連舉法互選之以得票多數者為當選常務理事遇有缺額時由理事會補選之其任期以補足前任任期為限

第十九條 理事就常務理事中用記名單記法選任理事長一人以得選票多數者為當選

第二十條 監事會設常務監事一人由監事中用記名單記法互選之

第二十一條 理事會之職權如左

一、執行會員大會決議案

二、召集會員大會

三、執行法令及本章程規定之任務

第二十三條 常務理事之職權如左

一、執行理事會決議案

二、處理日常事務

第二十四條　監事會之職權如左
一、監察理事會執行會員大會之決議
二、審查理事會之處理會務
三、稽核理事會之財政出入

第二十五條　理事監事之任期均為兩年連選得連任

第二十六條　理事監事有左列各款情事之一者應即解任其缺額由候補理事監事遞補之
一、會員代表資格喪失者
二、因不得已事故經會員大會議決准其辭職者
三、依工業會法第四十四條第四十五條解職者

第二十七條　本會理事監事均為名譽職

第二十八條　本會設總辦事一人辦事員若干人得分科辦事其辦事細則另訂之

第二十九條　本會因會務上之必要時得組設特種委員會辦理特種事務選任委員呈准主管官署

第五章　會議

第三十條　本會會員大會分定期會議臨時會議兩種均由理事會召集之
定期會議每年召集兩次臨時會議理事會認為必要或經會員代表十分之一以上之請求或監事會函請召集時召集之

第三十一條　召集會員大會應於十五日前通知但因緊要事項召集臨時會議時不在此限

第三十二條　本會會員大會之決議以會員代表過半數之出席出席代表過半數之同意行之出席代表不滿過半數者得行假決議在三日內將其結過通知各代表於一星期後兩星期內重行召集會員大會以出席代表過半數之同意對假決議行其決議

第三十三條　左列各款事項之決議以會員代表三分之二以上之出席出席代表三分之二以上之同意行之如出席代表不滿三分之二者得以出席代表三分之二以上之同意行假決議在三日內將其結果通告各代表於一星期後二星期內重行召集會員大會以出席代表三分之二以上之同意對假決議行其決議

一、变更章程　二、組織之調整　三、會員及會員代表之處分

四、理事監事之解職　五、清算人之選任及關於清算之決議

第三十四條　本會理事會每月至少開會一次監事會每二月至少開會一次

第三十五條　理事會開會時須有理事過半數之出席出席理事過半數之同意方能決議可否同數時取決於主席

第三十六條　監事會開會時須有監事過半數之出席出席監事過半數之同意決議一切事項

第三十七條　理事或監事因事不能出席會議時得以書面委托會員代表代理之但代理人以代表一人為限以次會議之代理人不得超過出席人之半數

第六章　經費及會計

第三十八條　本會之經費分左列二種

甲、會費　乙、事業費

第三十九條 本會會員[illegible]每月每名繳納經常會費[illegible]

第四十條 [illegible]規定之事業[illegible]召集會員大會決議籌措

第四十一條 本會[illegible]年度終了一個月內編製報告書提出會員
大會通過之，[illegible]主管官署備案

第四十二條 本會會計年度以每年一月一日始，十二月三十一日止

第四十三條 本會[illegible]以每一會員[illegible]股[illegible]不得超過五十股，但因必要時得
經會員大會之[illegible]其性質酌量變更其分配之標準並呈請
主管官署備案

第四十四條 前條之[illegible]一會員[illegible]時不得請求退還之

第四十五條 本會會員[illegible]本會[illegible]之責任得依照解散時之決議擔任其股份
[illegible]保證[illegible]

第四十六條 本會[illegible]應編造[illegible]提交會員大會通過並呈報主管官署備案

第四十七條 本會[illegible]之後[illegible]責任[illegible]規定[illegible]本會[illegible]
[illegible]依[illegible]決議[illegible]呈報主管官署備案

第四十八條 [illegible]法辦理請尊

第四十九條 [illegible]

第五十條 本章程如有未盡事宜得由會員大會修正呈請社會部備案

第五十一條 本章程[illegible]會員大會[illegible]部備案

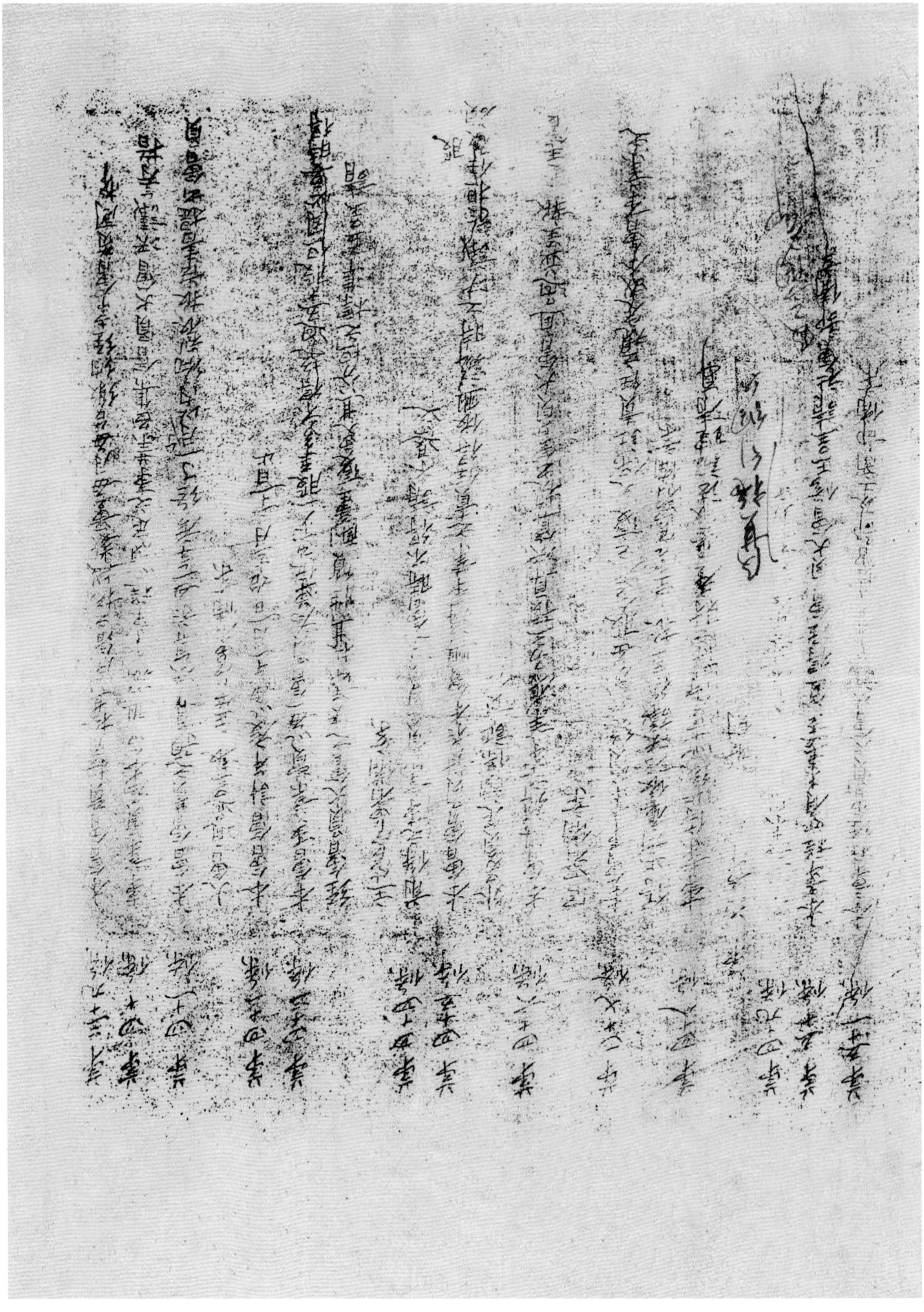

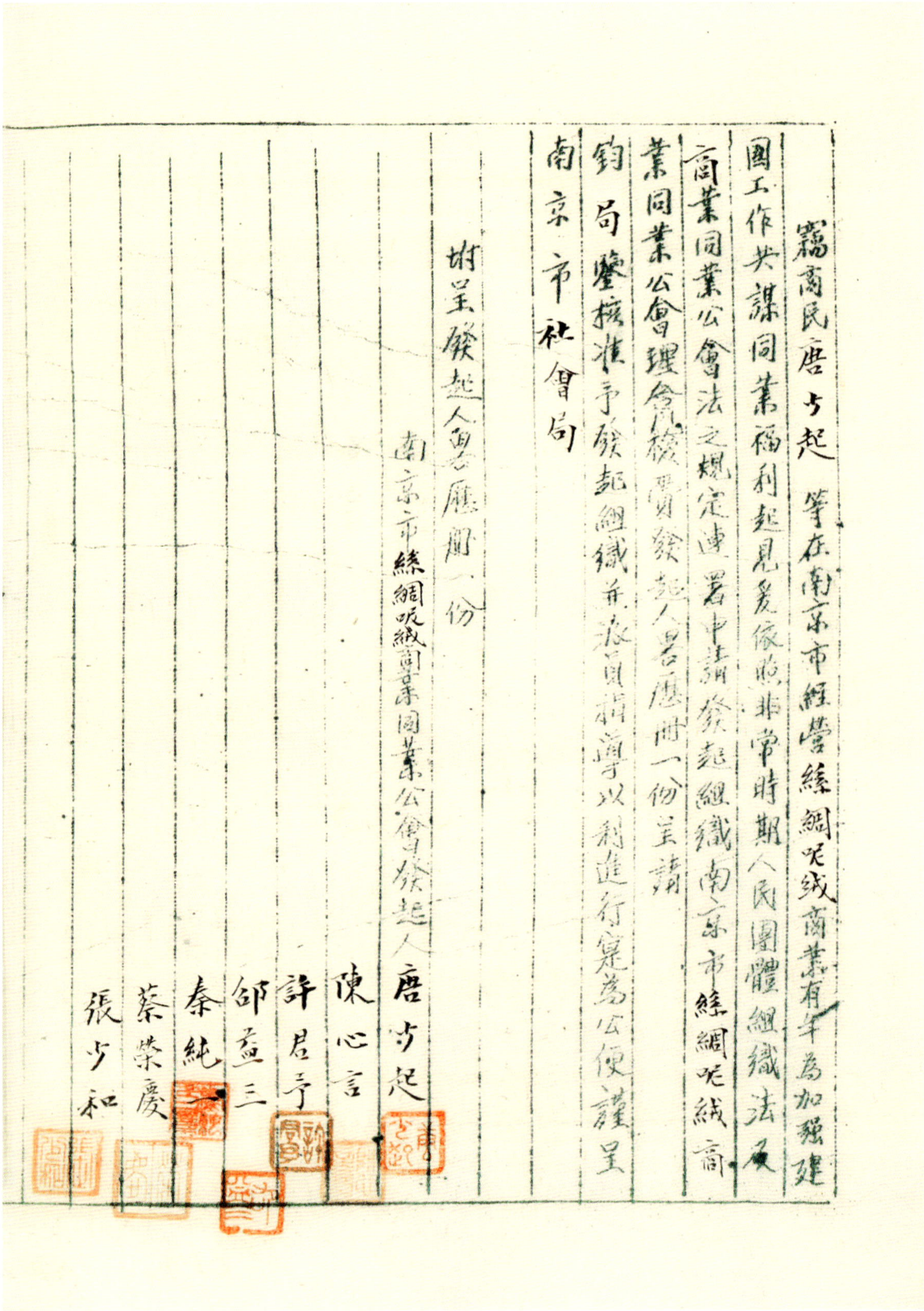
竊商民唐少起等在南京市經營絲綢呢絨商業有年，爲加强建國工作，共謀同業福利起見，爰依照非常時期人民團體組織法及商業同業公會法之規定，連署申請發起組織南京市絲綢呢絨商業同業公會，理合檢同發起人略歷冊一份，呈請
鈞局鑒核，准予發起組織，并派員指導，以利進行，實爲公便。謹呈
南京市社會局
附呈發起人略歷冊一份
南京市絲綢呢絨商業同業公會發起人 唐少起 陳心言 許居亭 邰益三 秦純一 蔡榮慶 張少和

關于組織市絲綢呢絨商業同業公會的一組文件

唐少起等關于申請組織南京市絲綢呢絨商業同業公會給市社會局的呈文（一九四五年十二月）

（附）南京市絲綢呢絨商業同業公會發起人略歷表

中華民國三十四年十二月　　日

南京市絲綢呢絨商業同業公會發起人略歷冊

姓名	性別	年齡	籍貫	略歷	現係何行號及其職務	詳細住址	當選圖字號	備考
唐少起	男	六一	鎮江	經營綢布呢絨數十年	天福綢布號經理	建康路		
陳心言	〃	五六	南京	仝上	天豐永記綢布號店主	光華路		
許君亨	〃	五三	〃	仝上	新豐綢布號經理	建康路		
邵益三	〃	五一	〃	仝上	同豐綢布號經理	祥宅巷		
秦統一	〃	三八	紹興	專營絲綢二十餘年	福大祥綢號經理	銅作坊		
蔡榮慶	〃	三五	上海	專營呢絨二十年	久昌祥呢絨號經理	中華路		
張少和	〃	五一	鎮江	經營綢布呢絨數十年	祥和祥綢布號經理	下同鮮魚巷		

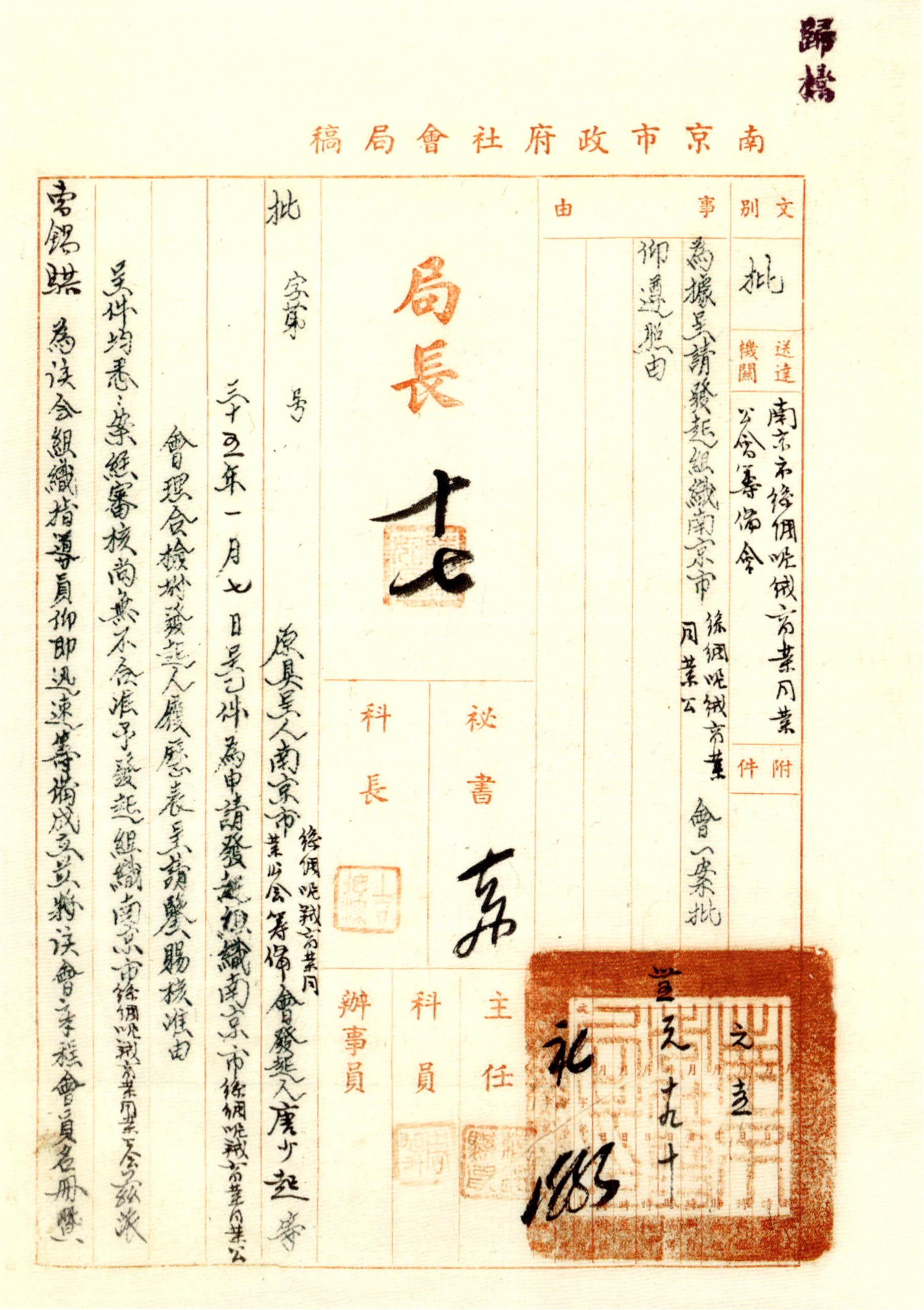
歸檔

南京市政府社會局稿

文別	批
送達機關	南京市絲綢呢絨商業同業公會籌備會
附件	
事由	為據呈請發起組織南京市絲綢呢絨商業同業公會一案批仰遵照由

局長
秘書
科長
主任
科員
辦事員

一月十九日

批 字第 號

原具呈人南京市絲綢呢絨商業同業公會籌備會發起人虞少起等

三十五年一月七日呈一件為申請發起組織南京市絲綢呢絨商業同業公會理合檢附發起人履歷表呈請鑒賜核准由

呈件均悉。案經審核尚無不合，准予發起組織南京市絲綢呢絨商業同業公會，並派

曹錕照為該會組織指導員，仰即迅速籌備成立，並將該會章程、會員名冊暨

南京市社會局爲據呈請准予發起組織市絲綢呢絨商業同業公會仰遵照給該同業公會籌備會的批文
（一九四六年一月十九日）

職員履歷表等件具報以憑核奪爲要

此批

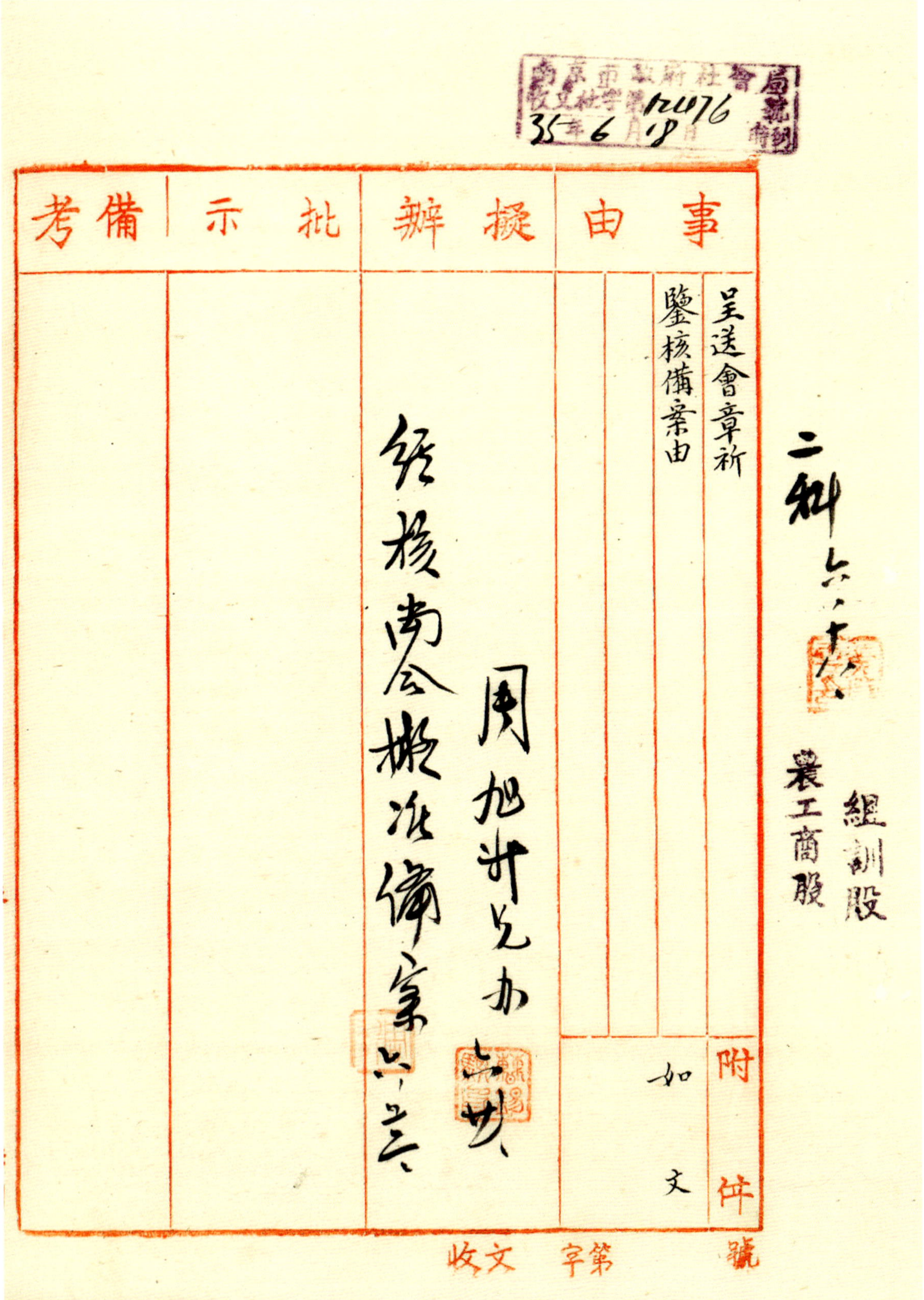
南京市政府社會局 收文 字第 12476 號 35年6月18日

事由	擬辦	批示	備考
呈送會章祈鑒核備案由	周旭升兄办 六廿 經核尚合擬准備案 六廿六		

附件：如文

收文 字第 號

二科 六、十八

農工商股

組訓股

南京市絲綢呢絨商業同業公會關于報送章程祈鑒核備案給市社會局的呈文（一九四六年六月十八日）

（附）南京市絲綢呢絨商業同業公會章程

查本會會章草案，前經呈報有案，所有章程草案内第十五、十七及二十七條内之空白各點，業經會員大會分别討論決議通過，至於第十四條第一項暨第二十六、三十七、三十八等三條，經會員大會決議，授權理事會辦理等語，紀録在卷，兹經本會第一次理監事聯席會議及第一次理事會議，先後討論訂定，除分别呈報外，理合檢附本會章程一份，備文呈報，仰祈

鑒核，俯賜備案，實爲公便。謹呈

南京市社會局

附呈會章一份

南京市綵綢呢絨商業同業公會理事長吴盡臣

常務理事秦純一

金鴻文

江鏡澄

倪淦臣

中華民國三十五年六月十八日

南京市絲綢呢絨商業同業公會章程

南京市絲綢呢絨商業同業公會章程

第一章　總則

第一條　本章程依據商業同業公會法及商業同業公會法施行細則訂定之

第二條　本會定名為南京市絲綢呢絨商業同業公會

第三條　本會以維持增進同業之公共利益及矯正弊害為宗旨

第四條　本會以南京市行政區域為區域會址設於中正路古鉢營十二號

第二章　任務

第五條　本會之任務如左

一、關於會員商品之共同購入保管運輸及其他必要之設施

二、關於會員營業之統制

三、關於會員營業之指導研究調查及統計

四、辦理合於第三條所揭宗旨之其他事項

興辦前項第一款事業時應擬定計劃書經會員全體三分二以上之同意呈請市政府核准其變更時亦同

第一項第二款之統制須經全體會員三分二以上之同意呈由主管官署核准後方得施行

第三章　會員

第六條　凡在本區區內經營絲綢絨呢商業之公司行號或工廠所　售賣場所不論公營民營除關係國防之公營事業或法令規定之國家專營事業外均應為本會會員

前項會員推派代表出席本會稱為會員代表

第七條　本會每一會員推派代表一人其担負會費滿五單位者得加派代表一人以後每增十單位加派一人但至多不得過七人以經理人主體人或店員為限
第八條　本會會員代表以有中華民國國籍年在二十歲以上者為限
第九條　有左列各款情事之一者不得為本會會員代表
一、背叛國民政府經判決確定或在通緝中者
二、曾服公務而有貪污行為經判決確定或在通緝中者
三、褫奪公權者
四、受破產之宣告尚未復權者
五、無行為能力者
六、吸食鴉片或其代用品者
第十條　會員舉派代表時應給以委託書并通知本會撤換時亦同但已當選為本會職員者非有依法應能任之事由不得撤換
第十一條　會員代表均有表決權選舉權及被選舉權
第十二條　會員代表因事不能出席會員大會時得以書面委託他會員代表代理之
第十三條　會員非遷移其他區域或廢業或受永久停業之處分者不得退會
第十四條　會員代表有不正當行為致妨害本會名譽信用者得以會員大會之議決通知原推派之會員撤換
公司行號不依法加入本會或不繳納會費或違背章程及決議者得經理事會之議決予以警告警告無效時得按其情節輕重依照商業同業公會法第二十六條規定之程序為左列之處分
一、五百元以下之違約金
二、有時間之停業
三、永久停業

前項第二款第三款之處分非經主管官署之核准不得爲之

第四章　組織及職權

第十五條　本會設理事十五人組織理事會監事五人組織監事會均由會員大會就代表中用無記名連舉法選任之選舉前項理事監事時應另選候補理事四人候補監事二人遇有缺額依次遞補以補足前任任期爲限未遞補前不得列席會議

第十六條　當選理監事及候補理監事之名次依得票多寡爲序票數相同時以抽籤定之

第十七條　理事會設常務理事五人由理事會就理事中用無記名連舉法互選之以得票最多數者爲當選常務理事有缺額時由理事會補選之其任期以補足前任任期爲限

第十八條　理事會就當選之常務理事中用無記名單記法選任理事長一人以得票滿投票人之半數者爲當選若一次不能選出時應就得票最多數之二人決選之

第十九條　理事會之職權如左

一、執行會員大會決議案

二、召集會員大會

三、執行法令及本章程所規定之任務

第二十條　常務理事之職權如左

一、執行理事會議決案

二、處理日常事務

第二十一條　理事長職權如左

一、理事長綜理本會一切會務

二、召開理事會及常務理事會

三、理事長對外代表本會

第二十二條　監事會之職權如左

一、監察理事會執行會員大會之決議

二、審查理事會處理之會務

三、稽查理事會之財政出入

第二十三條　理事及監事之任期均為四年每二年改選半數不得連任

前項第一節之改選以抽籤定之但理事或監事人數為奇數時留任者之人數得較改選者多一人

第二十四條　理監事有左列情事之一者應即解任

一、會員代表資格喪失者

二、因不得已事故經會員大會議決准其辭職者

三、依商業同業公會法第四十三條解職者

第二十五條　本會理監事均為名譽職

第二十六條　本會設辦事員若干人得分科辦事其辦事規則另定之

第五章　會議

第二十七條　本會會員大會分定期會議及臨時會議兩種均由理事會召集之

定期會議每年開會二次臨時會議於理事會認為必要或經會員代表十分一以上之請求或監事會函請召集時召集之

第二十八條　召集會員大會應於十五日前通知之但有商業同業公會法第二十五條第二十六條之情形或因緊急事項召集臨時會議者不在此限

第二十九條　本會會員大會開會時由常務理事組織主席團輪流主席

第三十條　本會會員大會之決議以會員代表過半數之出席出席代表過半數之同意行之出席代表不滿過半數者得行假決議
　　在三日內將其結果通告各代表於一星期後二星期內重行召集會員大會以出席代表過半數之同意對假決議行其決議

第三十一條　左列各款事項之決議以會員代表三分二以上之出席出席代表三分二以上之同意行之出席代表不滿三分二者得
　　以出席代表三分二以上之同意行假決議在三日內將其結果通告各代表於一星期後二星期內重行召集會員大會
　　以出席代表三分二以上之同意對假決議行其決議
　　一、變更章程
　　二、會員之處分
　　三、理監事之解職
　　四、清算人之選任及關於清算事項之決議

第三十二條　本會會員代表人數超過三百人以上時會員大會得就地域之便利先期分開預備會依各預備會會員代表人數比例
　　推選代表合開代表大會行使會員大會之職權

第三十三條　本會理事會每月至少開會一次監事會每兩月至少開會一次

第三十四條　理事會開會時須有理事過半數之出席出席理事過半數之同意方能決議可否同數取決於主席

第三十五條　監事會開會時須有監事過半數之出席臨時互推一人為主席以出席監事過半數之同意決議一切事項

第三十六條　理事及監事開會時不得委託代表出席

　　第六章　經費及會計

第三十七條　本會經費分入會費經常費事業費三種

第三十八條　入會費按會員登記資本額千分之七征收經常費按會員登記資本額每月征收千分之二

第三十九條　會員退會時會費概不退還

第四十條　本會會費之預算決算於每年年度終了一個月以內編製報告書提出會員大會通過呈報主管官署并刊布之

第四十一條　會計年度以每年一月一日始至同年十二月三十一日止

第四十二條　事業費之分担每一會員至少一股至多不得超過五十股但因必要得經會員大會之決議增加之事業費總額及每股總額應由會員大會決議之經主管官署核准

第四十三條　前條事業費會員非退會時不得請求退還其請求并須於年度終了時為之

前項請求退還之事業費其結算應以退股時本會事業之財產狀況為準

請求退還之事業費不問原出資之種類均可以金錢抵還

退還事業費時關於本會所興辦事業內之事務有未了結者於了結後計算并分派其盈虧

第四十四條　本會會員對於本會興辦事業之責任得依興辦之決議於担任股額外另負定額之保證責任

依前條退還事業費之會員對於前項之保證責任於退還事業費後經過二年始得解除

第四十五條　本會事業費之預算決算依本章程第四十條之程序辦理

第四十六條　本會事業費之總額及每股金額之變更保證責任之規定或本會事業之停止均應依法決議後呈報主管官署

事業停止後所營事業之財產應依法辦理清算

第七章　附則

第四十七條　本章程未規定事項悉依商業同業公會法商業同業公會法施行細則辦理之

第四十八條　本章程如有未盡事宜經會員大會會議呈准市社會局修改之并逐級轉報社會部及經濟部備案

第四十九條　本章程經會員大會決議呈准市社會局備案施行并逐級轉報社會部及經濟部備案

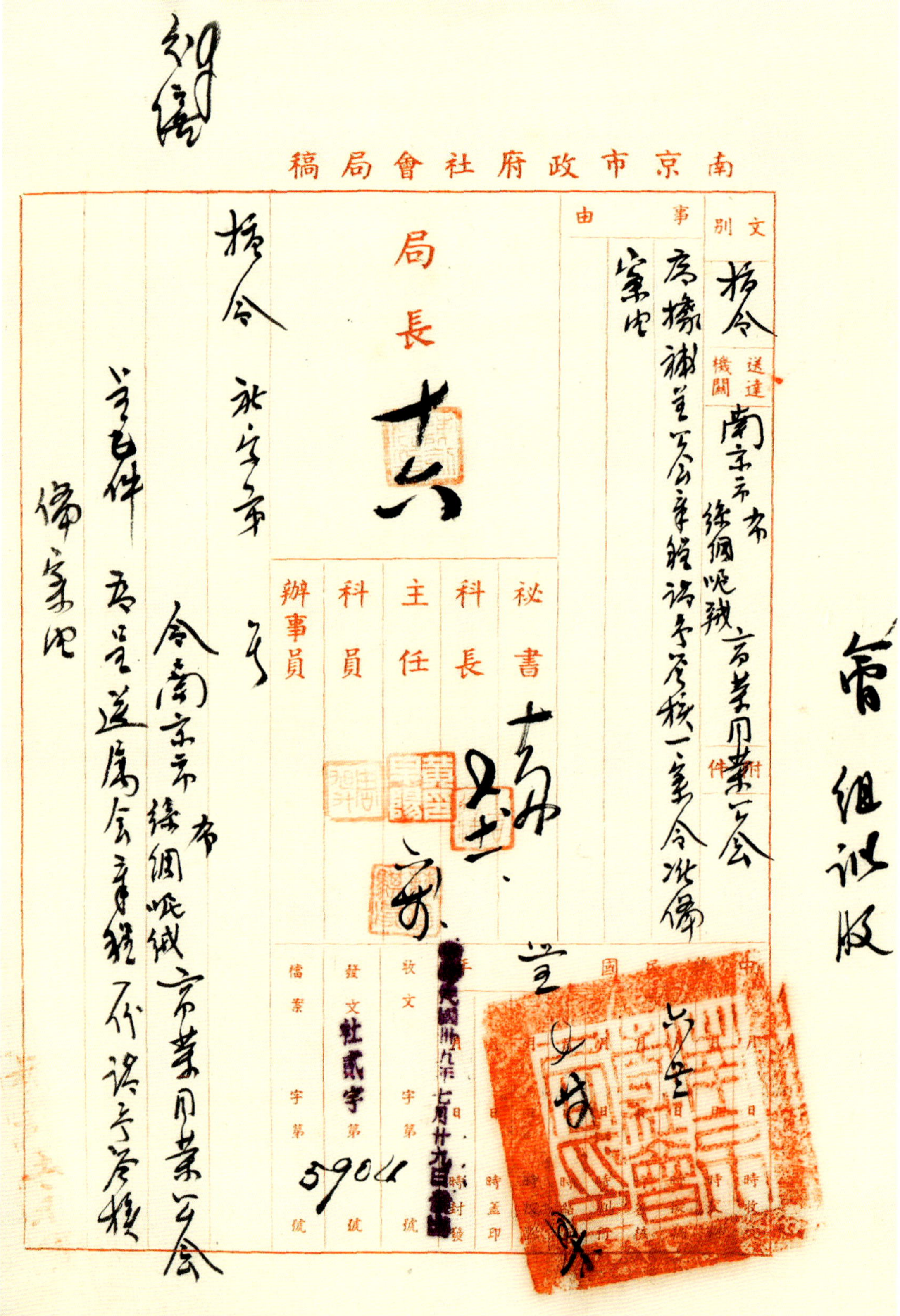

南京市社會局爲據補呈公會章程一案准予備案給市布、絲綢呢絨商業同業公會的指令
（一九四六年七月二十九日）

並經將來之北平備案。
此令。附件存。

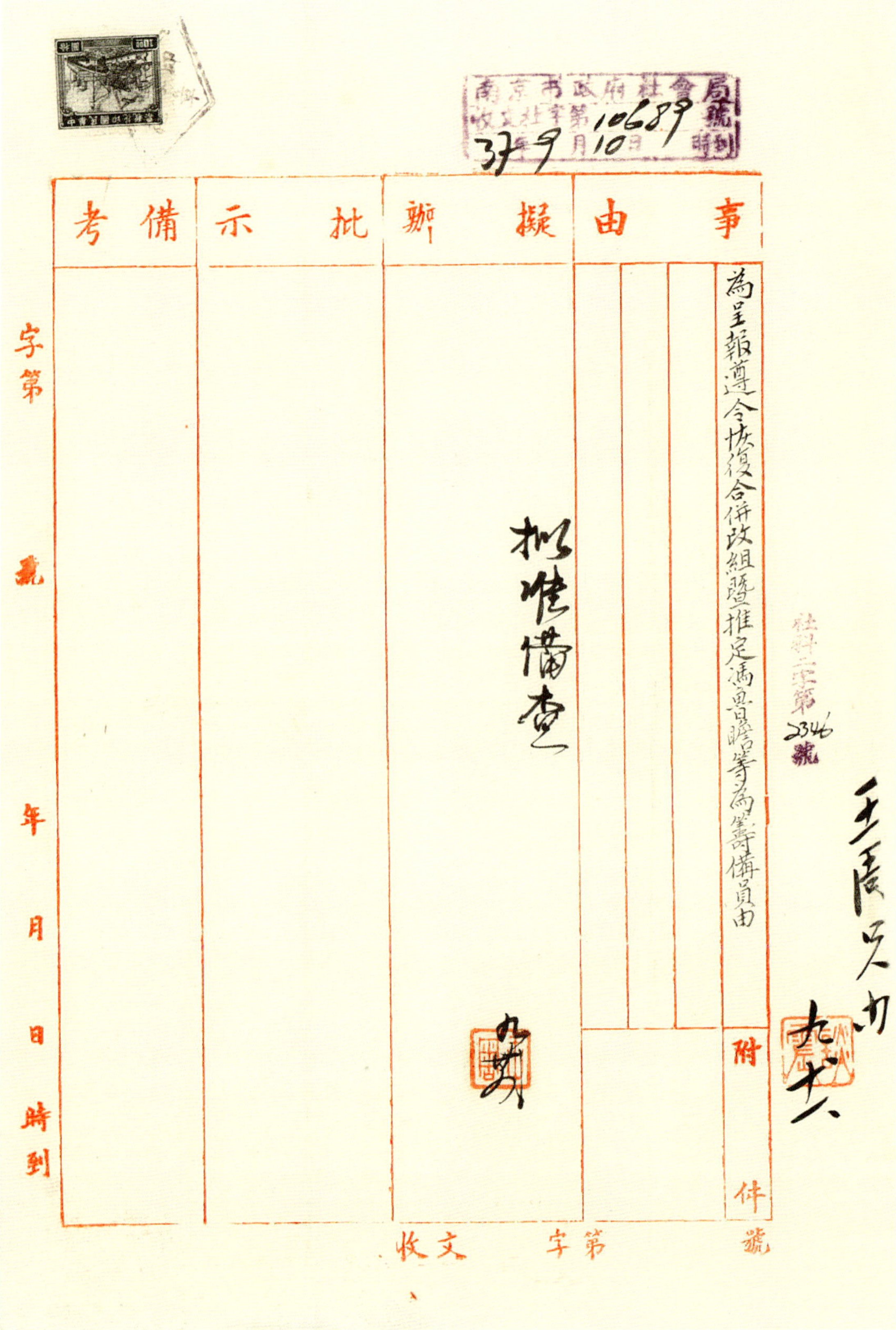
南京市政府社會局收文社字第10689號 37年9月10日 時到

事由：為呈報遵令恢復合併改組暨推定馮梟（？）昭等爲籌備員由

擬辦：擬准備查

批示

備考

附件

收文 字第 號

社科二字第2346號

南京市絲綢呢絨、布商業同業公會關于恢復合并、改組及推定籌備員等給市社會局的呈文

（一九四八年九月九日）

案奉

鈞局（卅七）京社二字第四四〇二號訓令內開：

「案查前據該會會同絲綢呢絨布商業同業公會呈為兩業業務確有密切關連，請准予依法恢復合併改組一案，經呈奉社會部社（37）組三字第一一一三號指令略開：『查依照商業同業公會法第三條規定，該絲綢呢絨及布兩業准予合併組會』等因，奉此，合行令仰遵照，迅即籌備改選為要」

等因；奉此，遵於本月五日召開綢布兩業理事聯席會議，推定馮魯瞻、吳蓋臣、劉永清、程雪如、黃希仁、秦純一、倪淮臣、江鏡澄、黃介侯、魯志餘、張少和等十一人為籌備員，負責合併改組南京市綢布呢絨商業同業公會事宜，除分別函知外，理合備文呈報，仰祈

鑒核備案，實為公便！

謹呈

南京市社會局局長謝

南京市布絲綢呢絨商業同業公會理事長 馮魯瞻 病

常務理事 吳蓋臣

程雪如

劉永清

趙錫臣

黃布仁

秦純一

金鴻文

江鏡澄

倪淦臣

中華民國三十七年九月九日

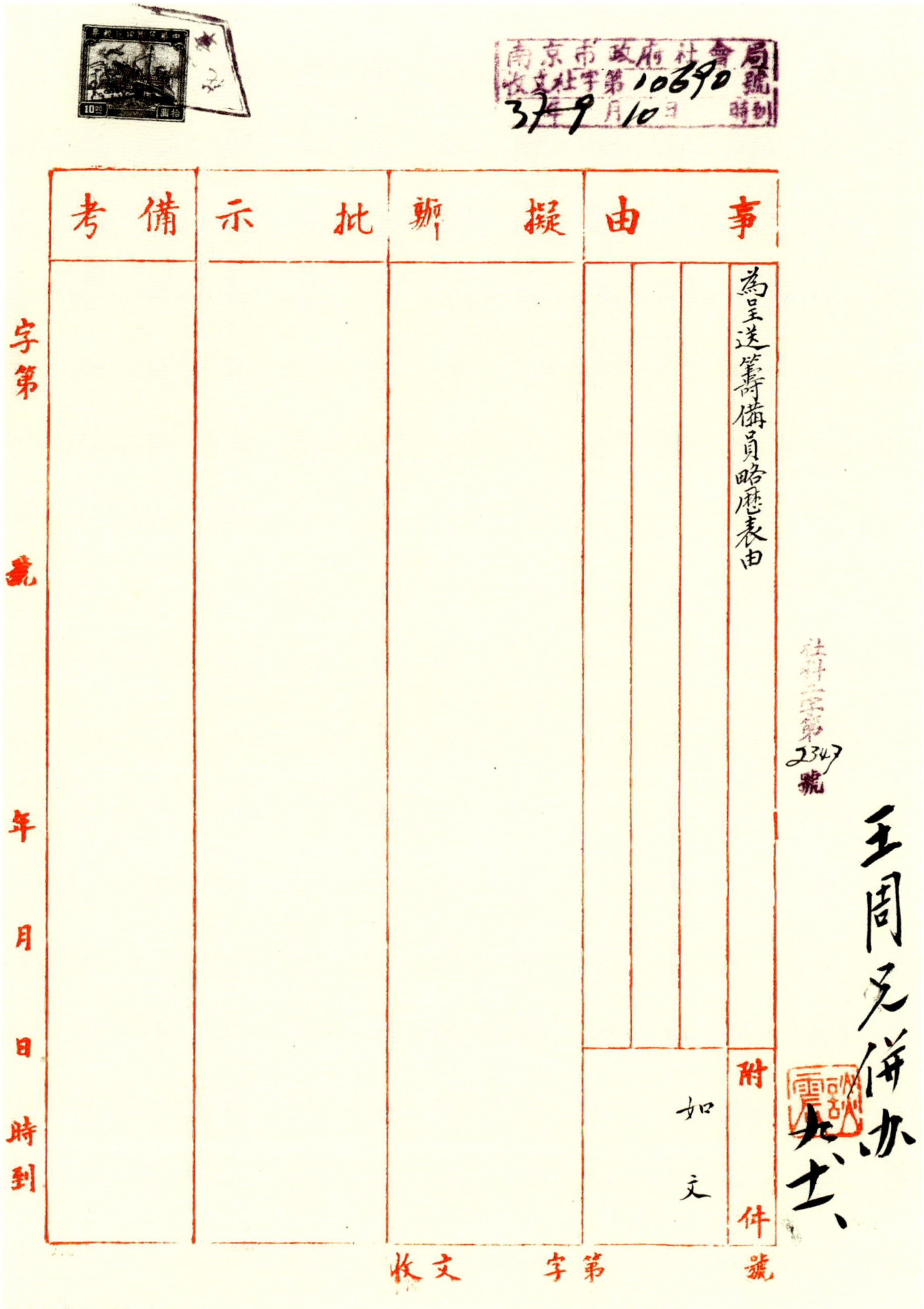
南京市政府社會局
收文社字第10690號
37年9月10日 時到

事由	擬辦	批示	備考
爲呈送籌備員略歷表由			
附件：如文			

社科二字第2347號

王周兄併辦
九、七、

字第　號　年　月　日　時到

收文　字第　號

南京市綢布呢絨商業同業公會關于推定和報送籌備員略歷表給市社會局的呈文（一九四八年九月九日）

（附）南京市綢布呢絨商業同業公會籌備會籌備員略歷表

查前南京市布、絲綢呢絨商業兩業同業公會自奉准恢復合併改組為南京市綢布呢絨商業同業公會後，經兩業理事聯席會議推定　蓋臣等為籌備員，遵於本月七日舉行第一次籌備會議推定　蓋臣為籌備主任，並決議分設總務、文書、交際、組織、調查等五組，分別推定正副主任，俾專責成而利進行。除分別函知外，理合檢附籌備員略歷表一份，備文呈送，仰祈

鑒核准予備案。謹呈

南京市社會局局長謝

附呈略歷表一份

南京市綢布呢絨商業同業公會籌備會籌備主任吳蓋臣

中華民國三十七年九月九日

借用

南京市綢布呢絨商業同業公會籌備會籌備員略歷表

職別	姓名	年齡	籍貫	學歷	經歷	現在職務	通信處	備註
籌備主任	吴蓋臣	六九	南京	私塾	前綢布呢絨業公會理事長、現市商會監事	同豐泰監察	太平路30	
籌備員兼總務組主任	馮魯騰	五六	江陰	中學	前布業公會理事、現市商會理事	華綸經理	建康路213	
〃〃〃兼總務組副主任	倪淦臣	三四	浙江	中學	前綢布呢絨業公會常務理事	悦大祥協理	中華路172	
文書組主任	魯志餘	四六	浙江	大學	前綢布呢絨公會理事	老大綸經理	建康路53	
〃〃〃副主任	劉永清	四七	武進	中學	前布業公會常務理事	鼎成經理	中正路480	
交際組主任	黄介侯	三八	南京	中學	前布業公會理事	正豐經理	昇州路281	
〃〃〃副主任	黄希仁	五四	南京	中學	前布業公會常務理事	鴻興經理	弓箭坊61	
組織組主任	秦純一	四〇	紹興	中學	前綢布呢絨業公會常務理事	天豐協理	太平商場内	
〃〃〃副主任	張女和	六二	鎮江	中學	前綢、布商公會下關辦事處主任	裕程經理	下關寶善巷10	
調查組主任	程雪如	五〇	南京	中學	前布業公會常務理事	九和經理	昇州路46	

〃〃〃〃副主任	江鏡澄	五四	武進	中學	經營綢布多年現市商會候補理事前緞綢呢絨公會常務理事	天豐泰經理	昇州路雞鵝巷	16

南京卜禮記

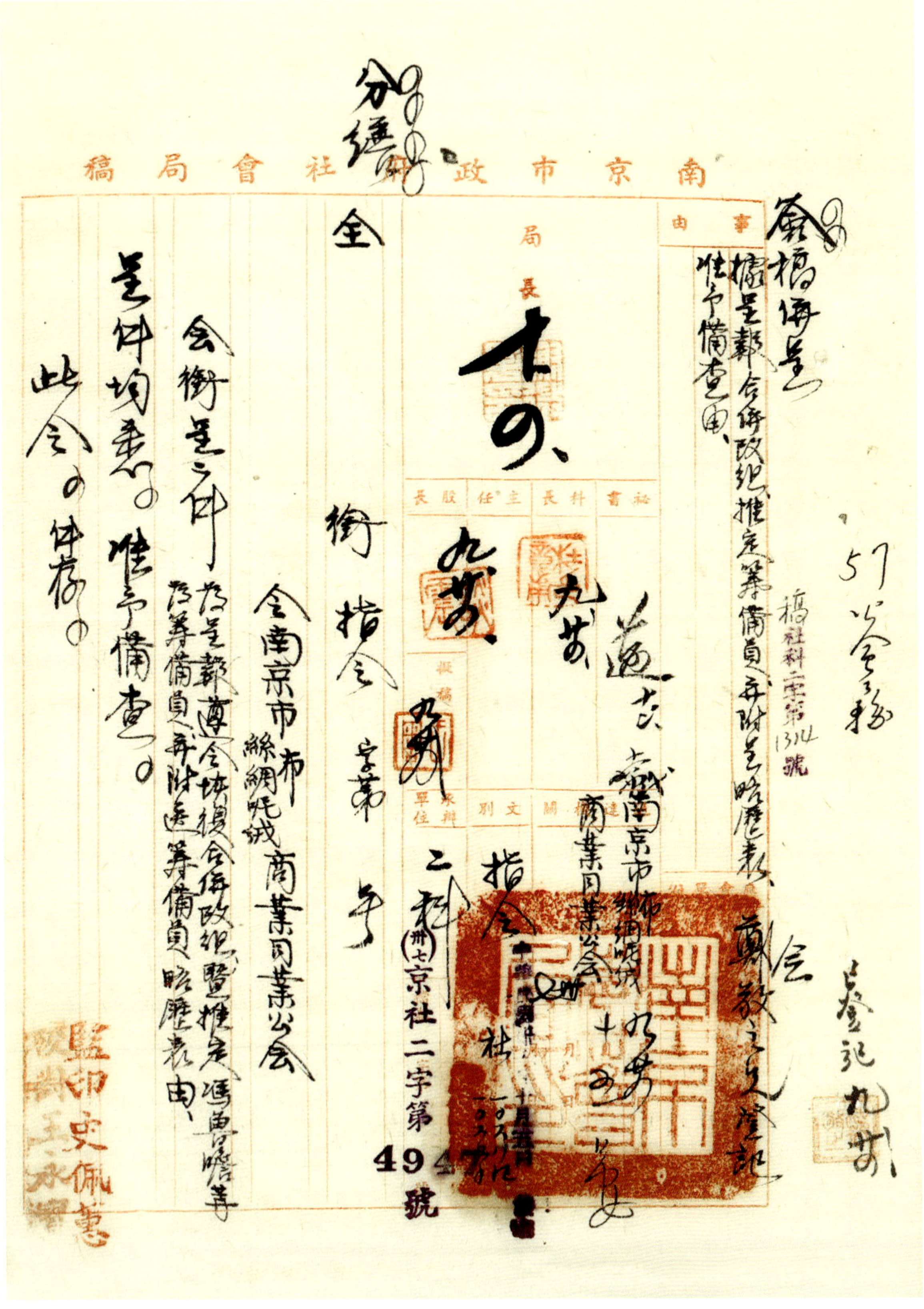
南京市政府社會局稿

事由：據呈報合併改組推定籌備員并附呈略歷表准予備查由

局長

秘書　科長　主任　股長

擬稿

送達機關　文別　承辦單位

指令　京社二字第494號

令南京市布、絲綢呢絨商業同業公會

會銜呈一件，為呈報遵令合併改組暨推定籌備員并附送籌備員略歷表由。

呈件均悉。准予備查。

此令。件存。

南京市社會局關于據呈報市布、絲綢呢絨商業同業公會合并改組等准予備查給兩同業公會的指令
（一九四八年十月五日）

六吉謝……

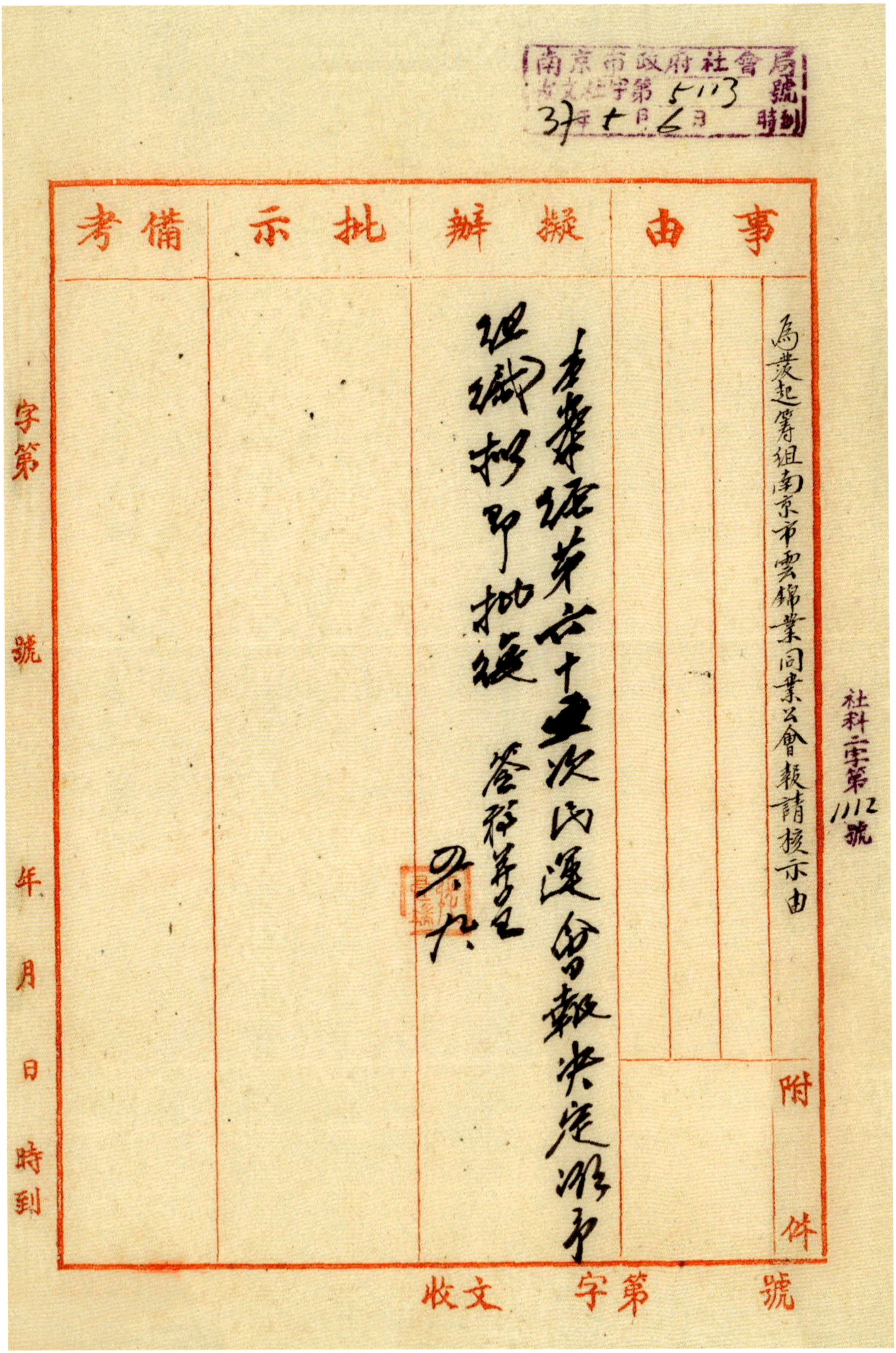
南京市政府社會局
收文社字第5113號
37年5月6日 時到

社科二字第1112號

事由：為發起籌組南京市雲錦業同業公會報請核示由

附件

擬辦：本案經第六十五次民選會報決定准予組織擬即批復

批示

備考

字第 號 年 月 日 時到

收文 字第 號

關于組織南京市雲錦工業同業公會的一組文件

王子興等關于籌組南京市雲錦業同業公會一案給市社會局的呈文（一九四八年五月六日）

（附）南京市雲錦業同業公會發起人略歷表

為發起籌組南京市雲錦業同業公會報請核示事

竊查京市特產「京緞」，向為中外聞名，質有元色素緞與錦彩裝花緞二種之分。抗戰前元色素緞製造者，則有緞業同業公會之組織，錦彩裝花緞製造者則有雲錦業同業公會之組織，蓋因雲錦業所製造之錦彩裝花緞與織元色素緞者其類別既迥乎不同，而織元色素緞者，對於錦彩裝花緞，亦不會織，是以同一織緞而有兩個同業公會之組織，亦如同一「車」名，而有「汽車」「人力車」等之區別。致雲錦之名，乃採用歷史相傳，創造發明錦彩裝花緞為雲錦娘娘，追念創造者之艱巨，因以命名，抗戰勝利後，我業凋零，是以迄未復員組織公會。因以西藏蒙古之交易，因交通之不便，無法大批運銷，而海外之市場，亦因未加改進，遂漸放棄，兼之外貨傾銷，以致國內市場，亦實銷不暢，營業不振，但亦應反躬自省，力加改良，或可恢復適

去之榮譽，爭取國外之市場，使此京市特產「京緞」不致中輟失傳。子興等有鑒于此，爰

特發起恢復籌組「南京市雲錦業同業公會」，以有系統之組織，群策群力，冀

數十年之經營研討改進，瞭仰前途，不無希望。想亦

鈞局之所樂予贊助倡導者，將此中落工業予以復興也。可否准予籌備組織

之處，理合報請

鑒核示遵，實為德便。謹呈

南京市社會局局長　謝　公鑒

附發起人略歷表一份

南京市雲錦業同業公會發起人王子興等謹呈

中華民國三十七年　月　日

南京市雲錦業同業公會發起人畧歷表

姓名	性別	年齡	籍貫	學歷	經歷	現任職務	曾否參加何種政治組織	通訊處	蓋章
王子興	男	34	本京	軍需學校畢業	南京人民自由保障會委員 市商会監事 綢布業公会理事長	大德祥顏料號經理 王永興緞號經理	國民党：証 軍信字03361号	安品街16	
祁紹先	男	74	仝	私塾	前南京市雲錦業同業公会執行委員	祁德泰緞號經理		華僑路47	
陳恭生	男	47	仝	來復會正德中學畢業	前南京市雲錦業同業公会常務委員	建業錦緞廠經理		杏花村10	
王南銀	男	62	仝	私塾	前南京市雲錦業同業公会執行委員	王榮泰緞號經理		金粟菴14	
林子餘	男	47	仝	基督中學畢業	前南京市雲錦業同業公会執行委員	林慶記緞號經理		集慶路221	
戴明榮	男	65	仝	私塾	前南京市雲錦業同業公会執行委員	戴明記緞號經理		一枝園1	
宋榮成	男	67	仝	私塾	前南京市雲錦業同業公会執行委員	宋湧源緞號經理		紅廟30	
祁德鉅	男	51	仝	初中		祁德泰仕記緞號經理		营門口10	
任永森	男	51	仝	初中		任永泰緞號經理		估衣廊37	

閻寶山	男	54	南京	初		閻寶記錦緞廠經理		井家苑6
劉仲義	男	42	仝	初中		建華錦緞廠經理		終所巷30
戴正發	男	40	仝	初中	南京第四區人民代表	戴正興緞號經理		杏花村24
劉家濤	男	42	仝	初中		劉仲記錦緞廠經理		珠江路149
劉鶴鳴	男	50	仝	初		劉正興緞號經理		花露崗91
楊春江	男	48	仝	初		楊廣興緞號經理		柏家苑3
沈長源	男	49	揚州	初		沈源興錦緞號經理		集慶路221
田朝山	男	52	仝	初		田永昌錦緞廠經理		鳳游寺18
林士順	男	49	六合	初		林福祥緞號經理		瓦棺寺14
康長海	男	41	南京	初		康永泰錦緞廠經理		高家苑7

姓名	性別	年齡	籍貫	學歷	經歷	現在職務	曾否參加何種政治組織	通訊處	蓋章
俞通和	男	37	南京	中		俞源記錦緞廠經理		鳳遊寺20	俞通和
張永保	男	51	仝	初		張榮記錦緞廠經理		金粟菴5	[illegible]
袁寶慶	男	48	仝	初		袁慶興錦緞廠經理		仝上	[illegible]
周同興	男	47	仝	初		同興祥緞號經理		終斷巷36	[illegible]
徐發財	男	49	仝	初		徐錦泰錦緞廠經理		撮箕巷15	[illegible]
閻寶洪	男	61	仝	私塾				井家苑9號	[illegible]
施仁甫	男	39	仝	初中	施吉記錦緞號經理	中央商場美倫綢緞織錦商店經理		林森路88	[illegible]
柳兆松	男	57	仝	初		柳榮泰錦緞號經理		中山路308	[illegible]
吳錦源	男	42	仝	初中	吳春記錦緞號經理	潮山抽繡商店經理		仝上	[illegible]

張元發	男	69	南京	私塾		元茂祥緞號經理		漢中路28	張元發
仇榮生	男	69	仝	私塾		仇榮泰緞號經理		杏花村13	仇榮生章
張炳玉	男	61	仝	私塾	前南京市雲錦業同業公會執行委員	張象茂錦緞號經理		中華路89	[illegible]
丁恩榮	男	47	仝	初		丁永源緞號經理		鐵管巷47	丁恩榮

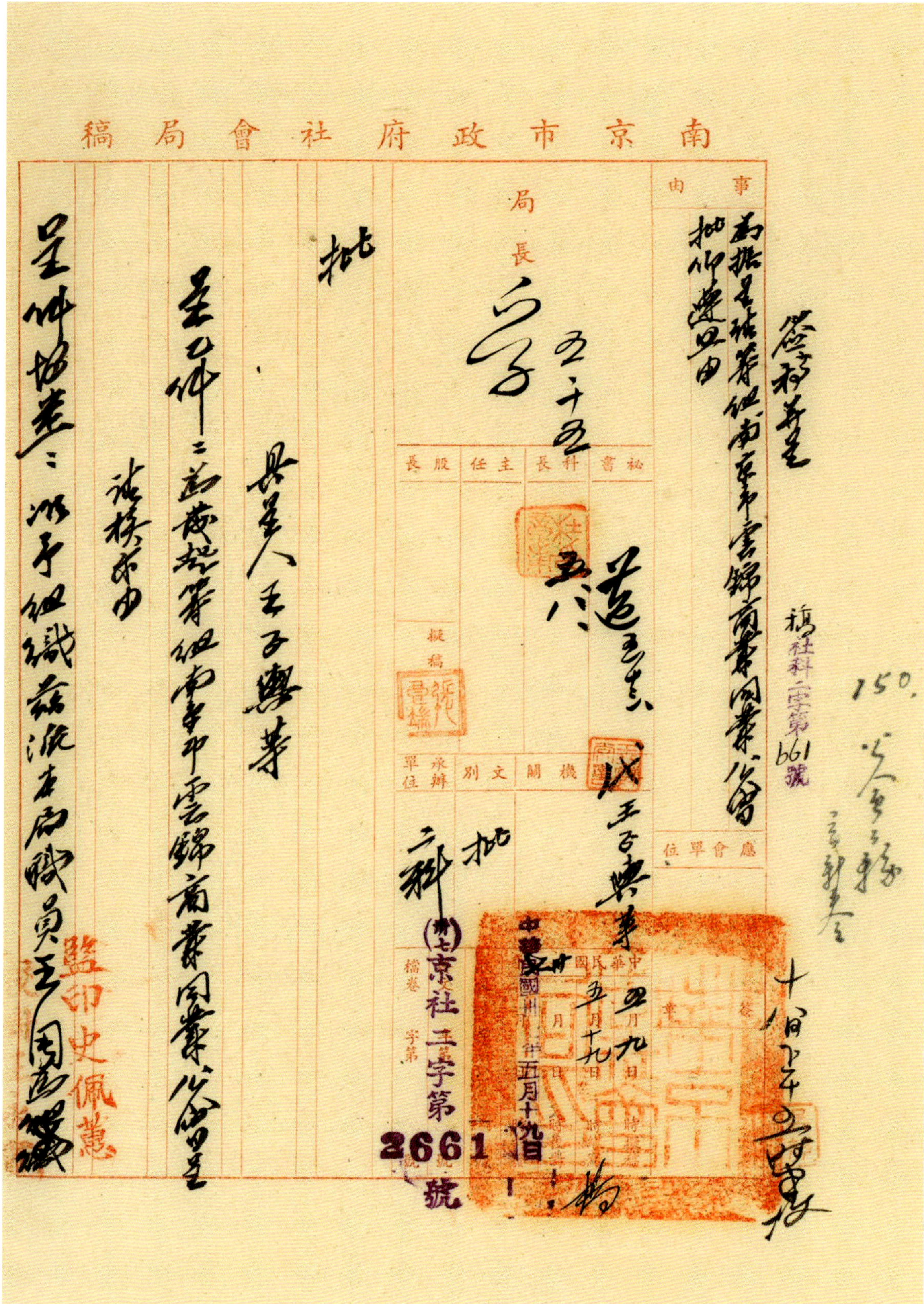
南京市政府社會局稿

事由：爲據呈請籌組南京市雲錦商業同業公會批仰遵照由

批

具呈人王子興等

局長

秘書　科長　主任　股長

擬稿

機關　文別　承辦單位

應會單位

監印　史佩蕙

南京市社會局爲據呈請籌組市雲錦商業同業公會准予組織仰即依法籌備成立給王子興等的批文

（一九四八年五月十九日）

指導員所即依法籌備成立為要

此批呈件存

部長 劉

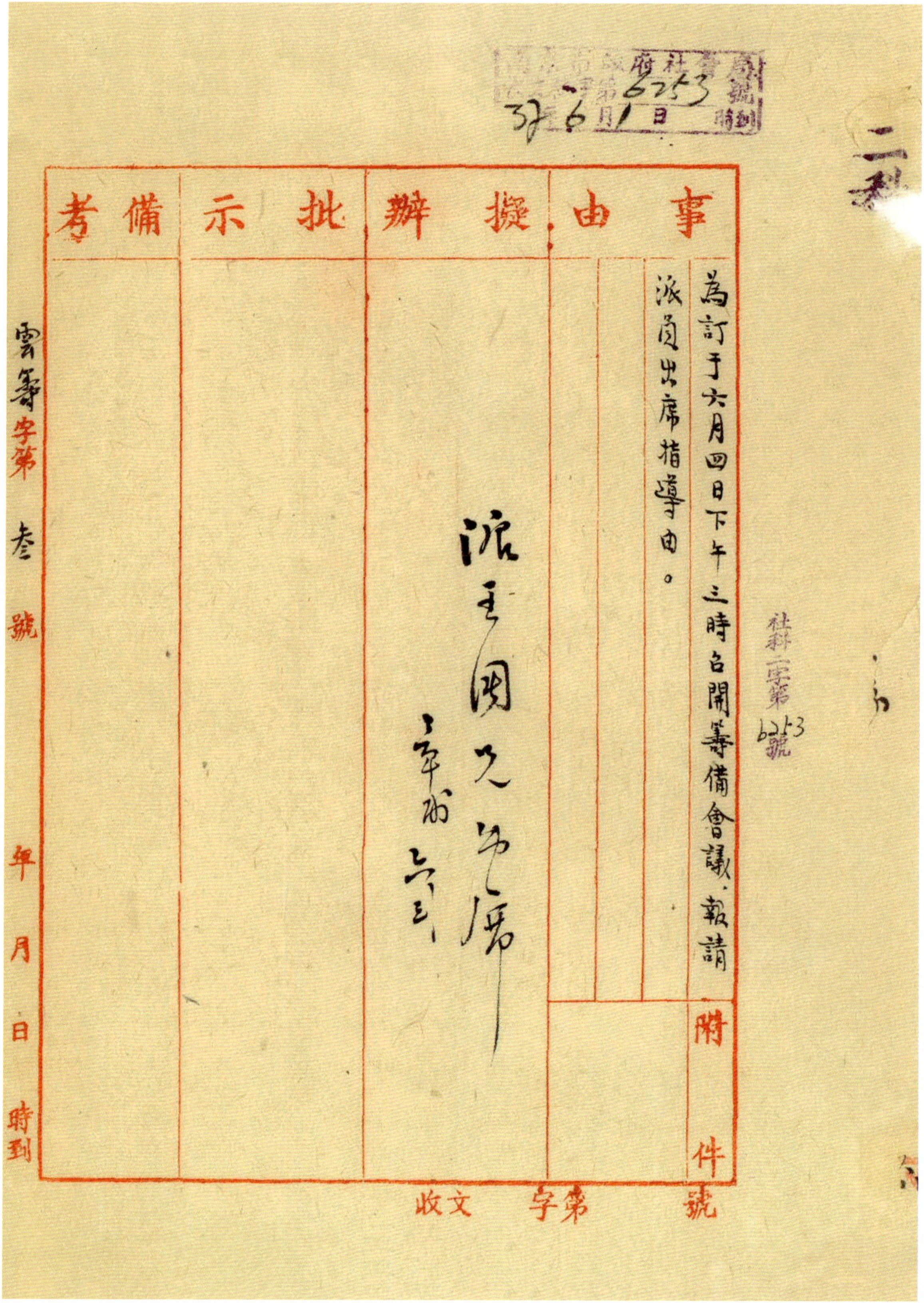
南京市政府社會局收文 社字第6253號 37年6月1日 時到

事由：為訂于六月四日下午三時召開籌備會議，報請派員出席指導由。

附件

擬辦：派王國久出席 章 六三

批示

備考

雲籌字第叁號　年　月　日　時到

收文　字第　號

社科一字第6253號

南京市雲錦商業同業公會關于召開籌備會議請派員出席指導給市社會局的呈文（一九四八年五月三十一日）

竊子興等發起籌組南京市雲錦商業同業公會，業經呈奉
鈞局(卅七)京社二字第2661號批開：「呈件均悉，准予組織，茲派本局
職員王周為指導員，仰即依法籌備成立為要，此批件存」等因
奉此，遵訂于六月四日下午三時在本京安品街十六號召開籌備會
議，除分別呈報通知外，理合備文報請
鑒核派員出席指導，實為公便。謹呈
南京市社會局局長謝
南京市雲錦商業同業公會發起人王子興等呈

中華民國卅七年五月卅一日

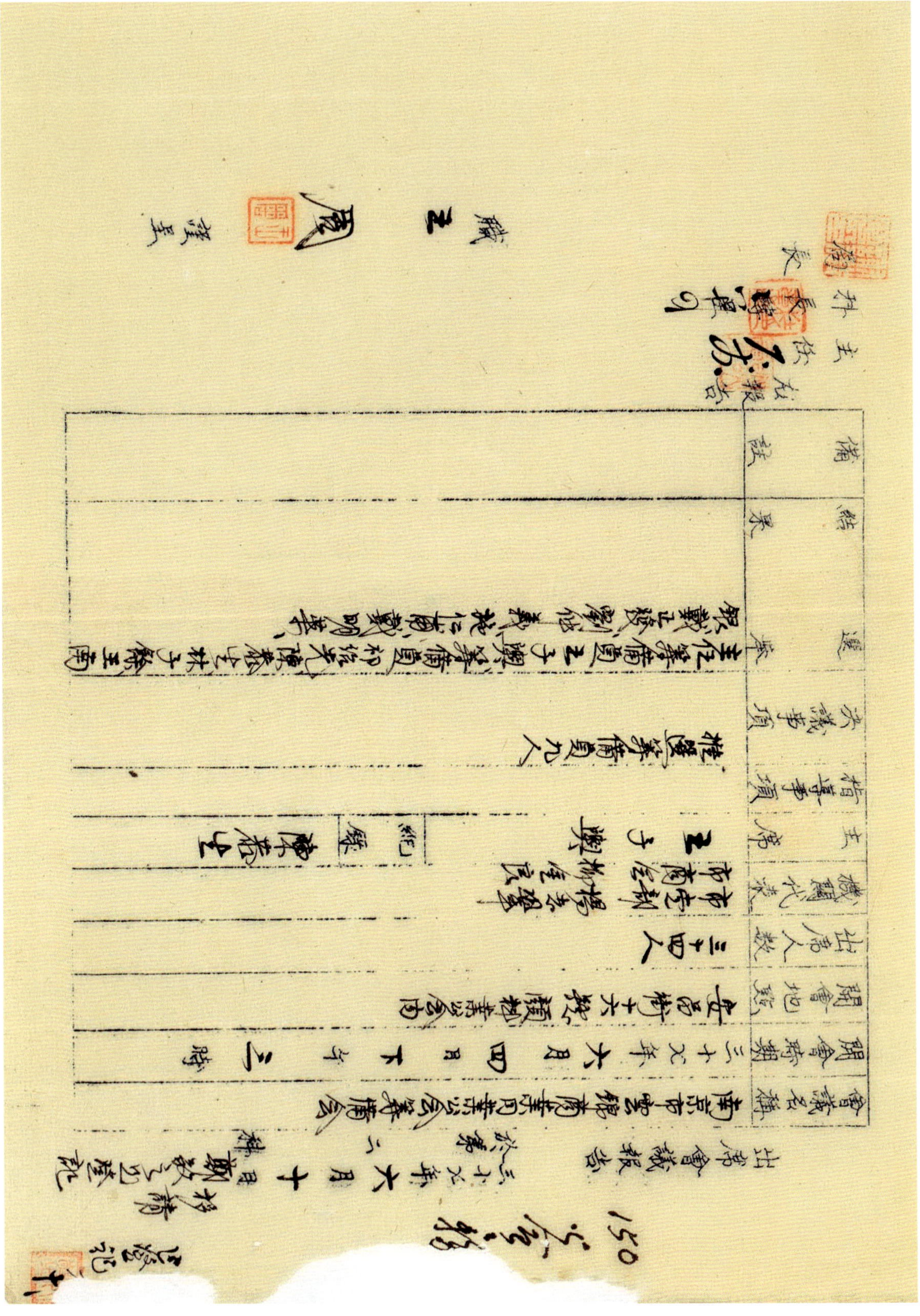

出席會議報告

三十七年六月十日於秘書室

科員鄭毅之謹記

會議名稱	南京市雲錦商業同業公會籌備會
開會時期	三十七年六月四日下午三時
開會地點	堂子街十六號綢業公會內
出席人數	三十四人
機關代表	市社會局楊孟璽 市商會柳信民
主席	王子興 紀錄 陳紹堂
指導事項	
決議事項	推選籌備員九人
選舉結果	主任籌備員王子興，籌備員柳信光、陳紹堂、林子餘、王雨卿、鄭正發、劉松義、龔仁甫、戴明孝。
附屬	
備註	

右報告

主任秘書

科長

局長

職 周 謹呈

南京市社會局關于出席南京市雲錦商業同業公會籌備會的報告（一九四八年六月十日）

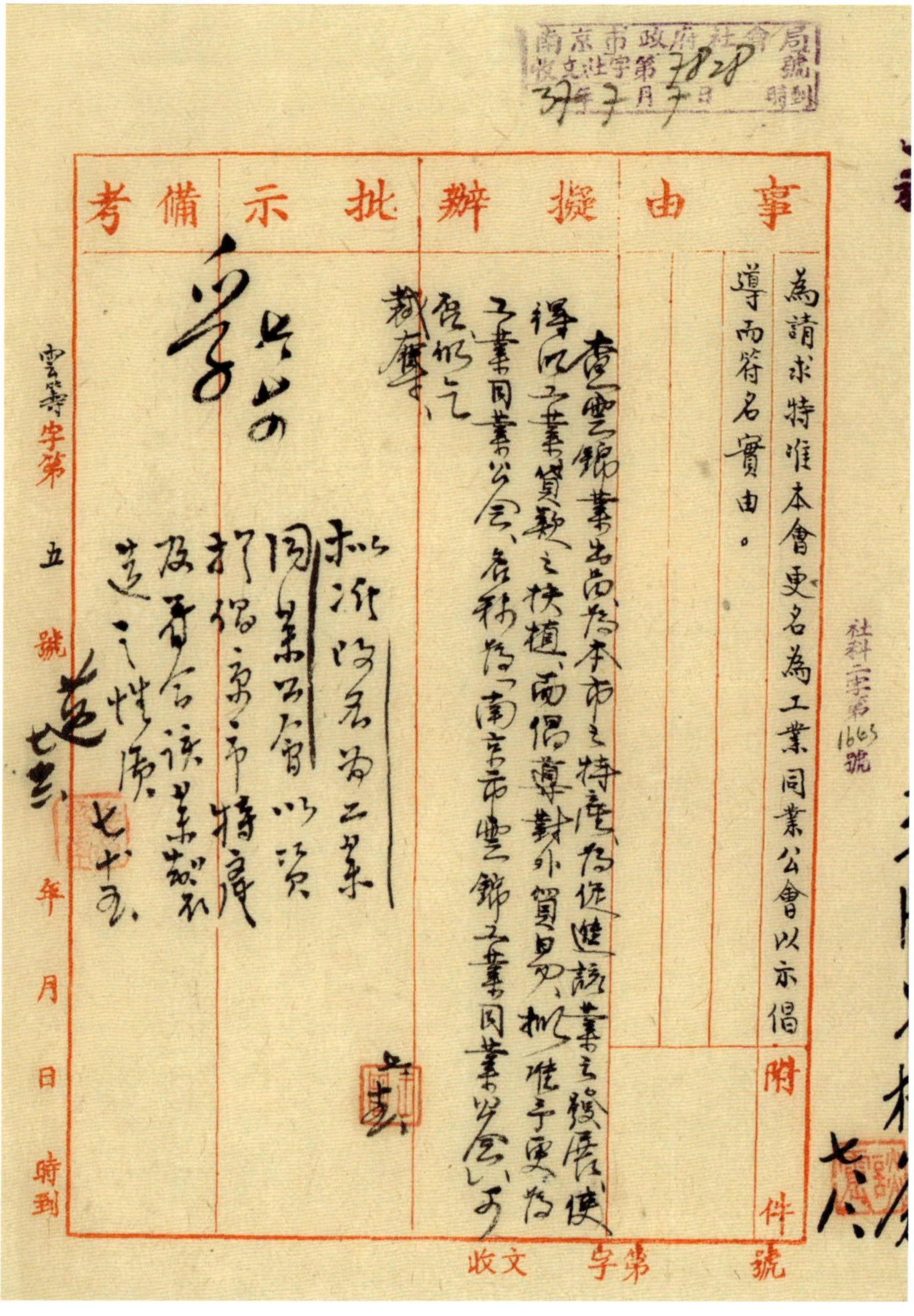

南京市雲錦商業同業公會關于請求更名爲雲錦工業同業公會一案給市社會局的呈文
（一九四八年七月五日）

窃子興等發起籌組南京市雲錦業同業公會一案，業經呈奉
鈞局(卅七)京社二字第2661號批准組織為商業同業公會並派　王周先生為指導員，當於六月四日召開籌備會議推定子興為籌備主任及祁紹先等籌備員八人即日展開籌備工作在案；惟查本業出品之「京緞」，乃京市僅有之「工業特產」，中外聞名，鼎盛時期，約有緞號四五百家，每一緞號擁有職工多則數百人，少則數十人不等，是以直接間接依此為生者，不下十數萬人，約佔京市全人口四分之一左右；其出品之設備，完全採用「本機織造」，故會員名稱有稱之為織造廠者，其有仍名為緞號者，但其內容均直接附設有織造處所；故本會之會員全係工業組織，亦如「本京織絨工業」者然；是以本業如名之為商業同業公會，實覺「名」「實」不符；況本

業既為京市僅有特産工業，在此漸趨中落時期，鈞局想亦願本贊助倡導之旨，先予正名，特准本會更名為工業同業公會，使各會員知所振奮，則將來恢復過去國外市場，對外滙之争取，裨益社會國家，實匪淺鮮；所有請求特准更正本會名稱為「南京市雲錦工業同業公會」以示倡導而符名實之處，理合備文呈請

鑒核示遵，實為公便。謹呈

南京市社會局局長謝。

南京市雲錦商業同業公會籌備主任王子輿（印）

會址暫設安品街十六號

中華民國三十七年七月五日

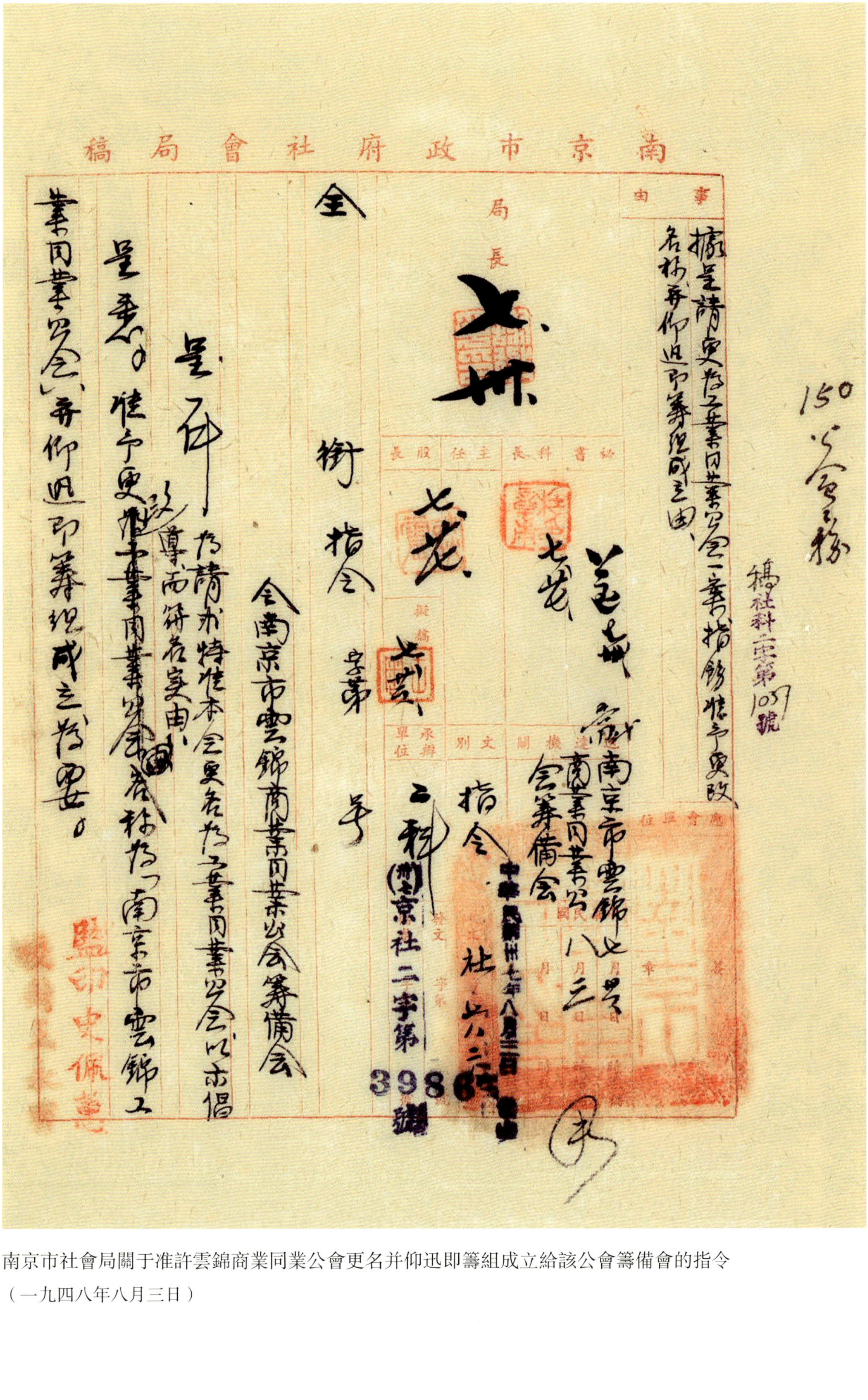

南京市社會局關于准許雲錦商業同業公會更名并仰迅即籌組成立給該公會籌備會的指令

（一九四八年八月三日）

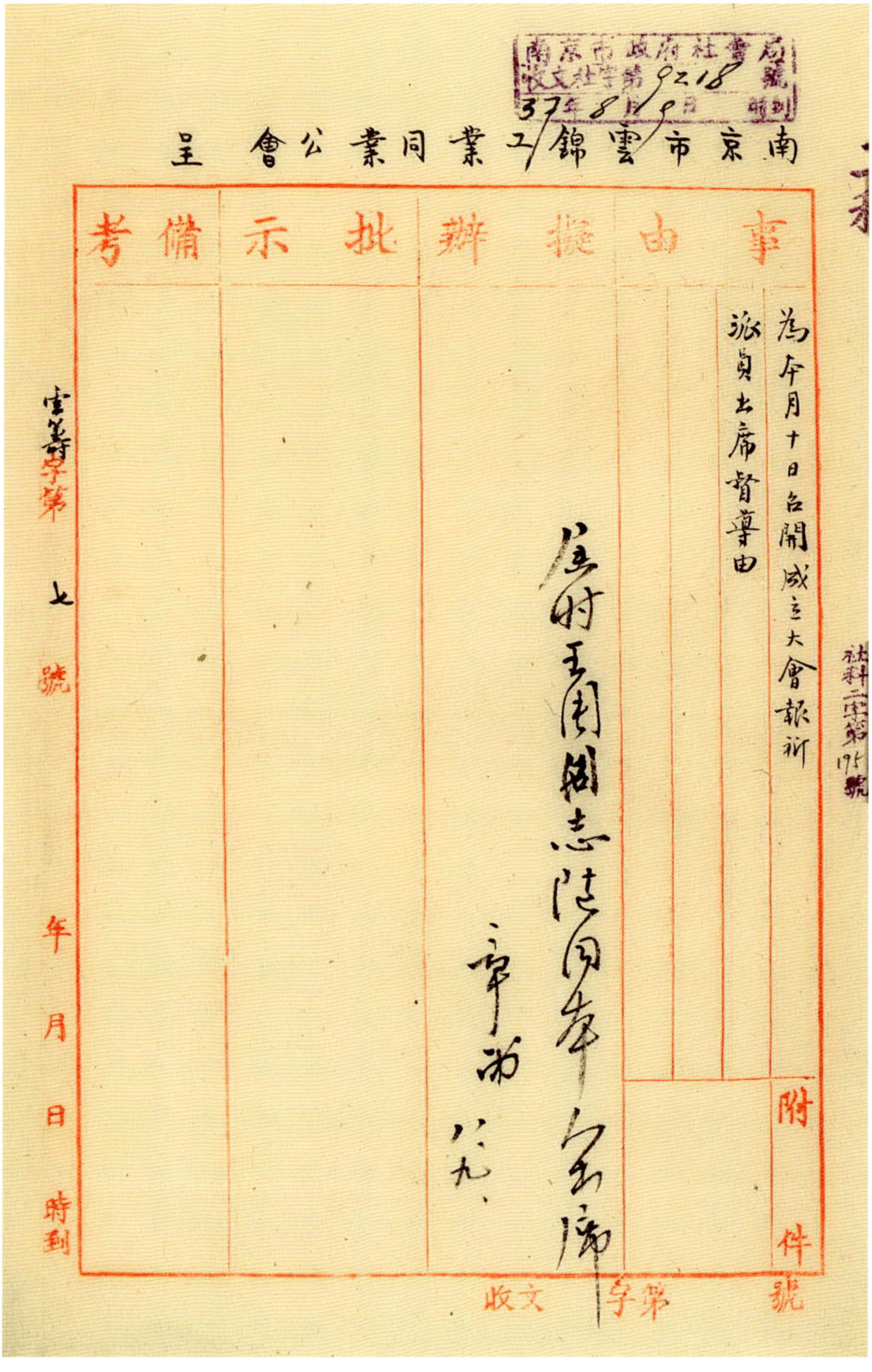
南京市政府社會局收文社字第9218號 37年8月9日

南京市雲錦工業同業公會 呈

雲籌字第七號

社科二雲第175號

事由	擬辦	批示	備考
為本月十日召開成立大會報祈派員出席督導由	擬派王開志陸□□出席 章 八、九、		

附件

年 月 日 時到

收文 字第 號

南京市雲錦工業同業公會關于召開成立大會請派員出席給市社會局的呈文

（一九四八年八月七日）

竊查本會籌組工作現已完竣並奉
批准更改名稱為「南京市雲錦工業同業公會」等因奉此遵于
即日起更改名稱並定於本月十日上午十時在安品街十六號
召開成立大會除分別呈函外理合備文呈請
鑒核派員出席實導爲公便
謹呈
南京市社會局局長謝
南京市雲錦工業同業公會籌備主任王子興

安品街十六號

中華民國三十七年八月七日

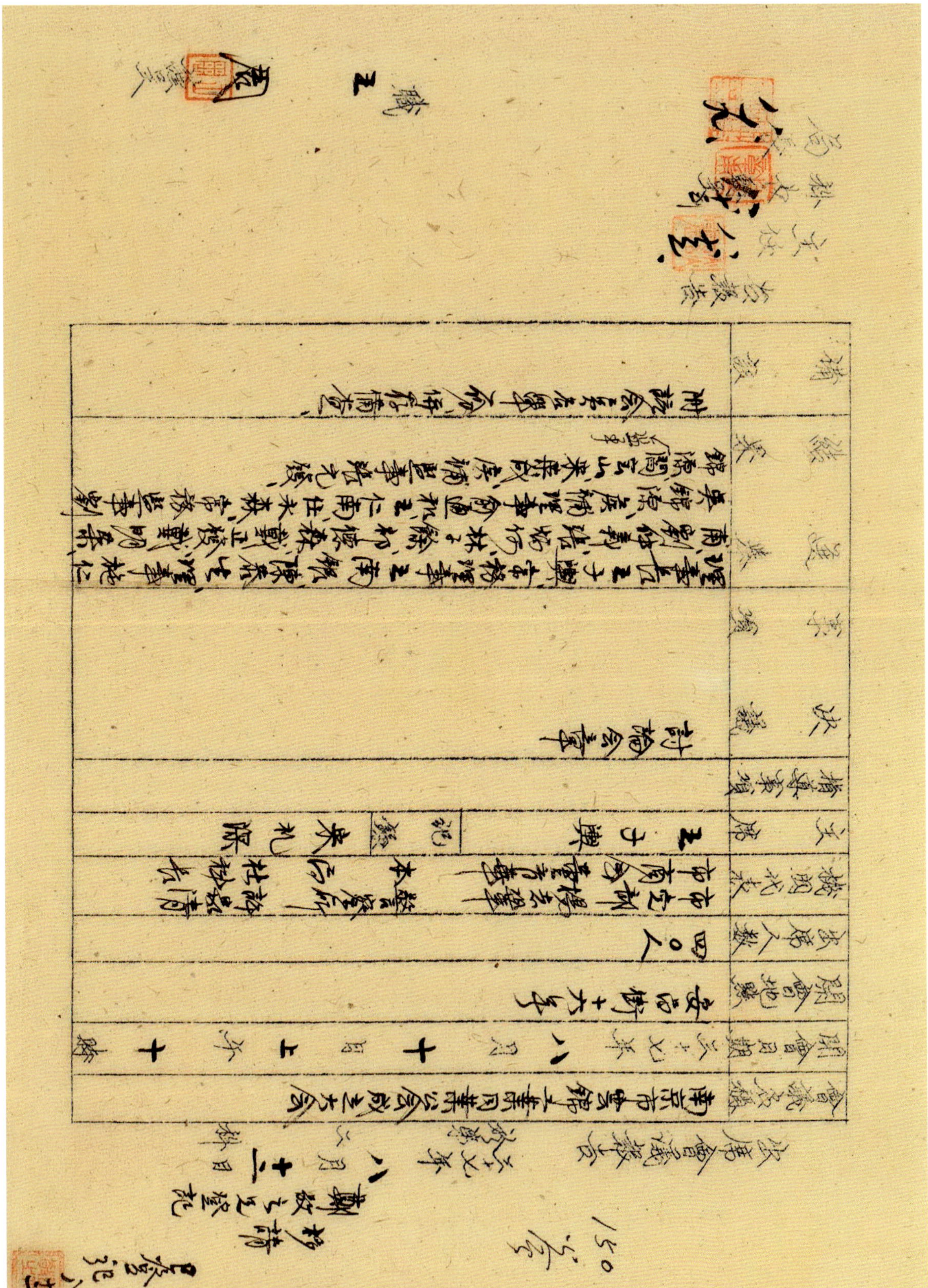

會議名稱	南京市雲錦工業同業公會成立大會
開會日期	三十七年八月十日上午十時
開會地點	安品街十六號
出席人數	四〇人
機關代表	[illegible]
主席	[illegible]
指導事項	
決議事項	討論會章
選舉結果	[illegible]
備考	[illegible]

南京市社會局關于出席南京市雲錦工業同業公會成立大會的報告（一九四八年八月十二日）

（附）南京市雲錦工業同業公會會員名單

南京市雲錦工業同業公會會員名單 年 月

王菊銀	施仁甫	王子興	陳泰生	劉仲義	張炳何	林子餘	祁德森	戴玉發	戴明榮	俞通和	宋崇啟	吳錦源
閻寶山	張元發	劉錦源	劉家濤	柳兆松	楊文明	張德仁	周鳳興	吳長順	倪長海	吳來旺	蔡寬發	楊壽江
丁子餘	祁德鎮	丁鳳榮	任永森	沈長源	王安孫	徐發財	王仁炳	劉鶴鳴	林士貢	仇榮生	田翰山	張永餘

周成高

李明德

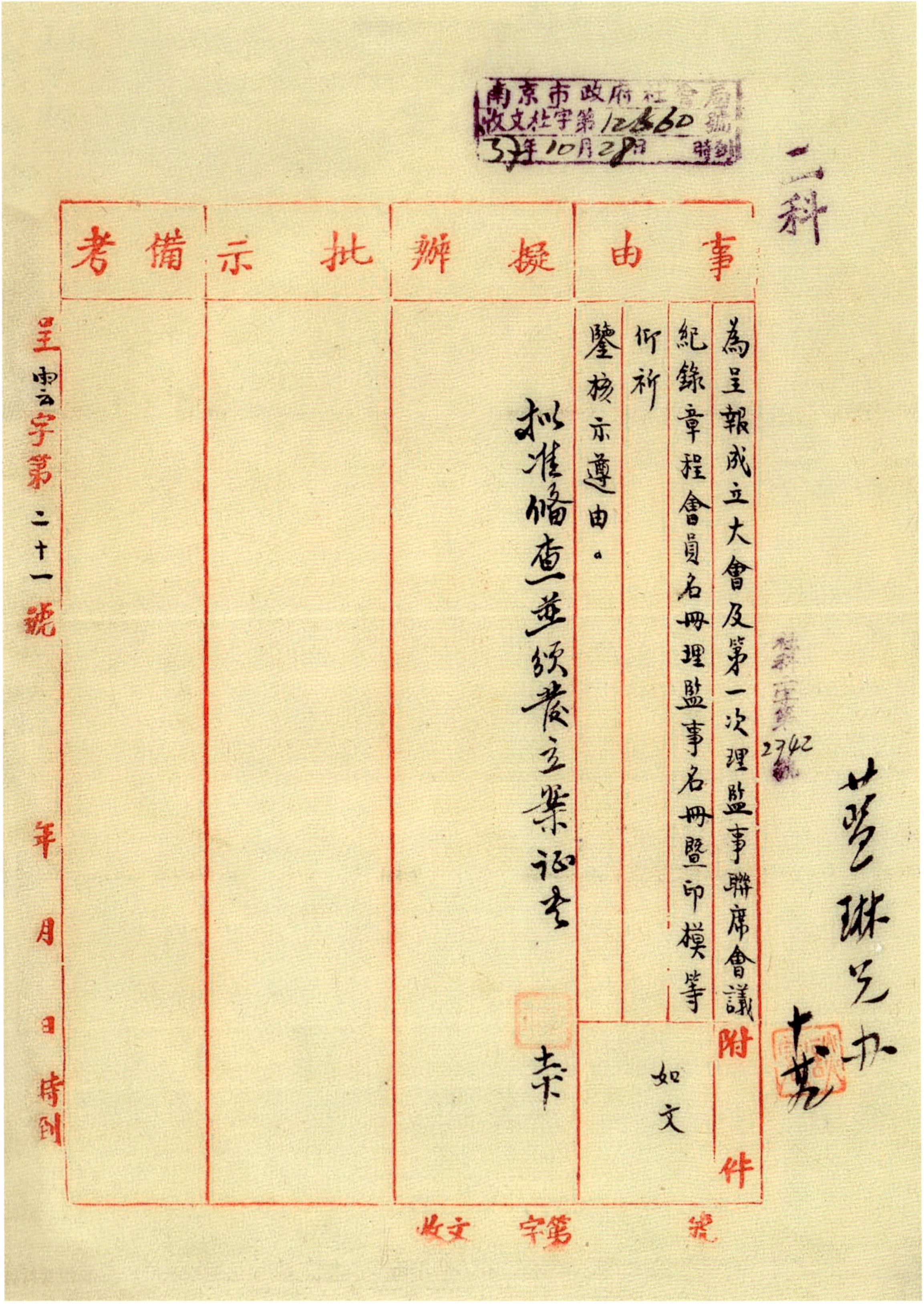
南京市政府社會局 收文社字第12660號 37年10月28日 時到

二科

事由：為呈報成立大會及第一次理監事聯席會議紀錄章程會員名册理監事名册暨印模等仰祈鑒核示遵由。

擬辦：擬准備查並頒發立案證書

附件：如文

呈雲字第二十一號　年　月　日　時到

收文　字第　號

南京市雲錦工業同業公會關于呈報成立大會及第一次理監事聯席會議記録、章程、會員名册、理監事名册、印模等祈鑒核給市社會局的呈文（一九四八年十月二十八日）

南京市雲錦工業同業公會 呈

案奉

鈞局（卅七）京社二字第三九八六號指令内開：

「呈悉，准予更改名稱為『南京市雲錦工業同業公會』，并仰迅即籌組成立為要，此令」

等因，奉此，遵於本年八月十日假安品街十六號正式成立，並經呈准派員出席指導在案；茲謹遵將成立大會暨第一次理監事聯席會議紀錄，及章程、會員名冊、理監事名冊各造一份，並遵照規定格式刊就圖記，即日啟用，拊同印模一併呈請

鑒准備案示遵，實為公便。〃

謹呈

社會局局長謝。

附呈成立大會紀錄乙份。

第一次理監事會議紀錄乙份。

章程乙份。

會員名册乙份。

理監事名册乙份。

印模乙幀。

南京市雲錦工業同業公會理事長王子興

中華民國三十七年十月　日

南京市雲錦工業同業公會成立大會會議紀錄

（附一）南京市雲錦工業同業公會成立大會會議記録

南京市雲錦工業同業公會成立大會會議紀錄

日期 三十七年八月十日上午十時

地址 安品街十六號

出席人

陳恭生 王子興 劉仲義 楊文明

俞通和 李明德 阎寶山 張德仁

王南銀 吳長順 王安瑞 徐發財

吳來熙 戴正發 康長海 戴朋崇

劉家濤 張永保 丁子餘 林子餘

林士順 沈長源 周同興 王仁炳

宋榮成 劉鶴鳴 柳心松 吳錦源

周承高 施仁甫 劉錦源 袁寬發

楊春江 祁德銓 仇榮生 張正新

祁德森 張允發 丁恩榮 任永森

機関代表

許家清 西站警察局

杜章甫　社會局
王　周　〃
董霄華　市商會
沈玉鴻　〃
楊志翠　市黨部

開會如儀

主席　王子興　　　紀錄　宋禮深

主席致開會詞　本會自籌備迄今，蒙各機關指導，
暨各會員熱誠團結，呈准南京市社會局核准召開成立
大會，今日承各上級機關派員出席，并合會員踴躍參加，
非常榮幸，謹將籌備期內各項事務概略報告[illegible]

結束

市社會局　市黨部　市商會　代表訓詞
語多勗勉（略）

討論事項

主席交議　本公會章程草案業經擬妥是否妥當修改提請公決案

決議　修正通過

選舉　第一届理監事選舉結果

王子興　三十七票　複選為理事長

陳蒸生　三十七票　複選為常務理事

王尚銀　三十七票　〃　〃

劉仲義　三十七票　當選為理事

張炳何　三十七票　〃　〃

施仁甫　三十五票　〃　〃

林子餘　三十四票　〃　〃

祁德森　三十四票　〃　〃

戴正發　三十四票　〃　〃

戴明發　三十三票　〃　〃

吳錦源　二十四票　〃　〃

俞通和　二十三票　當選為候補理事

王仁炳　三票　〃　〃

任水森　三票　〃　〃

閻寶山　二十五票　當選為常務監事

劉錦源　十八票　當選為監事

宋學成　十四票　〃　〃

張元發　十票　當選為候補監事

訓話

禮成

散會

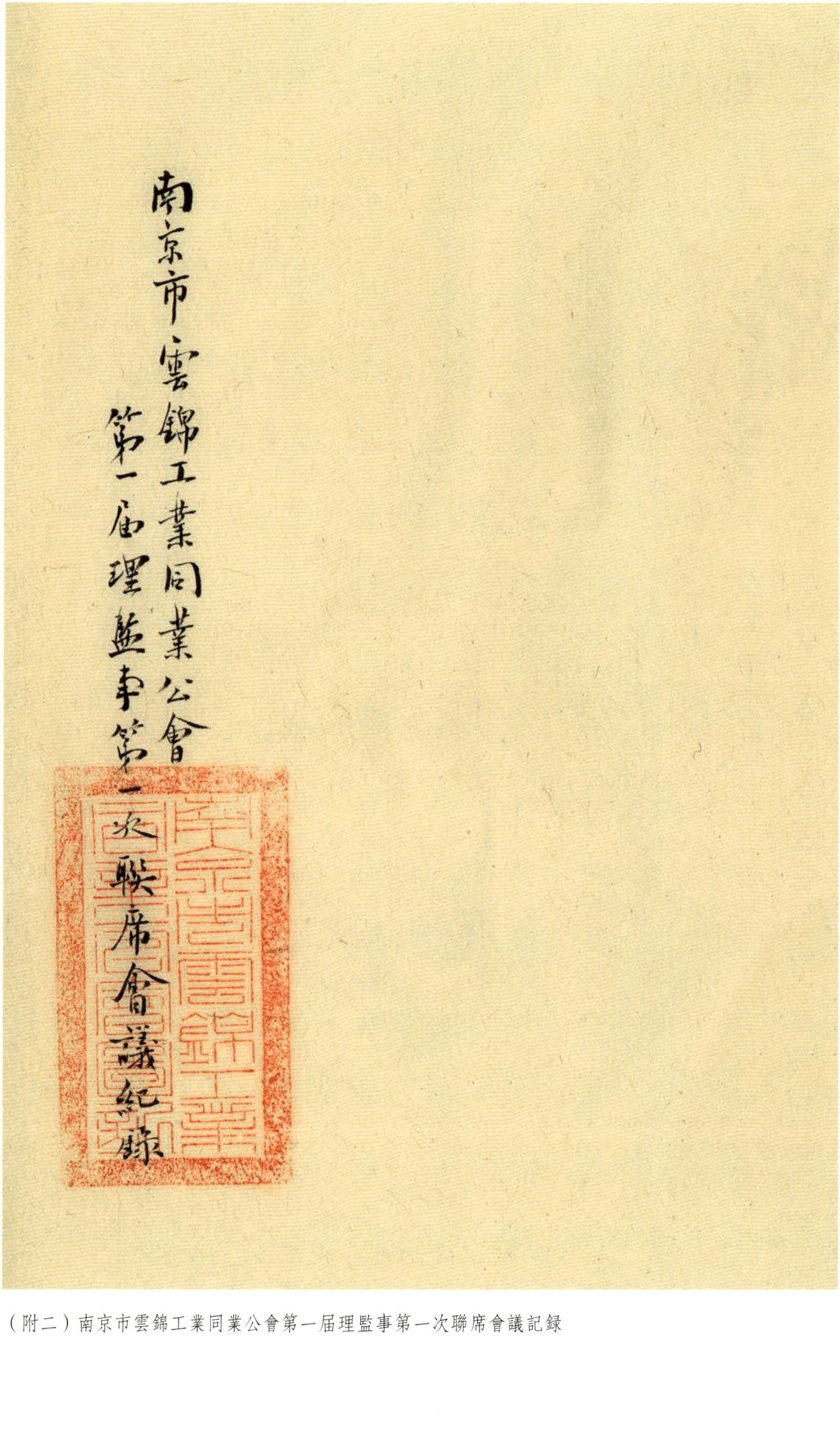
南京市雲錦工業同業公會
第一屆理監事第一次聯席會議紀録

（附二）南京市雲錦工業同業公會第一屆理監事第一次聯席會議記録

南京市雲錦工業同業公會第一屆理監事第一次聯席會議紀錄

日期 三十七年八月二十五日下午四時

地址 安品街十六號

出席者 王子興 戴明榮 閻寶山
劉仲義 陳恭生 邵德森
劉錦源 施仁甫 林子餘
王南銀 張炳例 吳錦源
戴正榮

主席 王子興 紀錄 宋標源

開會如儀

主席報告 本人忝為本屆理事長 深覺才疏學淺 似希
諸理監事督促協助 庶免隕越而勝業幸

討論事項

主席交議 本屆理事會是否需要分組職掌事務 俾專責

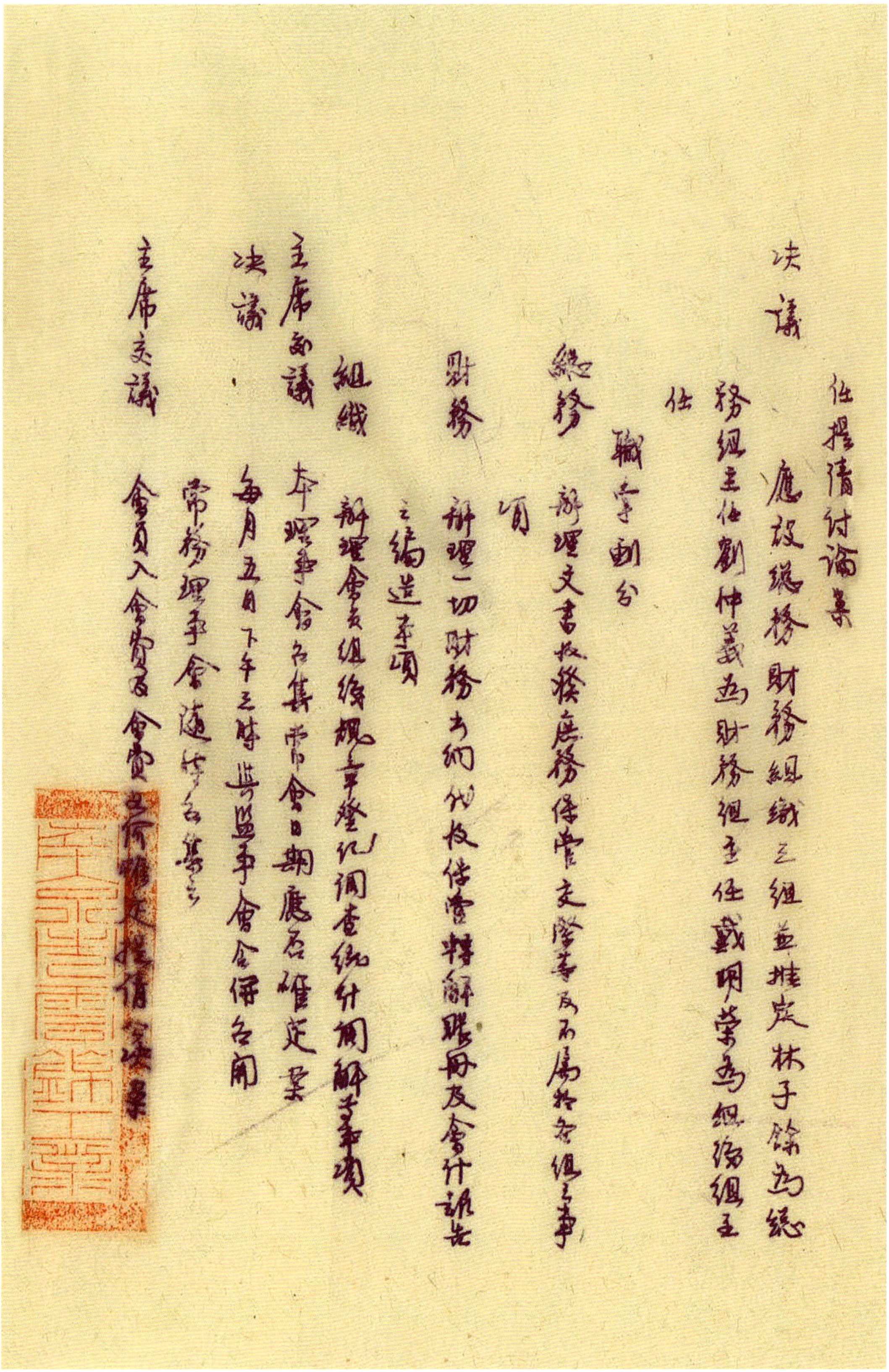

任提請討論案

決議　應設總務、財務、組織三組，並推定林子餘為總務組主任，劉仲義為財務組主任，戴明榮為組織組主任

職掌劃分

總務　辦理文書收發、庶務保管、交際等及不屬於各組之事項

財務　辦理一切財務出納收支保管、釋解賬册及會計統計之編造事項

組織　辦理會員組織規章登記、調查統計、調解等事項

主席交議　本理事會召集常會日期應否確定案

決議　每月五日下午二時與監事會合併召開，常務理事會隨時召集之

主席交議　會員入會費及會費之如何規定提請公決案

決議　入會費為金圓二角
會費每一機為一級每一級為會費二角以七級為止超過
七級者每二機為一級類推征收

散會

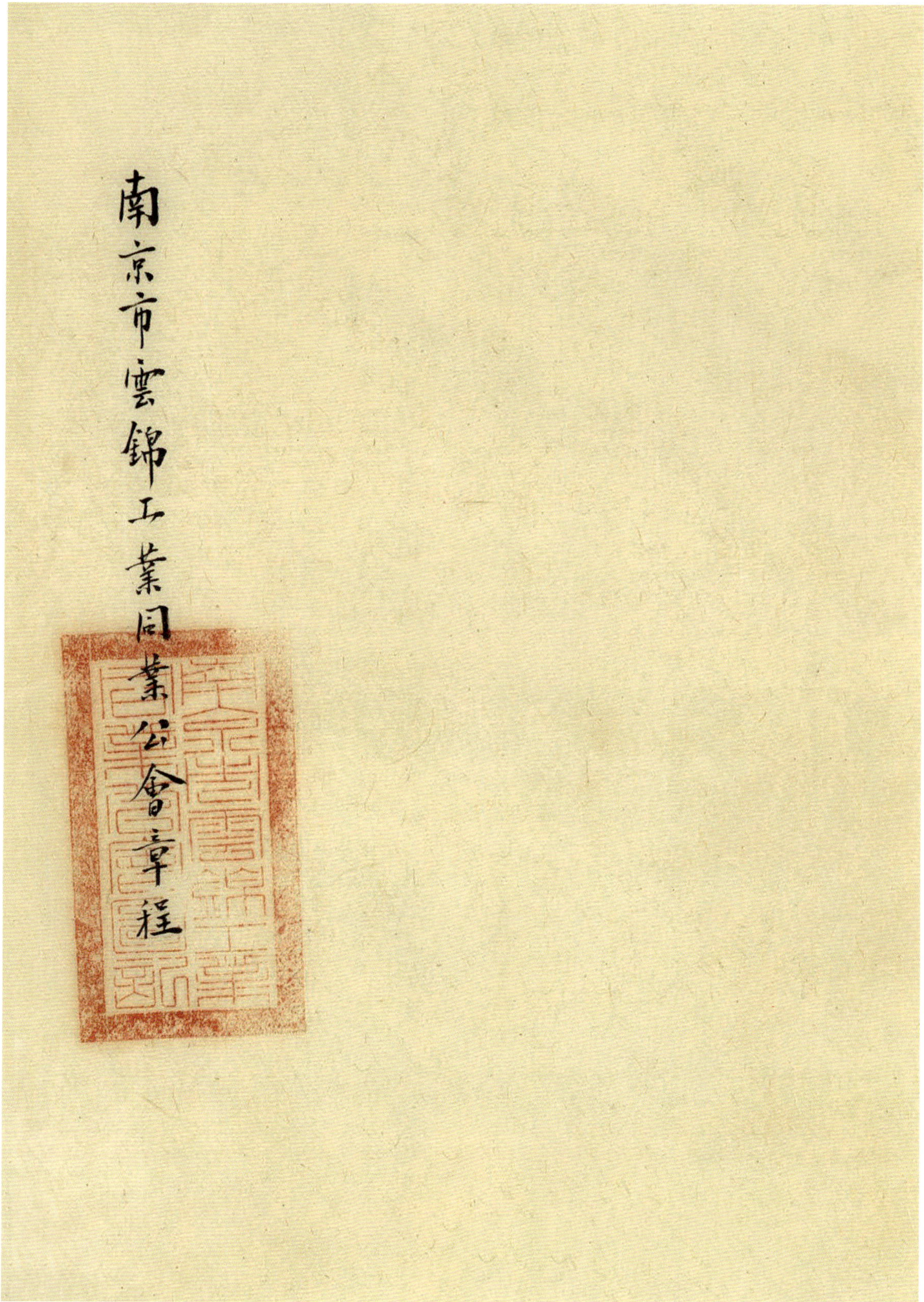
南京市雲錦工業同業公會章程

（附三）南京市雲錦工業同業公會章程

南京市雲錦工業同業公會章程

第一章　總則

第一條　本章程依據工業會法及工業會法施行細則訂定之

第二條　本會定名為南京市雲錦工業同業公會

第三條　本會以謀劃雲錦工業之改良發展增進同業之公共利益為宗旨

第四條　本會之區域以南京市行政區域為區域

第五條　本會會址暫設於南京安品街十六號

第二章　任務

第六條　本會之任務如左

一、關於產銷之研究改良與發展及事業經營上必要之統籌事項

二、關於會員合法權益之請求與保障事項

三、關於技術原料器材之合作事項

四、關於會員之事業保險及計劃統制事項
五、關於會員之設備製品及原料之檢查取締事項
六、關於工業產品之調查統計事項
七、關於同業糾紛之調處公斷事項
八、關於會員福利及公益事業之舉辦事項
九、關於勞資合作之促進及糾紛之協助調處事項
十、關於政府經濟政策之協助推行事項
十一、關於參加各項社會運動事項
十二、辦理合于第三條所揭宗旨之其他事項

第三章　會員

第七條

凡在本區城內經營雲錦工業（織造織錦庫金摹本装花彩緞業）而合于工廠法所定標準之工廠不論公營或民營除國營專供軍用之工廠外均應加入本會為會員

前項會員推派代表出席本會稱為會員代表

第八條　會員代表均有表决權選舉權及被選舉權每一代表為一權
本會每一會員推派代表一人但得按其負擔會費之多寡等
級加派代表惟至多不得過七人會員代表以主體人經理人或
代表或主行使管理權之職員年在二十歲以上者為限

第九條　會員入會時須經會員二家之介紹填具入會申請書

第十條　有左列情事之一者不得為本會會員代表
一、犯罪經判决確定或於通緝中者
二、褫奪公權尚未復權者
三、受破產之宣告者
四、禁治產者
五、吸食鴉片或其代用品者

第十一條　會員代表發生前項各款情事之一而喪失資格時原派
之會員應另派代表補充之

第十二條　會員選派代表時應給以代表委託書並通知本會撤

換時如同儕會員代表臨時因事不能出席時得以書面委託代理人但代理人以代表一人為限

第十三條　會員非因廢業或遷移其他區域或受永久停業之處分者不得退會

第十四條　會員代表有不正當行為致妨害本會信譽者得以會員大會之決議通知原推派之會員撤換之

第十五條　凡合于工廠法規定之雲錦織造工廠不依法加入本會或不繳納會費或違反本會章程及決議案者得經理事會之決議予以警告警告無效時得按其情節輕重依照工業會法第三十一條之規定程序為左列之處分

一、一圓以下之違約金

二、一定期間之停業

三、永久停業

前項第二款第三款之處分非經主管官署之核准不得為

之

第四章 組織及職權

第十六條 本會設理事十一人組織理事會監事三人組織監事會均由會員大會就代表中用記名連記法選任之選舉前項理事時應以得票次多數三名當選為候補理事選舉前項監事時應以得票次多數一名當選為候補監事遇有缺額依次遞補以補足前任任期為限未遞補前不得列席會議

第十七條 當選理事監事及候補理事監事之名次依得票多寡為序票數相同時以抽籤定之

第十八條 理事會設常務理事三人由理事會就理事中用記名連記法互選之以得票最多數者當選常務理事遇有缺額時由理事會補選之其任期以補足前任任期為限

第十九條 理事就當選之常務理事中用記名單記法選任理事長一

三

人以得票最多數者為當選

第二十條 理事會設常務理事一人由理事會用記名單記法

互選之

第二十一條 理事會之職權如左

一、執行會員大會決議案

二、召集會員大會

三、執行法令及本章程所規定之任務

第二十二條 常務理事之職權如左

一、執行理事會決議案

二、處理日常事務

第二十三條 理事長之職權如左

一、理事長綜理本會一切會務

二、召開理事會及常務理事會

三、理事長對外代表本會

第二十四條　監事會之職權如左
一、監察理事會執行會員大會之決議
二、審查理事會之處理會務
三、稽核理事會之財政出入

第二十五條　理事及監事之任期均為兩年連選得連任

第二十六條　理事監事有左列各款情事之一者應即解任其缺額由候補理事監事遞補之
一、會員代表資格喪失者
二、因不得已事故經會員大會議決准其辭職者
三、依工業會法第四十四條第四十五條解職者

第二十七條　本會理事監事均為無給職

第二十八條　本會設辦事員三人得分科辦事其辦事細則另訂之

第二十九條　本會因會務上之必要得組設各種委員會辦理指定事務

四

四

第五章 會議

第三十條 本會會員大會分定期會議臨時會議兩種均由理事會召集之定期會議每年開會二次臨時會議于理事會認為必要或經會員代表十分一以上請求或監事會函請召集時召集之如一個月內不為召集時得由監事會或會員代表呈請主管官署之許可召集之

第三十一條 召集會員大會應於十五日前通知之但因緊要事項召集臨時會議時不在此限

第三十二條 會員大會之決議以會員代表過半數之出席出席代表過半數之同意行之

第三十三條 左列各款事項之決議以會員代表三分之二以上之出席出席代表三分之二以上之同意行之

一、章程之變更

二、組織之調整

三、會員及會員代表之處分
四、理事監事之解職
五、清算人之選任及關於清算之決議

第三十四條 本會理事會每月至少開會一次，監事會每二月至少開會一次

第三十五條 理事會開會時須有理事過半數之出席，出席理事過半數之同意方能決議，可否同數時取決於主席

第三十六條 監事會開會時須有監事過半數之出席，出席監事過半數之同意決議一切事項

第三十七條 理事或監事因事不能出席會議時，得以書面委託會員代表代理之，但代理人以代表一人為限，每次會議之代理人不得超過出席人之半數

第六章 經費及會計

第三十八條 本會之經費分左列二種

五

第三十九條 甲、會費

乙、事業費

本會會費每月按其開織之機械數量分七級征收

第四十條 事業費為本會舉辦本章程所規定之事業之

第四十一條 本會之預算決算于每年度終了三個月內編製報告書提出會員大會通過呈報主管官署備案

第四十二條 本會會計年度以每年一月一日始十二月三十一日止

第四十三條 本會事業費以每一會員為單位至少一股至多不得超過五十股但因必要得經會員大會之決議按其性質酌量變更其分擔之標準並呈報主管官署備案

第四十四條 前項之事業費會員退會時不得請求退還

第四十五條　本會會員對於本會興辦事業之責任得依興辦時之決議於担任股額外另負定額保證責任

第四十六條　本會興辦之事業應另立預算決算提交會員大會通過並呈報主管官署備案

第四十七條　本會事業費總額及每股金額保證責任之規定或本會事業之停止均應由會員大會決議後呈報主管官署備案

第四十八條　興辦之事業停止後所營事業之財產應依法辦理清算其清算人由會員大會選任之

第七章 附則

第四十九條 本章程未規定事項悉依工業會法及工業會法施行細則辦理之

第五十條 本章程如有未盡事宜經會員大會議决呈准市社會局修改並逐級轉報社會部及工商部備案

六

第五十一條 本章程經會員大會决議呈准市社會局備案施行並逐級轉報社會部及工商部備業

南京市雲錦工業同業公會會員名册

（附四）南京市雲錦工業同業公會會員名册

1、

南京市雲錦工業同業公會會員名冊

三十七年九月　日填

工廠名稱	王榮泰錦緞廠
組織（獨資或合夥或公司）	獨資
主體人或經理人姓名	王南銀
製品種類	五彩估緞 椅墊 椅披 椅 檯毯 帷等
生產工具	木機三部
出品數量	
備考	
廠址	门西金葉巷十四號
創辦	三十餘年
電話	

工人數額	男工	女工	童工	合計
	八	三	一	十二人

會員代表	
姓名	王南銀
性別	男
年齡	六二
籍貫	南京
出身	私塾
在工廠所任之職務	經理
住址	

2、

南京市雲錦工業同業公會會員名冊　三十七年九月　日填

工廠名稱	建業錦緞廠
組織（獨資或合夥或公司）	獨資
主體人或經理人姓名	陳泰生
製品種類	裝花緞錦緞
生產工具	木機三台
出品數量	
備考	
廠址	杏花邨十號
創辦年月	三十餘年
電話	

工人數額		
男工	女工	童工
八人	三人	二人
合計	十三人	

會員代表	
姓名	陳泰生
性別	男
年齡	四十歲
籍貫	南京
出身	中學
在工廠所任之職務	經理
住址	

3、

南京市雲錦工業同業公會會員名冊

三十七年 九月 日填

工廠名稱	建華錦緞廠
組織（獨資或合夥或公司）	独資
主体人或經理人姓名	劉仲義
廠址	門西信府巷30号
製品種類	五彩織錦緞
創辦年月	十餘年
生產工具	木机三台
電話	
出品數量	椅墊百餘个，枕薦數十条；琴条、挂条各數十条
備考	

工人數額		
男工	女工	童工
十一	二	一
合計	十四人	

會員代表	
姓名	劉仲義
性別	男
年齡	42
籍貫	南京
出身	初中
在工廠所任之職務	經理
住址	信府巷30号

4、

南京市雲錦工業同業公會會員名冊 三十七年九月 日填

工廠名稱	張象發錦緞廠
組織（獨資或合夥或公司）	合
主体人或經理人姓名	張炳何
製品種類	錦彩裝花緞
生產工具	木机拾台
出品數量	
備考	
廠址	石鼓路七十九號
創辦年月	五十壹年
電話	

工人數額			
男工	女工	童工	合計
三十八	十八	五人	四十五人

會員代表	
姓名	張炳何
性別	男
年齡	56
籍貫	南京
出身	初中
在工廠所任之職務	經理
住址	中華路八十九號

5、

南京市雲錦工業同業公會會員名册　　三十七年九月　日填

工廠名稱	永興雲錦織造廠
組織（獨資或合夥或公司）	合資
主体人或經理人姓名	王子興
製品種類	錦彩裝花緞
生產工具	織机三台
出品數量	
備考	
廠址	廾（升）州路三五七號
創辦年月	三十餘年
電話	
工人數額	男工 八人；女工 四人；童工 二人；合計 十四人
會員代表 姓名	王子興
性別	男
年齡	三四歲
籍貫	南京
出身	學徒
在工廠所任之職務	經理
住址	安品街十二號

6、

南京市雲錦工業同業公會會員名冊

工廠名稱	九綸錦緞廠
組織（獨資或合夥或公司）	獨資
主體人或經理人姓名	林子餘
製品種類	錦彩裝飾品
生產工具	木机三台
出品數量	月出錦緞三十疋
廠址	集慶路二二一號
創辦年月	二十餘年
電話	
工人數額	男工 六　女工 二　童工 二　合計 十人
備考	

會員代表	
姓名	林子餘
性別	男
年齡	四七
籍貫	南京
出身	高中
在工廠所任之職務	經理
住址	

三十七年 九月 日填

天、

南京市雲錦工業同業公會會員名冊

工廠名稱	祁德森錦緞廠
廠址	華僑路四十七號
組織（獨資或合資或公司）	獨資
創辦年月	三十四年
主体人或經理人姓名	祁紹先
製品種類	五彩錦緞
電話	
生產工具	木機二張
出品數量	
備考	

工人數額			
男工	女工	童工	合計
六	三	一	十人

會員代表	
姓名	祁德森
別號	[illegible]
年齡	七三
籍貫	南京
出身	私塾
在工廠所任之職務	經理
住址	

南京市雲錦工業同業公會會員名冊

三十七年 九月 日

工廠名稱	正泰錦緞廠
廠址	门西杏花村二十號
組織（獨資或合夥或公司）	獨資
資本	十餘萬
主体人或經理人姓名	戴正發
電話	
製品種類	五彩織錦緞
生產工具	木机二台
出品數量	椅垫枕套數十個
備考	

工人數額	男工	女工	童工	合計
	九人	二人	一人	十二人

會員代表	
姓名	戴正發
性別	男
年齡	40
籍貫	南京
出身	私中
在工廠所任之職務	經理
住址	门西杏花村二十號

9.

南京市雲錦工業同業公會會員名冊　三十七年九月　日填

工廠名稱	永豐織錦廠
組織（獨資或合夥或公司）	獨資
主体人或經理人姓名	戴明榮
廠址	觀音閣一号
製品種類	織錦片
創辦年月	祖傳
生産工具	木机二台
電話	
出品數量	
備考	

工人數額	
男工	六人
女工	二人
童工	一人
合計	九人

會員代表	
姓名	戴明榮
性別	男
年齡	六五
籍貫	南京
出身	私塾
在工廠所任之職務	經理
住址	

工厰名稱	閻寶記錦緞厰
組織（獨資或合夥或公司）	獨資
主体人或經理人姓名	閻寶山
厰址	内西井宗宛六号
製品種類	五彩緞錦[illegible]
創辦年月	二十餘年
生產工具	木机二台
電話	
出品數量	按整指綻廿多餘条
備考	
工人數額	男工 八；女工 一；童工 一；合計 十人

會員代表

姓名	閻宝山
性別	男
年齡	五六
籍貫	南宮
出身	初中
在工厰所任之職務	經理
住址	

11、

工廠名稱	宋湧源錦緞廠
組織（獨資或合夥或公司）	獨資
主体人或經理人姓名	宋榮成
廠址	红廟三十五号
製品種類	裝彩織錦緞
創辦年月	五十年
生產工具	木机三台
電話	
出品數量	
備考	

工人數額	
男工	九人
女工	三人
童工	三人
合計	十五人

會員代表	
姓名	宋榮成
性別	男
年齡	六七
籍貫	南京
出身	初中
在工廠所任之職務	經理
住址	

工廠名稱	俞源記錦緞廠
組織（獨資或合夥或公司）	獨資
主体人或經理人姓名	俞通和
製品種類	五彩錦緞
生產工具	木机三台
出品數量	椅墊等百餘套
備考	
廠址	门西鳳遊寺二十号
創辦年月	二十餘年
電話	

工人數額	
男工	九人
女工	三人
童工	二人
合計	十四人

會員代表	
姓名	俞通和
性別	男
年齡	四十
籍貫	南京
出身	行中
在工廠所任之職務	經理
住址	

13、

南京市□□□業公會會員名冊　　三十七年九月　日填

工廠名稱	王仁泰錦緞廠
組織（獨資或合夥或公司）	獨資
主体人或經理人姓名	王仁炳
製品種類	花彩織錦緞
生產工具	木机四台
出品數量	
備考	
廠址	嚴家橋十四号
創辦年月	三十年
電話	

工人數額		
男工	女工	童工
十二人	四人	四人
合計	二十人	

會員代表	
姓名	王仁炳
性別	男
年齡	五一
籍貫	南京
出身	
在工廠所任之職務	經理
住址	

14、

工廠名稱	任永泰錦緞廠
組織（獨資或合夥或公司）	獨資
主体人或經理人姓名	任永森
廠址	任永二廊三十七号
製品種類	庫金裝新錦緞
創辦年月	三十餘年
生產工具	木机三台
電話	
出品數量	
備考	

工人數額			
男工	女工	童工	合計
九人	三人	二人	十四人

會員代表						
姓名	性别	年齡	籍貫	出身	在工廠所任之職務	住址
任永森	男	五一	南京		經理	

15、

南京市雲錦工業同業公會會員名冊

工廠名稱	施春記錦緞號
組織（獨資或合夥或公司）	獨資
主體人或經理人姓名	施仁甫
廠址	林森路八十八號
創辦年月	十餘年
製品種類	
生產工具	
電話	
出品數量	
備考	

工人數額	男工	女工	童工	合計

會員代表	
姓名	施仁甫
性別	男
年齡	三九
籍貫	南京
出身	私中
在工廠所任之職務	經理
住址	

三十七年　九月　日填

16.

南京市雲錦工業同業公會會員名冊　三十七年九月　日填

工廠名稱	吳春記錦緞號
組織（獨資或合夥或公司）	獨資
主体人或經理人姓名	吳錦源
製品種類	五彩織錦段
生產工具	
出品數量	
備考	
廠址	中山路三〇八號
創辦年月	十餘年
電話	

工人數額		
男工	女工	童工
合計		

會員代表

姓名	吳錦源
性別	男
年齡	四二
籍貫	南京
出身	私塾
在工廠所任之職務	經理
住址	

17、

南京市雲錦工業同業公會會員名册

工廠名稱	元發祥錦緞廠
組織（獨資或合夥或公司）	獨資
主体人或經理人姓名	張元發
廠址	漢中路二十八号
製品種類	五彩錦緞
創辦年月	三十餘年
生產工具	木机一台
電話	
出品數量	
備考	

工人數額	
男工	三
女工	一
童工	一
合計	五人

會員代表	
姓名	張之葆
性別	男
年齡	六九
籍貫	南京
出身	私塾
在工廠所任之職務	經理
住址	

三十七年九月 日填

18、

南京市雲錦工業同業公會會員名册

三十七年 九 月 日填

工廠名稱	錦源祥織錦號
組織（獨資或合夥或公司）	獨資
主体人或經理人姓名	劉錦源
廠址	中正路中央商場门口
製品種類	
創辦年月	三年
生產工具	
電話	
出品數量	
備考	

工人數額			
男工	女工	童工	合計
八人	一人	二人	十一人

會員代表	
姓名	劉錦源
性別	男
年齡	五七
籍貫	南京
出身	私塾
在本業所任之職務	經理
住址	

19、

南京市雲錦工業同業公會會員名冊

三十七年九月　日填

工廠名稱	志記錦緞廠
組織（獨資或合夥或公司）	獨資
主體人或經理人姓名	劉家濤
廠址	珠江路一〇九號
製品種類	五彩錦緞
創辦年月	十餘年
生產工具	木机三台
電話	
出品數量	椅墊、琴套、掛套、等百餘丁
工人數額	男工八人　女工三人　童工一人　合計十二人
備考	
會員代表姓名	劉家濤
性別	男
年齡	四二
籍貫	南京
出身	私塾
在工廠所任之職務	經理
住址	

20、

南京市雲錦工業同業公會會員名册

三十七年 九 月 日填

工廠名稱	柳榮泰緞錦廠
組織（獨資或合夥或公司）	獨資
主體人或經理人姓名	柳兆松
製品種類	五彩緞錦緞
廠址	中山路三〇八號
創辦年月	二十餘年
電話	
生產工具	
出品數量	
備考	

工人數額	男工	女工	童工	合計

會員代表	
姓名	柳兆松
性別	男
年齡	五七
籍貫	南京
出身	私塾
在工廠所任之職務	經理
住址	

南京市雲錦工業同業公會會員名冊

三十七年九月　日填

21、

工廠名稱	楊義泰花緞號		
組織（獨資或合夥或公司）	獨資		
主体人或經理人姓名	楊文明		
製品種類	元色花緞	廠址	門西豆腐坊十二號
生產工具	木机二台	郵區	十區 —
出品數量	月出花緞六七疋	電話	
工人數額	男工 六人	女工 三人	童工 一人
	合計	十人	
備考			

會員代表	
姓名	楊文明
性別	男
年齡	三九
籍貫	南京
出身	初中
在工廠所任之職務	經理
住址	

南京市雲錦工業同業公會會員名冊

工廠名稱	張仁記花緞廠
組織（獨資或合夥或公司）	獨資
主体人或經理人姓名	張德仁
製品種類	各色花緞
生產工具	木机壹只
出品數量	月產花緞十餘丈
廠址	門西葉公廟一三号
創辦年月	十餘年
電話	
備考	

工人數額	男工	女工	童工	合計
	三人	一人	一人	五人

會員代表	
姓名	張德仁
性別	男
年齡	四七
籍貫	南京
出身	
在工廠所任之職務	經理
住址	

三十七年 九月 日填

23、

南京市雲錦工業同業公會會員名冊

三十七年九月　日填

工廠名稱	同興錦緞廠
組織（獨資或合夥或公司）	獨資
主體人或經理人姓名	周同興
廠址	白西營所巷三十八號
製品種類	五彩錦緞
創辦年月	十餘年
生產工具	木机一台
電話	
出品數量	按號數十疋
備考	

工人數額		
男工	五人	
女工	二人	
童工	一人	
合計	八人	

會員代表	
姓名	周同興
性別	男
年齡	四三
籍貫	南京
出身	私塾
在工廠所任之職務	經理
住址	

南京市雲錦工業同業公會會員名冊

工廠名稱	吳長順花緞號		
組織（獨資或合夥或公司）	獨資	廠址	玉振街二十三號
主体人或經理人姓名	吳長順		
製品種類	各色花緞	創辦年月	十餘年
生產工具	木机一台	電話	
出品數量	月產花緞十餘丈		
備考			

工人數額	男工	女工	童工	合計
	三人	一人	一人	五人

會員代表	
姓名	吳長順
性別	男
年齡	四八
籍貫	南京
出身	
在工廠所任之職務	經理
住址	

三十七年九月 日填

25、

南京市雲錦工業同業公會會員名冊　三十六年九月　日填

工廠戶稱	康永泰錦緞廠	廠址	高家花九號
組織（獨資或合夥或公司）	獨資		
主體人或經理人姓名	康長海		
製品種類	庫金裝彩緞飾緞	創辦年月	二十餘年
生產工具	木机三台	電話	
出品數量			
備考			

工人數額	男工	女工	童工	合計
	九人	三人	三人	十五人

會員代表						
姓名	性別	年齡	籍貫	出身	在工廠所任職務	住址
康長海	男	四一	南京		經理	

26

南京市雲錦工業同業公會會員名册

工廠名稱	吳順興織錦廠
組織（獨資或合夥或公司）	獨資
主體人或經理人姓名	吳來旺
製品種類	色彩花緞
生產工具	木机一台
出品數量	月產花緞三疋
備考	
廠址	內西杏花村十四号
創辦年月	二十餘年
電話	—

工人數額	男工	女工	童工	合計
	四人	一八	一八	六人

會員代表	
姓名	吳來旺
性別	男
年齡	四三
籍貫	南京
出身	私塾
在工廠所任之職務	經理
住址	

三十七年 九 月 日填

27.

南京市雲錦工業同業公會會員名冊　　三十七年九月　日填

工廠名稱	福綸錦緞廠
組織（獨資或合夥或公司）	獨資
主體人或經理人姓名	袁寬發
廠址	門西金粟菴五號 [?]
製品種類	五彩緞飾品 [?]
創辦年月	十餘年
生產工具	木机二台
電話	
出品數量	特整樁緞每月數十丈 [?]
工人數額	男工 八人；女工 二人；童工 一人；合計 十一人
備考	

會員代表

姓名	性別	年齡	籍貫	出身	在工廠所任職務	住址
袁寬發	男	四八	南京	織整 [?]	經理	

28、

南京市雲錦工業同業公會會員名冊

三十七年 九 月 日填

工廠名稱	楊廣興錦緞廠
組織（獨資或合夥或公司）	獨資
主体人或經理人姓名	楊春江
廠址	柏家苑三号
製品種類	錦彩裝花緞
創辦年月	三十餘年
生產工具	木机二台
電話	
出品數量	月產錦緞三十疋
備考	

工人數額		
男工	女工	童工
四人	二人	一人
合計	七人	

會員代表	
姓名	楊春江
性別	男
年齡	四八
籍貫	南京
出身	私中
在工廠所任之職務	經理
住址	

29.

南京市雲錦工業同業公會會員名冊

三十七年 九月 日填

工廠名稱	丁永源緞莊	廠址	門西集慶路二〇一號
組織（獨資或合夥或公司）	獨資		
主体人或經理人姓名	丁子餘		
製品種類	錦彩緞係	創辦年月	三十餘年
生產工具	木机二台	電話	
出品數量	月產緞係三疋		
備考			

工人數額	男工	女工	童工	合計

會員代表						
姓名	性別	年齡	籍貫	出身	在工廠所任之職務	住址
丁子餘	男	六五	南京	私塾	經理	

南京市雲錦工業同業公會會員名冊

三十七年 九月

工廠名稱	德泰任記絲織錦緞廠
組織（獨資或合夥或公司）	獨資
主体人或經理人姓名	祁德鉅
製品種類	絲織五彩金織妝緞庫金等
創辦年月	二十餘年
廠址	門西營門口十號
生產工具	木机二台
電話	
出品數量	庫金十餘件 椅墊拉毯等數十方
工人數額	男工 六人；女工 二人；童工 一人；合計 九人
備考	

會員代表	
姓名	祁德鉅
性別	男
年齡	五一
籍貫	南京
出身	初中
在工廠所任之職務	經理
住址	

31、

南京市雲錦工業同業公會會員名册　二十七年九月　日填

工廠名稱	丁錦章錦緞廠
組織（獨資或合夥或公司）	獨資
主體人或經理人姓名	丁恩榮
製品種類	五彩錦緞
生産工具	木机一台
出品數量	
備考	
廠址	鐵管巷四十五號
創辦年月	二十餘年
電話	

工人數額	
男工	三人
女工	一人
童工	一人
合計	五人

會員代表	
姓名	丁恩榮
性别	男
年齡	四八
籍貫	南京
出身	私塾
在工廠所任之職務	經理
住址	

南京市雲錦工業同業公會會員名冊

工廠名稱	沈源興錦緞廠
組織（獨資或合夥或公司）	獨資
主体人或經理人姓名	沈長源
廠址	集慶路二二一号
製品種類	錦彩裝花緞
創辦年月	三十餘年
生產工具	木机二台
電話	
出品數量	月產錦緞三十疋
備考	

工人數額	
男工	四人
女工	二人
童工	一人
合計	七人

會員代表	
姓名	沈長源
性別	男
年齡	四九
籍貫	揚州
出身	初中
在工廠所任之職務	經理
住址	

三十七年九月 日填

33、

南京市雲錦工業同業公會會員名册

二十七年九月 日填

工廠名稱	王永和織錦廠
組織（獨資或合夥或公司）	獨資
主體人或經理人姓名	王安瑞
製品種類	各色花緞
生產工具	木机二台
出品數量	月產花緞數疋
廠址	门西泉竹園一号
創辦年月	二十餘年
電話	
工人數額	男工五人　女工二人　童工一人　合計八人
備考	

會員代表	
姓名	王安瑞
性別	男
年齡	五九
籍貫	南京
出身	私塾
在工廠所任之職務	經理
住址	

南京市雲錦工業同業公會會員名冊

三十七年 九月 日填

工廠名稱	徐錦泰錦緞廠
組織（獨資或合夥或公司）	獨資
主体人或經理人姓名	徐發財
廠址	門西攢箕巷15號
製品種類	五彩錦緞
創辦年月	二十餘年
生產工具	木机一台
電話	
出品數量	月產錦緞九丈
備考	

工人數額	男工	女工	童工	合計
	三人	一人	一人	五人

會員代表	
姓名	徐發財
性別	男
年齡	五十
籍貫	南京
出身	私塾
在工廠所任之職務	經理
住址	

35、

南京市雲錦工業同業公會會員名冊　　三十七年　九月　日填

工廠名稱	劉正興織錦廠		
組織（獨資或合夥或公司）	獨資		
主體人或經理人姓名	劉鶴鳴	廠址	门西花露崗九十一號
製品種類	五彩妝花緞	創辦	二十餘年
生產工具	木机二台	電話	
出品數量	月出妝緞三疋		
備考			

工人數額			
男工	女工	童工	合計
六人	二人	一人	九人

會員代表	
姓名	劉鶴鳴
性別	男
年齡	五十
籍貫	南京
出身	初中
在工廠所任之職務	經理
住址	

南京市云锦工业同业公会会员名册

三十七年九月 日填

工厂名称	林福祥织锦厂
组织（独资或合伙或公司）	独资
主体人或经理人姓名	林士顺
厂址	门西瓦棺寺十四号
制品种类	各色库金
创办年月	二十余年
生产工具	木机壹台
电话	
出品数量	库金十余件
备考	
工人数额	男工 四人；女工 一人；童工 一人；合计 六人
会员代表 姓名	林士顺
性别	男
年龄	五一
籍贯	六合
出身	私塾
在工厂所任之职务	经理
住址	

37.

南京市雲錦工業同業公會會員名册

三十七年 九月 日填

工廠名稱	仇榮泰花緞廠
組織（獨資或合夥或公司）	獨資
主体人或經理人姓名	仇榮生
廠址	下西杏花村十三號
製品種類	花緞
創辦年月	三十餘年
生產工具	木机二台
電話	
出品數量	月產花緞三疋
備考	

工人數額	
男工	六人
女工	二人
童工	一人
合計	九人

會員代表	
姓名	仇榮生
性別	男
年齡	六八
籍貫	南京
出身	私塾
在工廠所任之職務	經理
住址	

38、

南京市雲錦工業同業公會會員名册

三十七年 九月 日填

工廠名稱：田永昌織錦廠

組織（獨資或合夥或公司）：獨資

主体人或經理人姓名：田朝山

廠址：门西鳳游寺十八号

製品種類：輕花庫金

創辦年月：二十餘年

生產工具：木机一台

電話：

出品數量：月產庫金十餘件

工人數額：男工 四人；女工 二人；童工 一人；合計 七人

備考：

會員代表：
- 姓名：田朝山
- 性別：男
- 年齡：五二
- 籍貫：南京
- 出身：私塾
- 在工廠所任之職務：经理
- 住址：

39、

…會員名冊

三十七年 九 月 日填

工廠名稱	永泰錦緞廠
組織（獨資或合夥或公司）	獨資
主体人或經理人姓名	張永保
廠址	門西金粟菴五號
製品種類	五彩緞錦緞
創辦年月	二十餘年
生産工具	木机二台
電話	
出品數量	整機每月叁件
工人數額	男工 九人；女工 一人；童工 一人；合計 十一人
備考	
會員代表 姓名	張永保
性別	男
年齡	五一
籍貫	南京
出身	私塾
在工廠所任之職務	經理
住址	

40.

工廠名稱	周春和錦緞廠	廠址	中華門外谷里鎮
組織（獨資或合夥或公司）	獨資		
主體人或經理人姓名	周成高	創辦年月	二十餘年
製品種類	五彩錦緞		
生產工具	木机二台	電話	
出品數量	月產椅墊毯數十斤		
備考			

工人數額			
男工	女工	童工	合計
六人	三人	一人	十人

會員代表	
姓名	周成高
性別	男
年齡	四六
籍貫	南京
出身	私塾
在工廠所任之職務	經理
住址	

41、

工廠名稱	李豐泰花緞號
組織（獨資或合夥或公司）	獨資
主體人或經理人姓名	李明德
廠址	杏花村十四号
製品種類	各色花緞
創辦年月	二十餘年
生產工具	木机一台
電話	
出品數量	月產花緞十餘丈
備考	
工人數額 男工	三人
工人數額 女工	一人
工人數額 童工	一人
工人數額 合計	五人
會員代表 姓名	李明德
會員代表 性別	男
會員代表 年齡	五十
會員代表 籍貫	南京
會員代表 出身	私塾
會員代表 在工廠所任之職務	經理
會員代表 住址	

工廠名稱	中興源絲織廠
組織（獨資或合資或公司合作）	合資
主体人或經理人姓名	李金坡
廠址	絨花街六十三号
製品種類	錦彩叢花緞
銷路	
生産工具	木机二十台
電話	
出品數量	
備考	該廠于九月份申請入会

工人數額	
男工	四十人
女工	三十人
童工	五人
合計	七十五人

会員代表	
姓名	李思明
性別	男
年齡	四十
籍貫	山東
出身	
在工廠任之職務	
住址	

中華民國三十七年九月　日

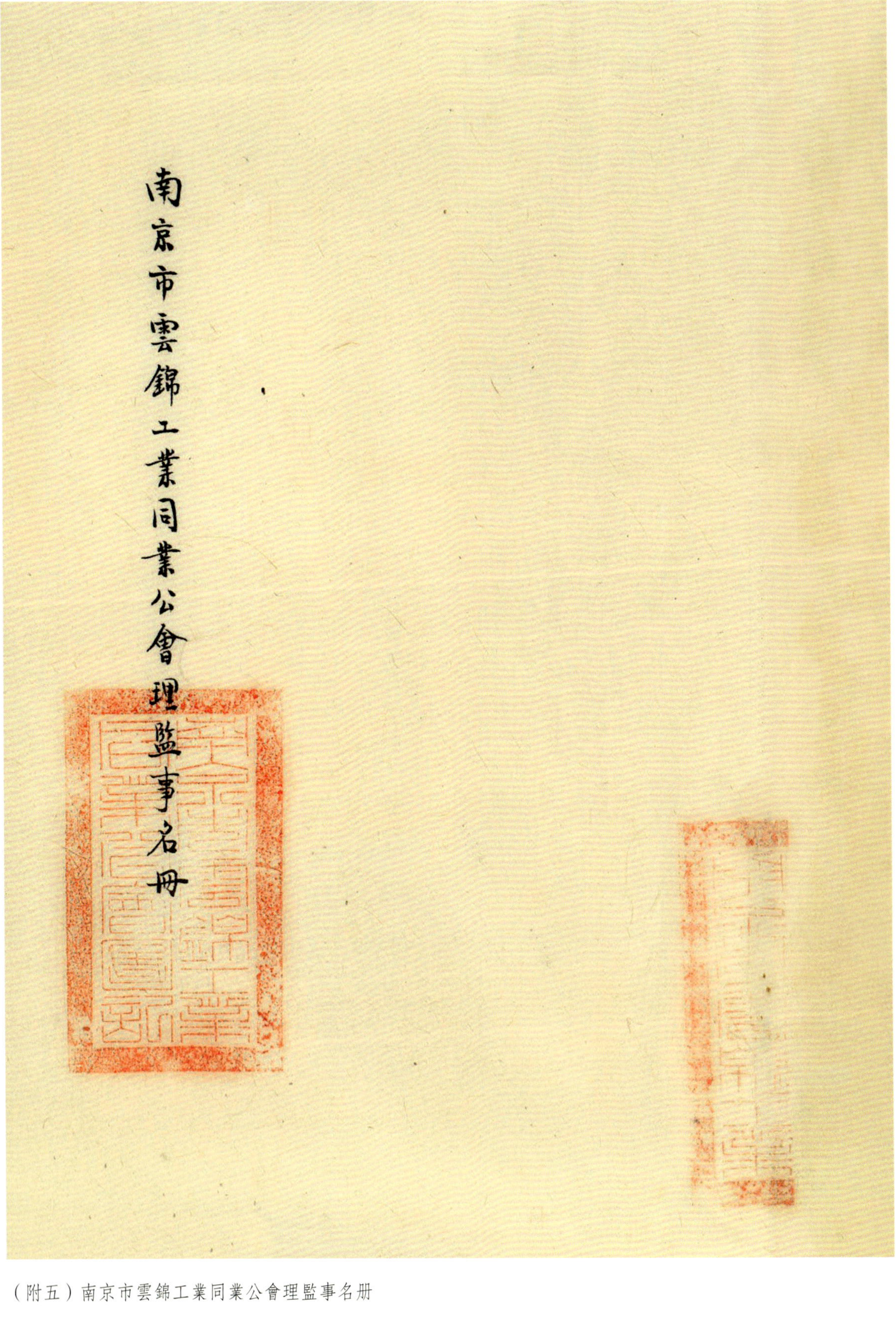
南京市雲錦工業同業公會理監事名冊

（附五）南京市雲錦工業同業公會理監事名冊

南京市雲錦工業同業公會職員名冊

職別	姓名	性別	年齡	籍貫	出身	現任職務	住址	備註
理事長	王于輿	男	四四	南京	軍needs學校畢業	永興雲錦織造廠經理、大德祥顏料號經理	安品街十六號	
常務理事	王南銀	〃	六二	〃	私塾	王榮泰錦緞廠經理	金粟庵十四號	
〃	陳泰生	〃	四七	〃	正德中學畢業	建業錦緞廠經理	杏花村十號	
理事	劉仲義	〃	四三	〃	初中	建華錦緞廠經理	絲市巷三十號	
〃	張炳何	〃	五六	〃	初中	張豫發號經理	中華路八十九號	
〃	施仁甫	〃	三九	〃	初中	施春記錦緞號經理	林森路八十八號	
〃	林子餘	〃	四七	〃	中學	九綸錦緞廠經理	集慶路二二一號	
〃	祁德森	〃	三五	〃	初中	祁德泰錦緞廠副理	華僑路四七號	

理事	戴正發	男	四〇	南京	初中	正泰錦緞廠經理	杏花邨二十號
〃	戴明榮	〃	六五	〃	私塾	永豐織錦廠經理	觀音庵一號
〃	吳錦源	〃	四三	〃	初中	吳春記錦緞號經理	中山路三〇八號
候補理事	俞通和	〃	三七	〃	初中	俞源記錦緞廠經理	鳳遊寺二十號
〃	王仁炳	〃	五一	〃	初中	王仁泰錦緞廠經理	嚴家橋十四號
〃	任永森	〃	五一	〃	初中	任永泰錦緞廠經理	估衣廊三十七號
常務監事	閻寶山	〃	五四	〃	初中	閻寶記錦緞廠經理	井家苑六號
監事	劉錦源	〃	五七	〃	私塾	錦源祥織錦號經理	中正路中央商場門口
〃	宋榮成	〃	六七	〃	私塾	宋源源錦緞廠經理	紅廟三十號
候補監事	張元發	〃	六九	〃	私塾	元發祥錦緞廠經理	漢中路二十八號

中華民國三十七年八月

（附六）南京市雲錦工業同業公會印模

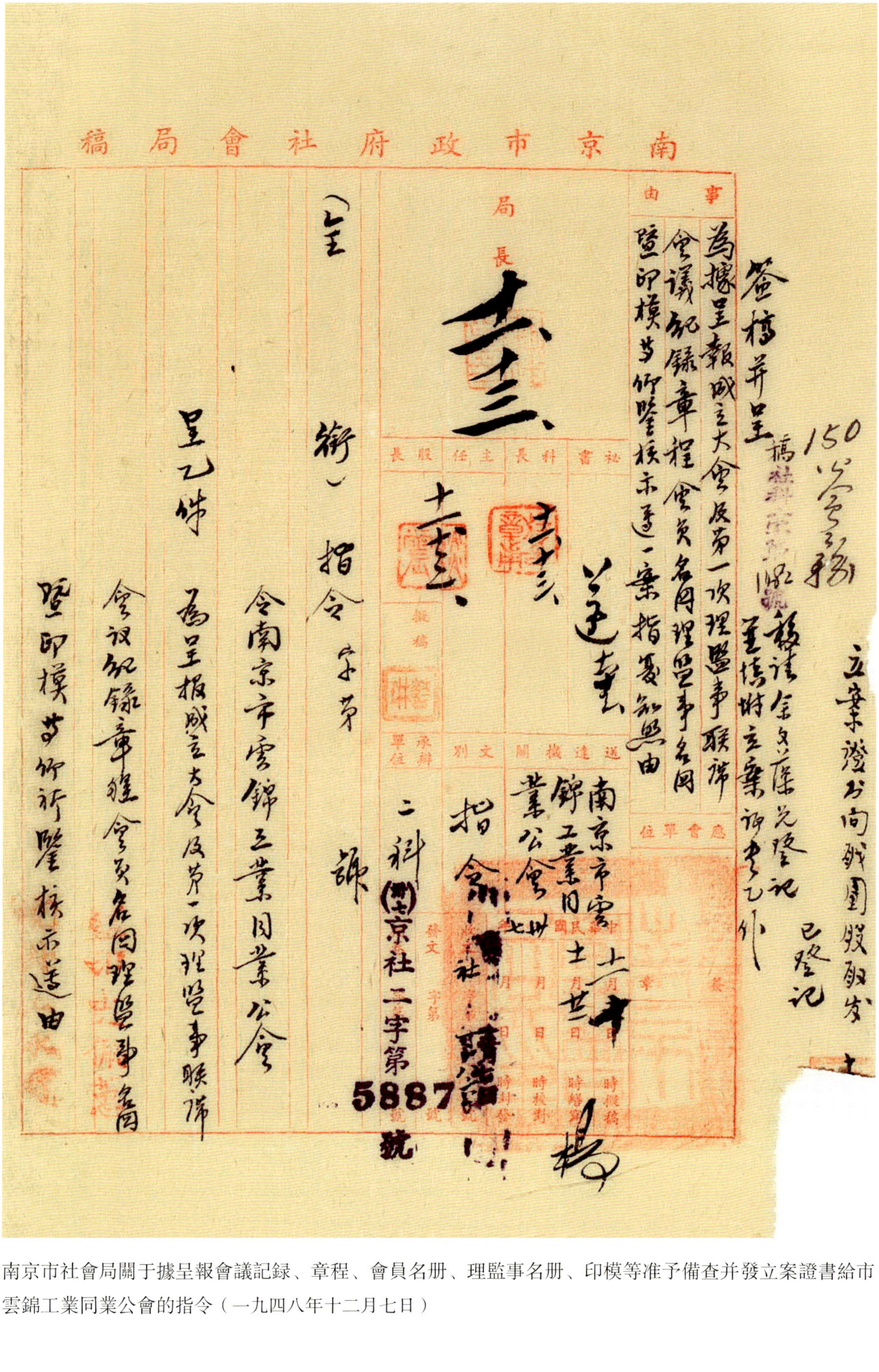

南京市社會局關于據呈報會議記録、章程、會員名册、理監事名册、印模等准予備查并發立案證書給市雲錦工業同業公會的指令（一九四八年十二月七日）

呈件均悉准予備查並隨文令發工業字第〇〇三

號立案證書乙紙仰即祗收據為要

此令 件存

附發立案證書乙紙

局長 謝〇〇

後記

南京雲錦是南京民族工商業的重要組成部分，現存近代有關雲錦及絲織業的檔案數量較多、涉及面廣、保存分散，其中内容從一個側面見證了中國人民從苦難深淵走向繁榮昌盛的歷史過程，留下了民族企業發展艱難而又頑强堅韌奮鬥的歷史印記。南京雲錦織造技藝入選聯合國教科文組織的《人類非物質文化遺産名録》後，受到了社會各方面的保護，南京的傳統絲織業也得到更多關注。

二〇一九年，南京市檔案館聯合中國第二歷史檔案館、南京輕紡産業（集團）有限公司等單位共同開展了南京雲錦及絲織業檔案的查閲整理與研究工作。本書編寫組圍繞調查與概況的主題選取了近代具有代表性的部分雲錦及絲織業檔案文件編纂出版，第一次從産業角度回顧當時雲錦及絲織業的發展歷程。在編輯過程中，中國第二歷史檔案館提供了大量珍貴檔案文獻，南京江南絲綢文化博物館也對本書的出版給予了大力支持，在此謹表示衷心感謝！受篇幅限制，加之時間倉促，編輯人員水平有限，書中或有謬誤和不足之處，懇請讀者及相關專家批評指正。